L'ESPAGNE INCONNUE

OUVRAGES DU MÊME AUTEUR

Histoire des peuples et des États pyrénéens (France et Espagne), depuis l'époque celtibérienne jusqu'à nos jours. Deuxième édition, 5 forts volumes in-8°. Amyot, rue de la Paix, 8, 1861.

Adélaïde de Montfort, ou les Albigeois. 1 vol. in-12. Même éditeur.

Médella, ou la Gaule chrétienne, IIIe siècle. Troisième édition. 1 volume in-12. Même éditeur.

Marguerite, histoire du temps de saint Louis. 1 vol. in-12. Même éditeur.

Jérôme Lafriche, ou le paysan gentilhomme. 1 vol. in-12. Même éditeur.

L'Europe et l'Orient, poëme en six chants, 1 vol. in-8°. Même éditeur.

Contes populaires de la Gascogne. 1 vol. in-12.

Paris — DE SOYE et BOUCHET imprimeur, place du Panthéon, 2.

L'ESPAGNE INCONNUE

VOYAGE

DANS LES PYRÉNÉES

DE

BARCELONE A TOLOSA

Avec une carte routière

PAR

CENAC MONCAUT

SAINT-SÉBASTIEN, LESSACA, ELISONDO,
PAMPELUNE, TUDELA, SANGUESSA, GIRONE,
TARRAGONE, LE MONT SERRAT,
FRAGA, SARAGOSSE, JACA, PANTICOSA, HUESCA.

MŒURS, ANECDOTES,
BEAUX-ARTS, ROUTES NOUVELLES, INDUSTRIE.

PARIS

AMYOT, ÉDITEUR, 8, RUE DE LA PAIX

MDCCCLXI

Les voyageurs qui se dirigent vers l'Espagne sont tellement pressés de rêver à l'ombre des sycomores de Grenade, et de se baigner dans les eaux poétiques du Guadalquivir, qu'ils franchissent les provinces pyrénéennes, et ne daignent s'arrêter ou regarder autour d'eux qu'à Madrid...

On dirait que l'Espagne commence au bassin du Tage, et que l'Andalousie seule mérite d'être vue... Il ne manque pas de touristes disposés à soutenir cet étrange paradoxe; aussi, pas un n'a daigné consacrer quelques récits à la Navarre, à l'Aragon, à la Catalogne. Il serait temps de renoncer à cette erreur. Le mot Espagne n'a jamais été synonyme de palmiers et d'oranges. La Péninsule, presque aussi variée de climats et d'aspects que la France, est Espagne dans les montagnes de l'Aragon et de la Navarre tout aussi bien que sur les plages brûlantes de Cadix.

S'il est vrai que ce mot vienne du phénicien *Span*, lapin, les Orientalistes, qui soutiennent très-sérieusement cette étymologie pastorale, nous accorderont qu'il est juste d'en faire jouir la Péninsule entière ; car l'histoire ne dit pas que l'Andalousie ait été favorisée de la préférence exclusive de ces animaux rongeurs.

Nos pères, plus fidèles à la signification du mot, appelaient cette contrée *les Espagnes*, prouvant ainsi qu'on était Espagnol à Pampelune comme à Grenade, à Burgos comme à Murcie. S'il fallait établir une préférence, loin de la donner aux provinces du Midi, l'histoire la réclamerait en faveur de celles du Nord. Celles-ci furent, en effet, les premières à expulser les Musulmans de leur territoire, et fonder ce noyau, ce corps de l'Espagne chrétienne, qui finit par étendre ses bras jusqu'à Gibraltar, refoulant peu à peu l'Islamisme, et le rejetant sur la terre d'Afrique, d'où il était sorti.

La Catalogne et la Navarre n'ont-elles pas, d'ailleurs, des droits particuliers à notre affection ; n'ont-elles pas fait plusieurs fois partie du royaume de France. La première, délivrée des Musulmans par les Carlovingiens, organisée par eux, n'a jamais oublié cette origine de sa nationalité. Les Catalans furent avec nous, pendant bien des siècles, en compte-courant de services réciproques ; nous leur avions donné leurs seigneurs, ils nous prêtèrent leurs poëtes. Notre langue romane se réchauffa au foyer littéraire de leurs troubadours voyageurs ; et quand ils voulurent se séparer de la Castille, au dix-septième siècle, ils offrirent la couronne à Louis XIII. Les Navarrais, enfin, sont les frères de nos Gascons ; sous la première race, ils descendirent de leurs montagnes pour peupler l'ancienne Novempopulanie, plusieurs rois de France réunirent les deux couronnes sur leur tête. Henri IV, le dernier et le plus illustre, avait dans ses veines autant de sang navarrais que de sang français.

Cette fraternité séculaire des peuples des deux versants subit certain ébranlement sous Louis XIV et sous Napoléon I*er*. La guerre de la Succession et celle de l'Indépendance nous présentèrent comme des oppresseurs à des populations qui nous avaient toujours considérés comme des frères. Cet antagonisme violent s'est beaucoup affaibli, sous l'action continue d'une civilisation expansive et généreuse; nous regagnons, par les relations industrielles et commerciales, les sympathies que des ambitions politiques nous avaient enlevées. L'ouverture prochaine des chemins de fer et des routes à travers les Pyrénées ne peut manquer de multiplier des liens d'intérêts et de fraternité réciproques. On nous permettra donc d'attacher à des provinces montueuses, soudées à nos départements, une attention égale à celle que d'autres accordent à des *huertas* voisines du Maroc, et restées à moitié africaines, après avoir cessé d'être tout à fait musulmanes.

Puisse notre étude des mœurs et du paysage de ces contrées, peu explorées, servir d'appendice et de complément aux voyages que des gens d'esprit et des poëtes ont écrit sur les autres parties de la Péninsule, et combler une lacune regrettable, en rendant aux Pyrénées espagnoles et au bassin de l'Èbre la renommée qui leur est due.

Les voyageurs qui désireront poursuivre dans le sud de l'Espagne l'exploration commencée avec nous dans le nord, ou faire dans les Pyrénées françaises des excursions analogues à celles que nous leur indiquons dans les Pyrénées espagnoles, trouveront des guides aimables et parfaitement renseignés dans MM. Germont de Lavigne, Adolphe Joanne, et dans M. Taine, philosophe humoriste, qui ne commit jamais d'autre faute que celle d'avoir trop d'esprit (1).

(1) *Itinéraire descriptif de l'Espagne*, par G. de Lavigne; *Guide aux Pyrénées*, par Adolphe Joanne; *Voyage aux Pyrénées*, par Taine.

LES PROVINCES BASQUES

I

Marrac. — Les marchandes de sardines. — La frontière. — Irun. — La Bidassoa. — Une triste noyade. — Fontarabie. — Renteria. — Passages. — La population basque.

Chaque année, à l'époque des bains de mer, les rues de Biaritz et de Bayonne sont envahies par de grandes affiches jaunes, qui convient les amateurs de courses de taureaux à celles de *Bilbao* ou de *Saint-Sébastien*. Dans une des dernières saisons, le programme des *Coridas* de la capitale du Guipuscoa dépassait toutes les espérances des tauromanes. L'inauguration de la nouvelle *plaza de Toros* coïncidait avec les fêtes annuelles de Saint-Sébastien : bals, illuminations, régates et courses allaient se succéder pendant une semaine entière ; huit taureaux devaient être journellement *piqués, écartés, banderillés, égorgés*, par une troupe choisie de *picadores*, de *chulos*, de *banderilleros* et de *matadores* ; on aurait pu donner les noms fameux de plusieurs de ces acteurs ; ils étaient connus de l'Espagne entière. Mais l'affiche, d'une réserve inconnue chez nous, se taisait sur ce point ; elle gardait toutes les pompes de la réclame pour la nationalité, la race, la provenance des nobles quadrupèdes... Six taureaux castillans venaient des pacages de M. le marquis de*** ; huit asturiens des montagnes, de M. le comte de*** ; dix autres, de race navarraise, appartenaient à M. le duc de***, et ces noms figuraient dans la plus haute aristocratie de la Péninsule... N'oublions pas ces distinctions d'origine ; elles exerceront leur influence sur la physionomie des représentations. Evidemment, le taureau est le héros de ces luttes sanglantes ; les hommes n'interviennent qu'à titre de comparse, pour favoriser, *in extremis*, le développement des qualités physiques du terrible lutteur.

— Allez-vous à Saint-Sébastien ?... Allez-vous à Bilbao ?... se demandait-on en s'abordant.

— Je vais à Saint-Sébastien. — Voulez-vous prendre la mer, une barque et quatre rameurs nous y transporteront en huit heures avec un vent favorable.

— Mais s'il devenait contraire, je ne voudrais pas revenir à Bayonne, et aller voir danser des acrobates sur des chevaux dressés, à la place de mes taureaux sauvages... J'aime mieux la voie de terre.

Un modeste omnibus était en partance chez un loueur de voitures. Nous nous entassons au nombre de quatorze dans cette cage mouvante, et nous roulons dans les chemins poussiéreux des bords de la mer, sans même avoir la satisfaction d'entendre les grelots sonores des mules, qui nous eussent donné un avant-goût de l'Espagne de Gil-Blas et de Goya. A peine a-t-on franchi les ponts-levis de Bayonne, qu'on salue, à travers les grands éventails de peupliers, les ruines imposantes du château de *Marrac*. Déjà un souvenir, ou pour mieux dire, un prélude espagnol ! La veuve de Charles II l'avait fait bâtir avec prédilection ; mais elle refusa d'y habiter, sous le singulier point d'honneur qu'une de ses dames avait osé y passer une nuit avant qu'il eût été inauguré de sa couche royale : *Ne touchez pas à la reine*, disait le vieux proverbe espagnol...; *Pas même à son palais*, pourrait ajouter le nouveau.

La chronique de cour est remplie de ces faits de susceptibilité fantasque et en quelque sorte maladive. Certaine duchesse aurait pu rendre des points, à ce jeu-là, à la veuve de Charles II... Jugez vous-même :

Une reine d'Espagne avait été voir une grandesse castillanne, dans son splendide château, nouvellement construit... Il était décoré et meublé avec une magnificence toute royale.

— Savez-vous, duchesse, que je suis presque envieuse de votre palais, dit la reine avec admiration. Vous devez être fière et heureuse de vivre au milieu de ces objets d'art et de luxe, que vous avez mis vingt ans à réunir.

— Qu'est-ce que ce plaisir, reine, auprès de celui que me procure Votre Majesté, en daignant me visiter ; ce palais s'écroulerait aujourd'hui que je n'y songerais plus demain. L'honneur que vous m'avez fait, au contraire, ne s'éteindra pas même avec ma vie ; je le transmettrai à mes descendants.

— Vous êtes courtoise, duchesse ; mais permettez-moi de croire que la perte de votre château vous inspirerait des regrets de quelque durée aussi.

— Madame, accentua vivement la Castillane, j'ai l'honneur de dire à Votre Majesté que le plus **pauvre** berger des Asturies tient plus à sa cabane que la duchesse de *** à son palais.

La discussion continua. La reine refusa de croire à ce sublime dédain des biens de la terre, et prit congé de la duchesse de ***. Celle-ci voulut avoir le dernier mot dans le débat; pour donner un argument sans réplique, elle mit le feu à son palais, empêcha qu'on ne s'opposât à la marche de l'incendie; le lendemain, un tas de cendres plus éloquent que les paroles obligeait la reine à prendre au sérieux l'assertion d'une grandesse, quelque futile qu'elle parût d'abord.

Pendant que notre omnibus descend au grand trot la côte d'*Anglet*, il traverse un essaim de femmes de pêcheurs qui se mettent à crier après nous comme des gamins de Paris, un jour d'émeute.

Tout à coup, une d'elles, ajoutant l'action à certaine menace, s'élance après nous, et prend d'assaut le marche-pied, où elle s'accroche hardiment et s'installe. C'était une grande fille de 20 ans, brune, élancée, peu jolie, mais d'une nature singulièrement énergique et primitive. Cavalièrement cramponnée à la portière, elle nous lance un éclat de rire victorieux, nous darde tous à la fois de ses regards ardents, nous montre ses dents blanches, ses mains noires, son torse vigoureux et flottant sous une chemise de toile écrue. Sa jupe est relevée sur ses hanches à l'aide d'un mouchoir formant ceinture, à la façon des draperies de la Diane chasseresse; elle montre ses jambes aussi hardiment que la persécutrice du pauvre Actéon... C'est une marchande de sardines de Saint-Jean-de-Luz, qui revient de Bayonne au trot gymnastique avec une douzaine de ses compagnes. Elle a fait vingt kilomètres le matin, et du même pas, la tête chargée de sa corbeille de poissons. Ce n'est pas la fatigue et le désir de soulager ses membres musculeux qui la poussent à l'abordage, sur la proue de notre véhicule ; la curieuse a désiré voir de près *des Messieurs et des Dames.* On la presse de questions : elle y répond avec aisance ; prend la canne à bout d'ivoire de mon voisin, chiffonne les rubans de ma voisine, me demande ce que je fais de mes moustaches, et ce que le Monsieur de l'autre bout fait de ses petits verres sur les yeux ; quand la conversation chaume, elle se met à chanter, sans invitation et d'une voix stridente, un délicieux *tsolsiko* basque, qu'elle dansera le soir avec son amoureux... Le motif est d'une grâce et d'une fraîcheur qui ferait pâmer d'aise l'auteur du *Domino noir...* Comme il l'aurait placé dans la bouche d'Angèle, s'il l'avait connu, à la suite de *la belle Inès,* ou de : *Ah! quelle nuit.*

Mais la joyeuse enfant nous abandonne d'un bond, comme elle nous avait saisi d'un saut ; l'espiègle est satisfaite, elle va rire à cœur joie, avec les autres commères, de ces hommes qui portent des mains doublées de peau de chien, des yeux recouverts de verre ; de ces dames qui placent des ombrelles au-dessus de leur chapeau, et des robes longues par dessus de leurs bas.

Nous entrons à Saint-Jean-de-Luz...

Arrivés devant l'église, les sons de l'orgue et les chants du lutrin nous attirent.... Notre omnibus s'arrête, et nous entrons.... Le vaisseau est très-grand, il n'a qu'une nef, et offre des dispositions fort insolites. Le sol tout entier, *le piano terreno,* diraient les Italiens, est exclusivement réservé aux femmes ; elles sont couvertes de capuchons noirs, et accroupies sur leurs talons ; car des chaises sont rares dans les églises basques, tout comme dans les églises espagnoles. Cette foule en deuil présente le plus étrange tableau : on dirait des pénitents du moyen âge, ou des ombres sortant de leur sépulcre... Où donc se réfugient les hommes, puisque la nef entière appartient aux femmes ?... Regardez là-haut : l'église est garnie de trois étages de tribunes, qui en occupent le pourtour, ce qui rapproche singulièrement ce temple chrétien d'une salle de spectacle... L'église provisoire de Saint-André-d'Antin peut donner une idée de cet aménagement ; il est vrai que Saint-André fut une salle de danse avant d'être une chapelle.

A cette distribution intérieure, qui n'est nullement spéciale à Saint-Jean-de-Luz, mais au pays basque français tout entier, se joignent d'autres particularités singulières ; les tuyaux d'orgue, disposés pour la plupart horizontalement, braquent leur pavillon vers les fidèles, comme des télescopes ou des tromblons prêts à faire feu ; des masques de carton, qui rappellent ceux du théâtre antique, représentent des chérubins ou des tritons, soufflant à pleines joues dans ces flûtes de Pan colossales. Et c'est là, cependant, sous ces voûtes en planches, sous ces galeries de bois, et devant ces tuyaux un peu burlesques, que Louis XIV épousait, il y a deux siècles, une infante d'Espagne !... Traversons le faubourg de Sibourre, illustré par sa population de gitanos, et gravissons la côte d'Urtubi.

Le vieux château de ce nom montre encore, à travers ses grands et frais platanes, quelques restes du donjon qui fut un instant un autre Plessis-les-Tours, pour le prudent Louis XI. C'était vers 1462 ; le rusé monarque travaillait alors à ménager, entre les rois d'Aragon et de Castille, une paix dans laquelle il n'oubliait pas les intérêts de la France. Rappeler que le soupçonneux adversaire de la féodalité osa s'établir dans ce manoir, c'est dire qu'il avait alors fossés, tourelles, ponts-levis, et tout ce qui constituait un castel capable de se défendre.

Mais l'omnibus nous emporte loin de ce souvenir d'un roi despote par patriotisme, et dévot par diplomatie... Roulons sur la route poudreuse, à travers ce gracieux pays basque, plein de mystères pour les savants, de magnifiques points de vue de mer pour les artistes, de curiosités pour tout le monde, et surtout de bonheur pour les hommes simples qui l'habitent... Çà et là s'épanouissent à travers champs de gracieuses maisons au badigeon éclatant, où l'art primitif mêlant au hasard le blanc, le jaune et le vert, semble s'étudier à produire des effets non moins discordants que pittoresques. Les pignons et les colombages y rappellent les constructions du moyen âge ; les larges balcons et les toitures avancées y réveillent les souvenirs des châlets du lac de Lucerne... Peu à peu, les montagnes tapissées de fougères grandissent autour de nous ; de grands chênes, rares et clair-semés, descendent sur leurs flancs ; encore un tour de roue, et nous atteignons le *burru* (1) de Béhobie, où nous sommes arrêtés un instant par la vue d'un des plus beaux paysages du monde. C'est d'abord comme un miroitement, une confusion générale de montagnes, qui se dressent

---

(1) Sommet.

majestueusement ici, s'abaissent et s'éparpillent par là, semblent enfin courir, s'échapper, par tous les coins de l'horizon, vers Saint-Jean-Pied-de-Port, à gauche ; vers la Castille, en face ; vers les Asturies, à droite ; d'où elles se précipitent et se perdent dans la mer.

De ce premier chaos d'ondulations, se détachent bientôt certains points de repaire ; vous distinguez des croupes tapissées de forêts, de bruyères, et constellées, çà et là, de rochers blancs. Quel est ce grand pic à trois pointes, un peu à gauche, devant lequel toutes les autres hauteurs semblent s'incliner ? Saluons-le avec respect, c'est la *montagne des Trois-Couronnes.*

Et cet autre, à droite, dont la forme est aussi nettement dessinée que celle du Vésuve ? C'est le *Jasquibel* ; il se baigne dans l'Océan, immensité d'un bleu terne, qui se perd dans les nuages à l'horizon. Puis, à la base de cet entassement de montagnes vertes, que l'on prendrait pour les flots d'une mer pétrifiée, une large ligne d'azur se dessine ; elle court de l'est à l'ouest, de Saint-Jean-Pied-de-Port à l'Océan : c'est la *Bidassoa...* Ainsi les grands objets se dégagent peu à peu du miroitement confus qui les troublait d'abord, et vous voyez se former sous vos yeux un gracieux et splendide tableau, comme les admirait Vernet, et comme les peignait le Poussin.

Les hommes montrent aussi leurs modestes fondations, à travers ces grandes créations de la nature. Au pied du Jasquibel, et à l'embouchure de la Bidassoa, c'est la petite ville de *Fontarabie*. En face, et sur la rive française, le bourg d'*Andaye* ; au centre du paysage, toujours sur la Bidassoa, et au pied du mont Saint-Martial, *Irum*, avec ses maisons éparpillées ; de ce côté d'Irum, sur la rive française, un bourg éclatant de blancheur, *Béhobie*... puis, çà et là, et de tous côtés, mille maisons éparses, tranchant sur le tapis vert des prés et des maïs.

Dans ce petit coin du monde, adossé à l'Océan et aux montagnes, tout est étrange à force de simplicité, et nouveau à force d'être primitif; une race belle et forte, sans mélange avec celles qui l'entourent, y a conservé le type cantabre dans toute sa pureté; la langue est sans analogie avec celle des autres peuples du globe; le gouvernement est resté ce qu'il fut toujours, une sorte de république patriarcale, qui s'est placée volontairement sous le sceptre protecteur de l'Espagne... Les mœurs ont la naïveté hospitalière des siècles bibliques; l'état social est fondé sur l'égalité la plus entière; et cette égalité y est relevée par la naissance noble de tous les citoyens. Cette nation, fière par dessus toutes les autres, a trouvé le secret d'effacer les inégalités du privilége, non point en supprimant l'aristocratie, mais en élevant tous les citoyens à ce niveau.

Peuple modèle pour les philosophes de l'école de *Emile* ou du *Vicaire savoyard*, et cependant très-catholique, il a conquis le bonheur vrai, la prospérité sans ostentation; il joint un courage sans forfanterie à un patriotisme sans limites.

Il vaut la peine, on en conviendra, de franchir la rontière pour visiter cette merveille humaine, parcourir les vallées de cette nation type, et voir de près une société qui ne fit jamais de conquêtes, ne se laissa jamais conquérir, et conserva, jusqu'à nos jours, les conditions et les caractères fondamentaux de son origine anté-historique.

Nous franchissons le pont de *Béhobie*, et nous voilà

sur le sol espagnol, en face de l'île des Faisans. Ce malheureux îlot a bien moins à se plaindre des courants de la Bidassoa qui l'ébrèchent et le rongent, que des boutades humoristiques de Théophile Gautier; poursuivi par le souvenir de quelque méchant déjeuner, ce voyageur le compare à une sole frite de moyenne grandeur... Pourquoi plaisanter et sourire en présence de ce tas d'alluvions? Non-seulement ce fut là que Mazarin et Louis de Haro traitèrent des conditions du mariage de Louis XIV et de Marie-Thérèse; mais encore là que le peintre Vélasquez, disposant et peignant les pavillons de la conférence, fut saisi de cette fièvre ardente qui enleva à l'Espagne un de ses plus célèbres artistes...

Si nous avons du respect pour l'île des Faisans, nous éprouvons de la vénération pour la montagne Saint-Martial, sa voisine, et la chapelle expiatoire qui en couronne le sommet..... Cette forteresse naturelle, que Dieu a élevée sur la Bidassoa pour la sûreté de l'Espagne, fut plus d'une fois défendue par les Navarrais avec un acharnement héroïque, qui leur valut la protection du saint belliqueux qu'on y implore, notamment à la fin de l'Empire... Le maréchal Soult, faisant assaillir cette redoute formidable à la baïonnette, vit des bataillons entiers disparaître sous la mitraille des Espagnols. Les zouaves n'avaient pas encore enseigné le moyen d'escalader les citadelles au galop. On affrontait les canons majestueusement, au pas, les rangs pressés; mais il y a progrès à tout; on a fini par comprendre qu'il valait mieux atteindre la victoire à la course, que de marcher noblement à la mort comme des sénateurs romains.

Placée entre le Saint-Martial, la montagne très-élevée des Trois-Couronnes et le Jasquibel, la vieille ville d'*Irum* offre, avec une brusquerie tranchée, le caractère espagnol dans toutes ses pittoresques allures.

Pendant qu'on examinait à la douane nos chevaux et notre omnibus, tous objets de contrebande, qui devaient donner une opinion peu avantageuse de notre production chevaline, nous gravîmes la rue longue et rapide, pavée de cailloux gros et ronds, aussi habilement disposés qu'ils le sont dans le lit d'un torrent. D'antiques maisons projetaient sur nos têtes leurs balcons à consoles, laborieusement sculptés, ici en bois, le bas en serrurerie tordue, puis leurs toitures non moins laborieusement travaillées. Chaque porte à peu près montrait un grand écusson sculpté en pierre à la clef de voûte. Pourquoi certains d'entre eux étaient-ils recouverts de crêpe noir? La famille pleurait un de ses membres; ce signe de deuil doit appeler pendant une année entière le salut respectueux des passants.

L'admiration n'est pas suffisamment nourrissante; l'appétit nous harcelait durant notre ascension en plein midi, sous un soleil caniculaire, et caniculaire espagnol, s'il vous plaît. Nous entrons dans une *fonda* de la place de la Constitution, en passant sous le fumet très-prononcé de l'écurie, qui servait de vestibule.

Toute la cargaison de l'omnibus envahit la salle à manger; nous cherchons l'hôtelier avec l'impatience d'une soif de 30° au-dessus de zéro, et pas une bonne ne se présente. Nous atteignons la cuisine, nous déposons humblement le placet d'une faim canine aux pieds de l'hôtesse, et la plus belle *anderia* (jeune fille) du Guipuscoa nous accueille carrément par le *nada* (rien) le plus résolu qui ait retenti aux oreilles d'un touriste désolé, de Bayonne à Cadix.

Ce mot était cruel, mais il avait sa dignité... Il n'est guère de maître-d'hôtel français, fût-il Normand ou Gascon, qui se fût élevé à cette hauteur de sincérité morale... Si nous eussions été de ce côté des Pyrénées, le plus mauvais aubergiste de village aurait couru vers les quatorze voyageurs, comme à l'abordage de quatorze fois trois francs, les harponnant par les promesses les plus séduisantes, sauf à leur répondre, dès qu'ils les aurait tenus en son pouvoir, autour d'une table vide, par des faux-fuyants et des prétextes beaucoup plus fâcheux que le *nada* franc et précis de l'hôtelière d'Irum.

— Garçon, apportez le potage, disaient un jour des voyageurs qui s'étaient laissé attirer dans un hôtel bordelais par les promesses d'un Vatel. — Ah! Messieurs, le potage ne se prend pas à midi. — Du poisson, alors. — La marée n'arrivera qu'à trois heures. — Donnez-nous des biftecks, en ce cas. — On n'en mange guère en cette saison. Le bœuf est si peu tendre. — Une volaille rôtie. — Ah! je vais la faire tuer! — N'y a-t-il donc rien à manger dans votre hôtel, le *premier* des hôtels de la ville? — Pardon, messieurs, nous avons des pommes de terre frites et du fromage...

L'hôtesse basque montra moins de présomption; elle nous engagea, sans jalousie pour ses confrères, sans orgueil de métier, à chercher une *fonda* mieux pourvue; guidés par ses indications, nous découvrîmes dans une simple *posada* une soupe qui me réconcilia avec le safran, un morceau de veau très-convenable, du chocolat parfait, malgré son haut goût épicé... et du vin... Ah! du vin... j'aime mieux vous parler des *bolayos*, sorte de sucrerie au citron, parfumée à la fleur d'oranger, et qui, fondue dans un verre d'eau, produit une boisson fort agréable. Elle remplace la glace dans les petites villes qui n'en ont pas. Ce produit de la confiserie espagnole nous fit oublier le goût peau de bouc, difficilement tolérable, de ce vin transporté à dos de mulet, dans des outres, comme du temps de Sertorius et decharlemagne.

Notre appétit apaisé, Irum n'offrait rien d'intéressant. Je regrettais de ne plus y trouver les pittoresques soldats christinos de 1835. Je me les rappelais avec leur uniforme moitié vert et moitié blanc, singulièrement sali et déformé par la terrible guerre de Zumalacarréguy et de Marotto.

La garnison d'Irum n'était alors qu'un ramassis de toutes sortes de corps, vêtus de toutes espèces d'uniformes. Elle ne logeait pas, elle campait dans l'hôtel-de-ville, dans quelques maisons particulières, criblées de boulets, dans les écuries, un peu partout. La litière des chevaux, noircie de toutes *sortes de choses*, était séchée au soleil, puis allumée sous les marmites et formait le plus étrange combustible qui se puisse imaginer. Cuisiniers et maraudeurs, chaussés de sandales, quelquefois pieds nus, toujours débraillés, flânaient ou dormaient à l'ombre, étendus avec l'indolent *far-niente* du lazzarone. Les sentinelles montaient nonchalamment la garde avec des fusils rouillés, dont on n'avait songé à frotter ni le sang ni la poussière. C'était triste, c'était misérable, mais ce spectacle avait son caractère, sa couleur un peu Goya et Zurbaran ; il fallait venir en Espagne pour le rencontrer, car l'Espagne seule, en Europe, pouvait montrer des soldats en haillons, combattant des guérillas en guenilles, et se faisant bravement tuer pour leur reine, sans avoir la consolation, plus importante qu'on ne pense, de mourir dans un bel habit. Aujourd'hui, la toile militaire a complétement déteint ; grâce aux réformes d'Espartero et de Narvaèz, les *carabineros de la reina*, armés de fusils étincelants au soleil, ont les allures régulières, les vêtements irréprochables de notre troupe de ligne, avec la notable amélioration de pantalons de toile blanche, qui les empêchent de se rôtir, en été, dans l'échauffante laine garance.

Pendant que nos chevaux mangent, que postillon et conducteur se rafraîchissent, montons sur un des batelets amarrés non loin de l'église, et rendons visite à Fontarabie.

A marée basse, la Bidassoa se met à sec, et l'on n'a d'autre voie qu'un sentier de piétons, qui serpente à travers les maïs et les pâturages. Maintenant, la mer est haute, et permet de naviguer... Deux Basques, le pantalon blanc retroussé, et en chemise, nous attendent, l'aviron à la main... Quelle race d'hommes, quels types admirables ! Michel-Ange et Jules Romain seraient restés plongés dans l'extase, et leur crayon aurait esquissé de superbes modèles de *Tritons* et d'*Hercules*, d'*Antinoüs* et de *Pensierosi*. Je n'oublierai jamais le hardi relief de ces jambes, de ces bras sculptés comme les chefs-d'œuvre des plus grands maîtres ; je vois encore ces doigts roulés autour de la rame, en forme d'anneaux de fer, ces pieds faisant de leurs cinq doigts arc boutant sur la planche, ces physionomies douées de toute la majesté de la force, de tout le calme de la confiance en soi... En voyant de tels hommes, qui n'étaient point des exceptions, mais un échantillon de la race basque, je me rappelai la lutte terrible, la défaite désastreuse que les troupes de Louis XIII subirent, sous les murs de Fontarabie, dans ces mêmes eaux de la Bidassoa, où nous glissions paisiblement, sous l'impulsion de nos rameurs. Cet incident de guerre est assez étrange, assez dramatique, pour que le récit très-abrégé trouve sa place naturelle ici.

En 1638, le prince de Condé avait conduit son armée à Saint-Jean-de-Luz, traversé heureusement la Bidassoa et livré Irum au pillage. Il s'empara même de plusieurs navires qui s'étaient réfugiés dans le port voisin de Passages, et put envoyer en France un trophée de 150 pièces de canon. Il ne restait à prendre que Fontarabie ; il s'occupa immédiatement d'en faire le siége. Les opérations furent assez vivement poussées pendant le mois de juillet ; mais la flotte de l'archevêque de Bordeaux n'étant pas encore arrivée, pour compléter le blocus, les Espagnols réussirent à transporter dans la place des vivres et des renforts, ce qui donna le temps à l'amirante de Castille de réunir une armée considérable, et de la conduire au secours de Fontarabie. Don Miguel Pérès y introduisit 800 soldats, releva le courage de la faible garnison de 600 hommes, qui était au moment de capituler, et prit le commandement de la ville.

Les efforts maritimes des Espagnols marchaient de front avec cette reprise d'offensive sur terre ; ils équipèrent une flotte, destinée à remplacer celle que Condé avait détruit à Passages, et à expulser celle de l'archevêque de Bordeaux du golfe de Fontarabie.

La fortune ne favorisa pas leurs calculs ; la nouvelle escadre attaquée près de Guétary, entre Saint-Jean-de-Luz et Fontarabie, par celle du redoutable archevêque (26 août 1638), fut refoulée dans la rade, et complétement incendiée par des brûlots. Sur 24 navires, 23 coulèrent bas, entraînant au fond des eaux leurs équipages, et 3,000 soldats, destinés à la garnison de Fontarabie.

Ces victoires successives consolidaient la conquête d'Irum, de Passages, et mettaient Fontarabie à la merci des vainqueurs : il suffisait de savoir attendre. Mais l'archevêque, un véritable loup de mer, aspirait à se montrer un lion sur la terre ferme. Toutes les forces de l'armée française se portèrent sur Fontarabie, afin d'enlever la place d'assaut. Monseigneur l'archevêque, qui était bien de son temps, fit débarquer jusqu'à ses matelots, afin de les conduire au feu... Tout alla d'abord à souhait : une mine habilement dirigée fit sauter un bastion ; il ne restait qu'à monter à la brèche, opération d'autant plus facile, que le brave Miguel Pérès venait d'être tué dans une sortie. Mais Monseigneur l'archevêque, qui savait si bien noyer les soldats des autres, allait voir les siens éprouver le même sort.

Le jour de l'assaut arrive. On ne sait pour quelle cause Lavalette remet au lendemain l'opération dont il était chargé. Le prince de Condé, furieux, lui enlève son commandement, et le donne à l'archevêque. Ce dernier accepte de grand cœur, et ordonne de monter à l'assaut ; mais voilà que deux régiments, dévoués à Lavalette, trop dévoués en cette circonstance, refusent de marcher avant qu'on ait réglé leur solde... Ils prenaient bien leur temps !... La noblesse de Guyenne partage leur mutinerie. L'amirante de Castille profite de ce désordre, et tombe à l'improviste sur un corps de Français qui bat en retraite. Leur chef, M. de la Force, essaie de résister avec ses seuls domestiques. Condé envoie quelques compagnies soutenir le point attaqué. Hélas ! la trahison se joint à la désobéissance ; Lavalette, entraînant ses soldats du côté des Espagnols, les lance contre les troupes de Condé qu'il déteste, et les Français se battent contre des Français, sous le feu même de l'ennemi qui les harcelle..... Les Espagnols ne perdent pas leur temps : ils envahissent le camp par un autre côté, sous la conduite de Mortara, de Torecusa, et le *sauve qui peut* devient général dans nos rangs.

Quel désastre !... Condé, se hâtant un peu trop de désespérer, croit déjà que tout est perdu ; il abandonne ses troupes et court à cheval vers la Bidassoa. Là, il met pied à terre, et s'aventure dans l'eau, afin d'atteindre une barque qui le portera sur l'autre rive ; il y réussit et bon nombre d'officiers exécutent la même retraite... Bien leur en prit d'être les premiers ; l'archevêque de Bordeaux arrivait après eux, suivi de 7 à 8,000 officiers et soldats ; chacun court à l'envie vers une des chaloupes du rivage, on s'y entasse on les pousse au large, traînant des grappes d'hommes accrochés aux sabords. Le poids devenant excessif, les rameurs frappent sur les mains de ces malheureux, pour les obliger à lâcher prise ; les plus vivement atteints laissent aller les chaloupes et disparaissent, ce qui n'empêche pas plus d'une embarcation trop chargée de verser toute sa cargaison dans la rivière. La Bidassoa fut bientôt littéralement encombrée de fantassins et de cavaliers, qui luttaient contre les flots, se cramponnant les uns aux autres, et paralysant mutuellement leurs efforts. Les Espagnols croient voir le Dieu d'Israël noyant les Égyptiens dans la mer Rouge ; jaloux de le seconder, ils tirent à outrance coups de canon et de mousquets sur ces masses d'hommes enchevêtrés.

Lavalette, immobile sur la rive, n'a pas honte, assure-t-on, de s'applaudir de la fuite de ses deux rivaux. Nous ne pouvons croire, cependant, que l'horrible spectacle de l'armée française détruite n'ait pas arraché quelques larmes à son orgueil. 1,500 hommes gîsaient sur la plage, égorgés par les Espagnols ; plus de 2,000 cadavres encombraient le lit de la *Bidassoa*. Le reste de l'armée parvint à gagner le rivage d'*Andaye* ; mais on n'essaya pas de recommencer une lutte inaugurée avec gloire, et flétrie par un désastre qui retombait tout entier sur l'impéritie, la jalousie et toutes les mauvaises passions de nos généraux. Bagages, munitions, artillerie, tout devint la proie de l'ennemi.

Pour compléter ce tableau, plus lugubre que celui de Dante et de Virgile naviguant sur le lac des damnés, les auteurs espagnols ajoutent que les cadavres attirèrent à l'embouchure de la Bidassoa une si grande quantité de poissons que, pendant plusieurs mois, des pêches merveilleuses répandirent l'abondance dans le pays basque, naguère ravagé par la guerre.

Rien de pittoresque et de fièrement espagnol comme la vieille Fontarabie ; elle n'a qu'une rue, mais une véritable *calle Real* ; elle monte avec majesté de la Bidassoa à l'église, ayant à droite et à gauche des maisons nobles, enrichies de balcons superposés et très-saillants ; les toitures sont toutes chargées de sculptures. L'Espagne possède peu de spécimens aussi précieux d'une ville du dix-septième siècle ; on serait tenté de croire qu'elle a été enfermée sous terre il y a deux cents ans, et qu'un antiquaire, un M. Mariette, espagnol, vient de la retirer des sables.

Ciudad muy noble, muy leal y muy valerosa (ce titre est inscrit sur ses chartes), elle a conservé tous les vieux palacios, contemporains authentiques de son ancienne splendeur. Leurs façades, chargées d'écussons gigantesques, offrent cette lourdeur pompeuse, cette solidité grandiose, qui forment le cachet de l'architecture espagnole ; on dirait des monuments romains, arrangés à la mesure des fiers descendants du Cid, cousins germains des Sertorius et des Horaces. Au haut de la ville, au point où le rocher tombe à pic dans l'Océan, vous trouvez un vieux château moyen âge, fondé par le roi Abarca, en 907, agrandi et habité par cette malheureuse Jeanne-la-Folle dont il a conservé le nom. Le souvenir de la mère de Charles-Quint y vit encore, au milieu des ruines, de concert avec quelques familles d'ouvriers en haillons, et de mendiants teigneux. Tout autour de la cité, les remparts, à moitié détruits par nos boulets de 1813, y montrent plusieurs larges brèches, qu'on n'a jamais réparées. Rien ne manque au tableau d'une ville déchue, abandonnée ; c'est une petite merveille archéologique, qui devrait être transportée tout entière à l'hôtel de Cluny.

Adieu ! Fontarabie, adieu ! Yrum ; l'omnibus nous emporte !... Un omnibus à travers les montagnes du Guypuscoa !... Il est vrai que les carrosses espagnols les plus aristocratiques étaient assez proches parents de notre véhicule populaire.

La campagne présente quelques maisons aux murailles épaisses, capables de soutenir un assaut ; de splendides écussons décorent les façades, et le propriétaire trait le lait de ses vaches, laboure son champ, ou dispose son fumier... Quelques gamins nous lancent des bouquets, en implorant non pas la *limosna* (aumône), car le Basque ne comprend pas plus le castillan que le français ; mais *moneta, moneta*, mot qui rentre dans toutes les langues.

Ils chantent leur supplique sur un thème fort gracieux, que nous avions entendu déjà près de Saint-Jean-de-Luz, et nous laissent à l'entrée des bois et des bruyères.

Quel est cet homme aux formes athlétiques, posté à une bifurcation du chemin, et qui nous somme de nous arrêter !.. Rassurez-vous, le pays basque a les coquetteries de notre civilisation ; il prétend ne plus connaître les voleurs. Cet homme, magnifiquement beau comme membrure, comme torse, comme caractère de physionomie, est un simple percepteur du péage des *Catenas*... les Chaînes ! Est-ce que nous entrons aux galères, Non ! mais sur la nouvelle route de Saint-Sébastien... Les provinces basques, qui ne s'occupent guère du gouvernement de Madrid, pourvu que ce gouvernement les laisse tranquilles, ont soin de faire leur chemin elles-mêmes : cela leur paraît plus simple et meilleur marché ; comme elles n'ont pas les ressources de l'impôt, pour subvenir à la dépense, elles confient l'exécution de leurs routes à des compagnies ; un léger péage rembourse le capital, et fait le service des intérêts et bénéfices... Une grosse chaîne de fer, tendue en travers de la voie, est une affiche, une sommation de paiement qui se fait parfaitement comprendre, sans qu'on ait besoin de savoir lire, ou de connaître la langue du pays... Ne nous scandalisons pas outre mesure ; bien des Français paient encore le droit de passer sur des ponts, et il y a peu d'années que les Parisiens eux-mêmes étaient assujétis à délier leur bourse, lorsqu'ils allaient du Carrousel au faubourg Saint-Germain. Si les Basques achètent l'avantage de parcourir de belles routes en voiture, ils ne paient du moins, ni pour leurs fenêtres, ni pour les produits de leurs champs, ni pour leurs meubles, ni pour... Mais entreprendrons-nous la nomenclature de tous les impôts qu'ils ne paient pas; il est plus simple de nommer le vin, le tabac et quelques autres objets de consommation, et le rôle des impositions guipuscoanes sera épuisé.

Passons-leur donc volontiers leur impôt des *Cadenas*, d'autant qu'il nous procure le plaisir de rencontrer des *miquelets*, espèce de gendarmes à pied. Le pantalon large et blanc, la ceinture rouge, la veste ronde et bleue, le chapeau rond, orné d'une plaque de cuivre, les font ressembler à des gardes nationaux de village en habits de fête; le mousquet sur l'épaule, ils se promènent constamment par deux, d'Irum à Saint-Sébastien, et rendent la route d'une sécurité irréprochable. Vous verrez qu'on ne laissera rien à cette pauvre vieille Espagne de Gil-Blas et des légendes; après lui avoir enlevé ses soldats déchaussés, on finit par lui ravir ses bandits.

La présence de ces miquelets n'en est pas moins justifiée par de récents souvenirs : le sentier à mulets, qui s'est trouvé remplacé par la voie nouvelle, fut le théâtre d'arrestations nombreuses, et l'on raconte, à ce sujet, des scènes de mélodrame qui pourraient fournir un volume nouveau à la collection des crimes et des brigands célèbres.

Renteria, sur l'Oyarçun, est bien le bourg le plus espagnol, je veux dire le plus basque du royaume d'Isabelle... Couché silencieusement au milieu du plus gracieux paysage, il dresse, au-dessus de ses vertes prairies, des murailles noires et rougeâtres, ébréchées par les boulets de la dernière guerre civile. D'étroites et sombres ruelles sales, négligées, des maisons aux toitures larges, couvertes de lourdes tuiles et toutes déjetées, des balcons brisés, des façades percées de rares ouvertures, parmi lesquelles se montre l'élégant trèfle géminé du quatorzième siècle, tout cela forme un ensemble du plus saisissant effet. Au haut du bourg, s'élève une espèce de forteresse crénelée, que l'on vous dit être l'église, et vous passez outre, emportant le plus fier souvenir de guerre civile nationale, mêlée d'acharnement religieux.

Malgré ma prédilection pour le caractère sombre de Renteria, je ne pus m'empêcher d'oublier vite ce paysage à la Salvator Rosa, pour diriger mes regards sur la situation admirable de Passages.

La route se glisse entre le rocher, à gauche, et un bras de mer, à droite. Ce bassin, où vient se perdre l'Oyarçun, le ruisseau le plus cantabre de ces contrées, est cerné, comme le lac des Quatre-Cantons, par de très-hautes montagnes qui le séparent de l'Océan; l'une d'elles porte sur ses flancs le bourg d'*Yesso*, écrasé sous les grands vaisseaux de deux églises, autrefois monastères, aujourd'hui... propriétés nationales!... Au fond du port, s'étendent les deux villes jumelles de Passages; le donjon de Sainte-Isabelle les sépare ; leurs maisons blanches s'étalent à fleur d'eau, et se mirent dans les vagues. Entre ces deux villes, au pied de la tour d'Isabelle, s'ouvre un chenal étroit, taillé par la nature dans le roc de deux pics du plus imposant effet..... Cette brèche de géant, faite dans une des ramifications des Pyrénées, vous fait songer à celle que l'Europe n'a pas encore osé percer à travers les Cordillères, du côté de Panama; elle joint le port d'Oyarçun à l'Océan, que vous apercevez dans le lointain. La Suisse, avec ses mers intérieures, n'offre rien de plus majestueux et de plus pittoresque.

Napoléon, frappé de cette situation unique et providentielle, avait résolu de transformer Passages en un port militaire de premier ordre ; tous les bâtiments d'un royaume auraient pu s'abriter et manœuvrer dans ce port de refuge, loin des tempêtes et du canon ennemi.

Je ne sais si l'administration navarraise a voulu faciliter à l'artiste le moyen de dessiner ce site, et aux touristes celui de l'admirer à l'aise ; au sommet de la rampe qui domine cette rade, unique au monde, un élégant belvédère, à la toiture soutenue par quatre colonnes, invite à s'asseoir sur les bancs de marbre, à l'abri du soleil et de la pluie. Ces charitables *reposoirs*, établis sur plusieurs points des provinces basques, ne pourraient-ils inspirer des projets analogues à nos ingénieurs, si peu soucieux, il faut l'avouer, du confortable des voyageurs.

Malgré les sollicitations du belvédère, bien des gens céderaient de préférence à celles de la brune batelière de Passages, fort connue à vingt lieues à la ronde, et qui vous invite si gracieusement à préférer son batelet à ceux des Mazaniello barbus qui cherchent à lui faire concurrence... La belle et séduisante *anderia*!... Que son petit chapeau de paille est cavalièrement posé sur sa tête ; comme ses longues nattes de cheveux courent sur ses épaules, à chaque mouvement du corps ; comme son corsage de velours noir, sa jupe courte et rayée, emprisonnent harmonieusement son buste de Vénus de Milo ! Décidément, les riches natures sont le produit général et spontané de ce sol béni du ciel. S'il est bien d'entretenir à grands frais des écoles de beaux arts à Rome et à Athènes, pour y étudier les chefs-d'œuvre antiques, ouvrage de l'homme, ne serait-il pas bon aussi de fonder à Saint-Sébastien ou à Tolosa des cours de chefs-d'œuvre vivants, créations modernes de Dieu. Notre proposition n'est pas la fantaisie passagère d'un voyageur humoriste ; elle a la prétention d'être sérieuse. A une époque où la dégénérescence de l'homme, dans nos villes trop civilisées, pousse invinciblement les artistes vers cette étude du laid qu'ils ont constamment sous les yeux, et qui les conduit au mauvais réalisme, il serait utile de les remettre en présence d'une nature où l'harmonie primitive, la beauté, vous saisissent à la fois par tous les sens ; l'Océan sans limites y gronde en face des montagnes ; l'homme, ce roi de la création, n'y a rien perdu des qualités admirables qui lui conférèrent cette royauté... La fondation d'une école de dessin dans le Guipuscoa ne serait pas, à coup sûr, un hors-d'œuvre, et si l'Académie des Beaux-Arts, qui va chercher si loin, et à si grands frais, des copies de quelques vieilles frises égyptiennes ou ninivites, est, par l'insuffisance de son budget, dans l'impossibilité de réaliser notre rêve, nous engagerons de toutes nos forces les peintres et les sculpteurs sérieux à aller étudier le grand, le beau et le vrai humain au milieu de ces paysages grandioses, où nous nous bornons à l'admirer en courant.

Le nombre des piétons augmente autour de nous ; les mules aux grands bâts, tout surchargés (apparejados) de franges et de glands, se croisent et annoncent l'approche de Saint-Sébastien. Les petits chariots basques, à l'essieu criard, aux roues massives et sans rayons, taillées d'une seule pièce dans le tronc d'un arbre, roulent lentement derrière leurs grands bœufs rougeâtres ; le miaulement plaintif de leur essieu n'annonce, toutefois, *ni l'égorgement d'une princesse, ni l'avarice d'un charretier qui prive ses roues de graisse pour mettre davantage dans sa soupe*, ainsi que le supposerait Théophile Gauthier ; ces cris servent d'avertissement dans les sentiers étroits des montagnes. Lorsque deux chariots marchent en sens inverse, celui qui monte se range dans quelque élargissement de la voie, et donne à celui qui descend la facilité de le croiser sans encombre !

Les hommes les plus simples ne sont pas si fous que l'on pense ; il suffit de remonter aux causes, pour trouver naturels et très-censés les incidents qu'on avait estimés d'abord absurdes ou sauvages.

II

Saint-Sébastien. — Les régates. — L'assassinat au bal. — Les courses de taureaux. — Navarrais et Castillans. — Novillos. — Courses françaises, Courses chiliennes.

La ville de Saint-Sébastien, éclatante de blancheur comme un quartier de Naples, est adossée à une montagne gracieuse, taillée en forme de dôme, qui la sépare de la mer. Au sommet de la montagne, une citadelle imprenable dresse la silhouette de ses bastions ; la ville boudeuse tourne donc le dos à l'Océan, et refuse de le regarder ; mais les vagues sont des coquettes impérieuses, qui veulent être vues ; elles ont rongé la montagne de tous les côtés, ont fait invasion dans les terres et viennent baigner, à droite et à gauche, les murs de la ville, qui ne tient plus à la terre ferme que par un isthme étroit. Le bras de mer de droite forme une plage ; celui de gauche, resserré entre deux montagnes, forme le port. Un beau trois-mâts s'y balance majestueusement, sous les caresses des flots, au milieu de quelques modestes gabarres. La route d'Irum et celle d'Ernani, réunies à l'entrée de cette langue de terre, s'avancent de concert vers la cité, et passent entre le *Prado* et le nouveau cirque *des taureaux*. Une majestueuse ceinture de fortifications à la Vauban entoure la ville ; une seule porte, précédée de barbacanes, y donne accès. A l'heure où nous arrivons, de nombreux détachements de carabiniers se tiennent assis devant le corps de garde, sous la voûte casematée, et regardent les passants d'un air curieux : nous débouchons sur une large et longue rue, magnifiquement construite, et faisant face aux remparts ; on l'aurait appelée jadis une *contrescarpe*.

Nous ne sommes plus dans la vieille Espagne d'Irum et de Fontarabie, mais dans quelque chose de tout neuf, qui n'a ni cachet, ni nationalité, et ne ressemble à rien... Je me trompe : cela ressemble à un port de mer, depuis que tous les ports de mer se trouvent en communication constante, et se sont reconstruits sur un seul modèle, le modèle monotone d'une fabrique et d'un entrepôt... Qu'on se représente la ville, ou si l'on préfère le dock le plus propre, le plus blanc, le plus régulier que pût désirer un expert géomètre. Dans ces maisons et dans ces rues, tout est sur le même plan : pavage en grandes dalles, comme celles de nos trottoirs, voie d'une largeur invariable de six mètres, habitations à trois étages, mais aussi hautes que celles de Paris, attendu que les Espagnols se logent à l'aise, et n'aiment pas à balayer le plafond de leurs appartements avec leurs chapeaux ; pour mieux dire, lorsque vous passerez rue Montmartre, regardez la rue Mandar, ce chef-d'œuvre de régularité maussade, vous aurez tout Saint-Sébastien sous les yeux... Je me trompe, il faudrait ajouter des fenêtres grandes, des balcons très-saillants à chaque étage, des façades d'une blancheur irréprochable, avec encadrements jaunes autour des croisées, et des rideaux blancs ou rayés rejetés en dehors des balcons. Tout cela n'est pas monumental le moins du monde, et n'engagera pas les antiquaires à visiter Saint-Sébastien ; mais tout cela est gai, riant, bien approprié aux trois jours de gala qui se préparent ; on dirait une ville disposée tout entière pour une réjouissance nationale par la maison Godillot.

Cette ville a-t-elle donc été fondée hier, sous l'empire du compas et du cordeau ? Non ! mais le vieux Saint-Sébastien, écrasé par les bombes et les boulets, dans les dernières guerres de l'Empire, est repoussé d'un seul jet, après 1815, comme un arbre recepé entre deux terres. Maintenant, cette ville coquette épanouit sa joie par tous les pores, jette son air de fête par ses mille fenêtres ; car les maisons espagnoles ont beau être bâties sur le modèle des nôtres ; des différences caractéristiques les distinguent. La maison parisienne, la maison du Nord tient ses vitres constamment fermées ; la population vit au salon ou dans la rue, jamais au balcon ! Cet appendice, d'invention méridionale, est consacré chez nous à faire promener les chats et respirer quelques pots de fleurs. En Espagne, au contraire, le balcon est le salon et le boudoir ; la conversation se tient à la fenêtre ; du matin au soir, souvent une partie de la nuit, elle reste ouverte. Le flâneur de la rue ou de l'habitation voisine voit, heure par heure, ce que fait la señora en se levant et après déjeuner, qui elle reçoit de son sourire affectueux; qui elle frappe de son éventail, qui elle renvoie malheureux, à qui elle promet d'espérer... Vous connaissez les objets de sa toilette la plus intime, depuis sa pantoufle, jusqu'à sa camisole brodée... costume presque officiel de la *ventaña*.

Si le philosophe grec, qui faisait des vœux pour que les humains habitassent des maisons de verre, revient jamais chercher des nouvelles de son système, qu'il aille habiter Saint-Sébastien, il verra son rêve passé à l'état d'application.

La rue est donc une salle de spectacle, avec des fenêtres pour loges, où vous entendez incessamment chanter, rire aux éclats, gronder, bouder, causer à voix haute, avec ce timbre méridional si peu fait pour le mystère. On s'envoie des saluts affectueux d'un balcon à l'autre ; on se crie mutuellement ses projets pour le soir, ses rendez-vous au Prado ou au théâtre.

Quand nous arrivâmes à Saint-Sébastien, la ville ajoutait à cet air expansif, qui forme le fond de son caractère, des accès de joie inaccoutumés. Sur le port, on donnait des régates ; sur la place, on préparait les décors et les illuminations du soir.

Lorsque Paris verse, en ses grands jours de fête, trois ou quatre cent mille habitants vers les Champs-Élysées, ce fleuve de têtes humaines s'écoule dans un majestueux silence, avec un ordre plus majestueux encore : pas un murmure de voix, pas un cri.

Dans les pays méridionaux, en Espagne surtout, lancez trois mille âmes désœuvrées dans les rues, et tout le monde est désœuvré dans cet heureux pays... Il sort de tels cris de ces trois mille bouches, il s'échappe de telles gesticulations de ces six mille bras, que vos oreilles tintent et vos yeux éprouvent une sorte de vertige.

Paris seul, dans ses jours d'émeute, avec ses appels aux armes et ses décharges de mousquetterie, pourrait donner une idée de cette exaltation, de ce tapage, si la nature de ces bruits n'avait un caractère opposé.

Nous courons sur le port. Une cinquantaine de lutteurs, en costumes légers de pêcheurs napolitains, se livrent à leurs exercices dans les flots écumeux et verdâtres. Des milliers de spectateurs, étagés sur les flancs de la montagne, sur le chemin couvert qui conduit à la citadelle, suspendus en grappes dans les rochers, dévorent ces exercices des yeux, y applaudissent de leurs bravos étourdissants.

Ces régates présentent, d'ailleurs, les scènes très-ordinaires de la marche, sur la vergue horizontale et savonnée; de la chasse à l'oie, qui disparaît en plongeant, au moment où le nageur croit la saisir; de la bourse jetée au fond du port, et cherchée à la plonge; de la course à la rame; du prix de natation remporté par celui qui lutte le plus victorieusement contre les vagues. Quelque simples et peu nouveaux qu'ils soient, ces exercices ont le secret de nous intéresser; la force, l'adresse musculaire, les poses plastiques, le laisser-aller avec lequel ces espèces de tritons se heurtent, se disputent, se battent dans cet élément agité, nous inspirent une admiration singulière pour la créature capable de jouer ainsi avec l'élément dont Dieu semble lui avoir interdit l'approche. Les prix sont remportés ; la musique militaire des *aficionades* fait retentir les échos du port de ses fanfares populaires, et ramène les vainqueurs à l'hôtel de ville.... Ces *aficionades*, amateurs de courses de taureaux et d'harmonie, portent, comme musiciens des fêtes publiques, le pantalon blanc, la veste ronde et bleue, la ceinture rouge, les bas de fil, les souliers à rosette, le chapeau rond à plumes blanches ; ils affectionnent singulièrement une marche dite nationale, qui ressemble assez à un galop de M. Muzard ; mais pardonnons-leur ce léger outrage à la couleur locale, ils nous conduisent à l'ancienne *Plaza de Toros*.

La nuit approche, et déjà des milliers de lampions éclairent à giorno cette espèce de *patio*, qui, aux dimensions près, répond parfaitement, pour sa forme et son ancienne destination, à la *Plaza-Mayor de Madrid* ; c'est un carré parfait, de la grandeur à peu près de notre place du Palais-Royal : elle est bornée d'un côté par l'hôtel-de-ville, monument moderne de ce genre dix-huitième siècle, qui prétend si orgueilleusement retracer l'architecture grecque ; de l'autre, par des maisons du style que vous connaissez ; toutefois, avec cette amélioration, que des arcades pareilles à celles de la rue de Rivoli en occupent les rez-de-chaussées, et rejettent ainsi les boutiques en arrière. Quatre rues vomissent la population sur cette place centrale ; elles sont franchies par quatre ponts vénitiens, qui réunissent entre eux les premiers étages des façades, pour un motif que nous allons faire comprendre.

Cette *Plaza de Torros* était destinée jusqu'à ce jour, comme le nom l'indique, aux courses de taureaux.

La municipalité, propriétaire de toutes les maisons

dans ces circonstances solennelles, faisait dresser des gradins du rez-de-chaussée au premier étage, et les fenêtres devenaient des loges.

Quand je disais que la vie espagnole se passe à la fenêtre, voilà que, de par l'alcade, on dépossède les locataires de leurs balcons, pour les louer aux spectateurs. Si l'on voulait résumer l'existence des peuples de l'Europe, on pourrait placer celle des Anglais sur les wagons et les bateaux, celle des Italiens dans les loges de la Scala ou de San-Carlo; celle des Allemands à l'estaminet; celle des Français un peu partout; celle des Espagnols à la *ventana*. Les lampions, prodigués à tous les balcons, et rangés en bataille, à la corniche de l'hôtel-de-ville, où des guirlandes de feux dessinent les armes et le nom d'Isabelle II, triomphent de l'obscurité, et la dissipent. Nous n'avons vu jusqu'ici que le prélude des fêtes publiques; maintenant, nous allons entendre ces cascades de cris joyeux, ces cliquetis d'éclats de rire; nous allons voir ces danses indescriptibles, ces caresses, ces vols de baisers qui ne se comprennent que dans ces populations étourdies du Midi, nées pour la joie bruyante.

La place est encombrée d'ouvriers et d'artisans, qui se promènent avec les jeunes *nubias* (fiancées), à la tête nue, et aux deux longues tresses de cheveux flottant sur leurs épaules.

Tout à coup, un grand mannequin de bois, représentant un taureau, pénètre au milieu de cette foule; des centaines de fusées, en forme de dard, couvrent ce corps à la façon des pointes d'un porc-épic. Un homme, invisible sous la draperie rouge qui en retombe, porte ce singulier fétiche au dessus des spectateurs. Il met le feu aux pièces d'artifices : les fusées éclatent, volent, jaillissent, et inondent la place d'une pluie de feu. Le *toro de fuego* court, bondit, pirouette de mille façons burlesques, au bruit des acclamations, et quitte enfin la place, dès que le feu d'artifice a cessé de lancer ses bordées fantastiques.

Alors, le fifre et le tambourin font entendre les premières mesures d'un fandango, et toute cette population, se rangeant par couple et petits quadrilles, se livre à cette danse populaire, mieux cadencée, plus régulière, mais assez proche parente de celle de la Chaumière et du bal Mabile, avec le bruit des castagnettes et les cris de *lirinzina* de plus... Et tout cela, sous les yeux des plus belles dames de Saint-Sébastien, encombrant les balcons, ou se promenant au milieu des danseuses; sous les yeux des mères et des maris conduisant là leurs femmes et leurs filles; sous les yeux du prêtre, qui passe et traverse les groupes en revenant du sermon.

Laissons le peuple danser jusqu'au matin; il faut bien s'occuper des nobles señoras aussi... Voici l'heure où s'ouvre le bal de souscription, qui se donne au théâtre; celui-là aura son caractère aussi.

Le théâtre est situé à l'extrémité de la *Calle-Mayor*; il a les dimensions, à peu près, de celui du Vaudeville, à Paris. A notre arrivée, vers neuf heures du soir, la salle était déjà encombrée; on est toujours pressé de s'amuser en Espagne. Le bon ton n'exige pas qu'on se rende au bal lorsqu'il est près de finir, et que chacun y arrive le dernier.

Les dames espagnoles se divisent en deux classes: celles de la haute société, qui ont voyagé en France, et reçoivent leurs modes de Paris; celles de la classe moyenne, qui, plus attachées aux usages traditionnels, portent encore la gracieuse mantille noire, retombant sur le dos, ou sur une épaule... Dans la rue, cette coiffure règne en souveraine ; mais elle disparaît dans les bals de société, pour céder la place aux ajustements parisiens. Si les dames du bal du théâtre avaient abandonné le costume national, elles y représentaient, du moins, le caractère physique et moral de la Péninsule, dans toute sa vigoureuse couleur. Les beaux yeux noirs et bleus se livraient, sous leurs longs cils, aux plus délicieux mouvements de paupières ; et, comme les phares à lumière interrompue, ils se voilaient à demi, pour jeter tout à coup un vif éclat diamanté. Les conversations se croisaient avec leurs intonations méridionales ; les mouvements d'épaule et de tête se combinaient habilement, avec ce rapide épanouissement d'éventails, qui, tantôt, cache à demi le visage qui veut jouer la modestie devant un propos équivoque, tantôt, referme les lèvres sur un demi-aveu, qu'on feint de regretter.

Deux jeunes filles se faisaient remarquer à côté de leur mère ; la plus grande, pâle et émue, semblait visiblement mal à l'aise, et sa mère était parfois obligée de raffermir sa contenance par un regard encourageant...

— Voilà Mlle B*** revenue de voyage, dit-on dans un groupe ; que va dire le lieutenant M*** de ce retour.

— Ne savez-vous pas que tout est arrangé entre eux.

— Pour se marier ?

— Pour n'y plus songer, au contraire. Mademoiselle B*** est déjà promise et fiancée à un autre.

— Pauvre jeune fille !

— Heureuse jeune fille plutôt ! Elle évite la tyrannie d'un jaloux implacable, qui l'aurait rendue malheureuse.

— Un excès d'amour fait pardonner bien des travers. Je ne puis m'empêcher de les plaindre tous les deux : lui, l'aimait avec l'ardeur d'un Andalou qu'il est ; elle ne le voyait pas, je crois, avec indifférence...

— Les parents ont tout fait pour rompre cette inclination, ils y ont réussi. Ils avaient prié d'abord le commandant de place d'envoyer le jeune homme dans une garnison éloignée ; mais le commandant a répondu que cet officier faisait parfaitement son service, qu'il pouvait, d'ailleurs, par la position honorable de sa famille, prétendre à la main d'une demoiselle, quelque noble qu'elle fût ; il ne voyait, par conséquent, aucune raison de l'éloigner. Alors les parents ont conduit la jeune fille chez l'une de ses tantes à Burgos ; elle y a passé trois mois ; le temps nécessaire pour oublier un sentiment passager. La cure est terminée ; elle rentre dans sa famille.

— Et vous pensez que la rupture est complète ?

— Assurément. La jeune personne a écrit elle-même à M. M***, pour le dégager de ses serments.

— Mais M. M*** n'a pas accepté les explications, et, dans une corde à deux mailles, tant qu'une des deux tient encore...

— La corde est bien près de se rompre !...

— Elle est assez forte pour résister longtemps, et entraîner loin ce qu'elle attache... Bref, le lieutenant a répondu : que si Mlle B*** conservait quelque souvenir de leurs relations, il espérait qu'elle ne se montrerait pas aux courses, qu'elle ne se rendrait pas au bal...

— Et l'on est au bal cependant.

— La jeune fille a bien pleuré à la lecture de ce billet ; mais elle a dû répondre que sa mère ne lui permettait pas d'avoir l'air de porter le deuil d'une affection rompue ; qu'elle insistait pour la conduire dans le monde. Elle terminait et priait M. M*** de ne pas troubler sa présence dans la foule par quelque action compromettante, l'assurant que si elle ne portait pas le deuil sur les habits, elle l'avait bien profondément dans le cœur... Le jeune officier ne s'est pas découragé ; il a dit, dans un dernier billet, que si d'insurmontables convenances entraînaient Mlle B*** au théâtre, il espérait, du moins, qu'elle ne danserait pas, qu'elle ne le condamnerait pas à la voir dans les bras d'un autre.

— Voici la réponse..., dit une voix railleuse, en indiquant la jeune personne du doigt. Sollicitée par un cavalier, elle venait, après bien des hésitations, de se lever, et de suivre un jeune homme qui l'entraînait dans une polka.

— Dénouement bien connu... Toutes les petites inclinations de pensionnat finissent de même... Un galop final les emporte... Demain, vous entendrez communiquer le mariage des deux danseurs.

Sur un autre point de la salle, quelques dames avaient remarqué l'officier droit, immobile, près de la porte... Au moment où la jeune fille s'était levée pour la polka, un éclair sinistre était sorti de son regard, et il avait disparu...

— Il va chercher une autre danseuse, je gage, pour se venger, par la loi du talion. La scène serait piquante, fit observer un spectateur. — On cherche le lieutenant du regard ; mais on ne l'aperçoit pas... On y renonce...

Comme la polka finissait, et que le cavalier reconduisait Mlle B*** à sa mère, l'officier pénètre lentement jusqu'à elle, à travers le désordre qui suit le dernier coup d'archet. Un de mes compagnons de voyage, ignorant tous les incidents de cette intrigue, voit cet homme enfoncer quelque chose de noir, derrière les épaules de Mlle B***, et croit qu'un frère, ou cousin familier, s'amuse à jouer à l'éventail avec sa sœur ou sa cousine; mais l'homme retire l'objet enfoncé, et plonge de nouveau le poignard dans les chairs.

Le jeune vierge s'affaisse sur elle-même, en poussant un soupir, et tombe des bras de son cavalier aux pieds de sa mère.

Cette chute et un grand jet de sang révèlent l'horrible attentat dont elle était victime... On l'entoure, on accourt, on s'empresse... Morte! morte! assassinée, crie-t-on dans la salle avec horreur!... La foule interdite va, vient, à droite, à gauche, appelant un médecin inutile, un alguazil plus nécessaire... On ferme les portes, la police commence une enquête; mais le meurtrier ne cherche pas à se cacher.

— C'est moi! me voici! s'écrie-t-il, en s'offrant avec un orgueil barbare à ceux qui le cherchent...

Danseurs et danseuses se dispersent, la morte et sa mère restent seules dans cette salle de bal déserte... La jeune fille, blanche comme une statue, la robe rose tachée de sang, la couronne sur le front, est déposée dans une coulisse, et le meurtrier est jeté dans le cachot de la forteresse...

Début étrange d'une fête espagnole, d'une fête qui devait durer une semaine : le premier jour, un assassinat par jalousie; le second jour, une messe de mort; le troisième, l'enterrement d'une vierge, portée à visage découvert, et dans ses habits de bal, par ses amies vêtues de blanc; le quatrième, un service funèbre, et l'interrogatoire du coupable.

Cet événement produisit une grande sensation;... le conducteur de notre omnibus trouvait les Espagnols en masse très-barbares, beaucoup plus barbares que les Français... Je pensais comme lui, et me sentais fier d'habiter au nord des Pyrénées.

Mais tout à coup le journal des crimes célèbres me revint en mémoire ; je me rappelai notamment ce maniaque stupide, qui avait poignardé une jeune femme, de lui inconnue, au théâtre des Célestins, à Lyon, pour le seul motif qu'il éprouvait le désir de tuer quelqu'un, et que les épaules de la victime se trouvaient à sa portée !...

Chaque peuple a ses individualités impétueusement passionnées ou bassement ignobles, me disais-je, et je ne sais si la jalousie sanguinaire d'un Andalou n'est pas encore préférable à la monomanie de nos Papavoine de diverses catégories, qui dissertent froidement sur le moyen de se faire *suicider* par le bourreau, en procurant du retentissement à leurs funérailles. Je me souvins même que les spectateurs du théâtre des Célestins avaient continué d'écouter assez tranquillement la représentation d'un vaudeville fort gai, après qu'on eut débarrassé la loge de la présence du cadavre, tandis que les témoins du meurtre de Mlle B*** avaient eu la pudeur d'abandonner la salle avec horreur.

La nuit a passé sur le crime, et la foule se dirige vers le cirque, placé hors de la ville. Il porte le nom de *Plaza nuova de Toros*. C'est une immense caisse de planches, dans le genre de l'Hippodrome de l'Étoile, de forme elliptique, et fait sur le modèle exact d'arènes romaines ; chaque spectateur embrasse du regard toutes les parties de l'amphithéâtre et de la scène.

3

C'est, d'ailleurs, une solide charpente, parfaitement reliée, contre-butée par d'énormes poutres, et qui n'a pas coûté moins de 60,000 fr. C'est assez cher pour une salle où le spectacle ne doit durer que trois jours par année !... Il est vrai qu'elle contient dix mille spectateurs, qui paient 10 fr. leur entrée. Dans l'intervalle des courses, on y établira un jeu de paume, exercice éminemment national, pour lequel les Basques sont beaucoup plus passionnés que pour les tueries de chevaux et de taureaux, spectacle d'importation espagnole. Vous connaissez l'intérieur de ce théâtre ; maint voyageur l'a déjà dépeint avec son couloir circulaire (*olivo*), fermé de barrières en planches (*tablas*), dans lequel s'élancent les *chulos*, pour éviter la poursuite du lutteur cornu. A la hauteur de ce passage, s'étagent une quinzaine de gradins, à places numérotées ; au dessus des gradins, règnent les *balconcillos*, loges découvertes à six places ; puis enfin, les véritables loges fermées, couvertes, et contenant jusqu'à seize personnes. Quelques loueurs de *balconcillos* tendent une toile grise au-dessus de leur tête, pour éviter l'ardeur du soleil.

Quatre portes percent l'arène aux quatre points cardinaux ; celle du sud, au dessous de la loge de l'alcade, est destinée aux *aficionados*, dont nous connaissons déjà la musique de cuivre. La porte d'en face donne sur le *tauril*, véritable entrée des enfers, à l'égard des malheureux taureaux ; elle se refermera sur chacun d'eux pour ne plus se rouvrir... Entrés vivants, ils ne sortiront de l'arène que par la porte des morts.

Les dix mille numéros des banquettes sont scrupuleusement occupés... L'étude de cet immense amphithéâtre a bien son intérêt, car tous les acteurs de ces

luttes ne sont pas inscrits sur la liste de la *quadrilla* (1).
Au dessous de la loge de l'alcade, sont les amateurs
effrénés. *Jeune Navarre* et *noblesse dorée* s'entassent, se pressent, se liguent avec la passion la plus
ardente de la tauromachie ; ces connaisseurs émérites
prétendent juger tous les coups, condamner ou applaudir tous les mouvements, surtout défendre l'honneur des taureaux navarrais contre les orgueilleuses
prétentions des Castillans.

Dès le début, *cette loge infernale* manifeste ses intentions patriotiques par des cris et des chants d'une
puissance à couvrir les deux cents choristes de Guillaume Tell...

Lancé à ce train-là, il faut prendre des forces pour
la longue lutte qui va se livrer. On fait apporter des
gourdes de cuir, chacun a fait sa provision de cigares,
et voilà ces tauromanes, buvant les uns et les autres
dans les mêmes peaux, allumant leurs cigares, et demandant à ces deux excitants un degré nouveau d'exaltation... A droite et à gauche, s'étendent les gens du
peuple sur les gradins ; les bourgeois dans les balconcillos et les loges... Ici, tout autant d'impatience, mais
moins de cris, moins de tumulte. Des milliers d'éventails bariolés, de toutes couleurs, papillonnent au
soleil, et produisent le miroitement d'une volée d'oiseaux des Tropiques.

En face de la première loge, s'étale une population
de l'aspect et de la tenue la plus irréprochable. Six ou
sept mille paysans, accourus de leurs montagnes de
Tolosa, d'*Irum*, et d'*Elisondo*, occupent les gradins
avec une uniformité de costume qui rappelle les plus

---

(1) Ensemble de la troupe des *Toreros*.

beaux régiments de Zumalacaréguy en 1835. Vous les voyez là, jeunes et vieux, avec leurs femmes et leurs filles, portant le pantalon bleu, la ceinture rouge, la chemise blanche, la cravate flottante, le béret bleu la veste de même couleur, élégamment jetée sur une épaule : enfin, le long bâton national entre les jambes ; car le Basque ne se sépare pas plus de son arme d'Hercule au théâtre qu'à l'église, au jeu de paume qu'au cabaret : c'est son épée de gentilhomme, toujours prête à faire respecter son honneur, celui de sa fiancée, et celui de son village.

D'où peut venir ce calme de la population rurale, à côté de l'agitation frénétique de l'aristocratie. C'est que le Basque aime les courses sans passion ; n'étant admis à les voir qu'une fois l'an à Pampelune, ce spectacle est pour lui une étude, à toutes les merveilles de laquelle il n'est pas façonné. Cela lui plaît, mais cela l'étonne encore ; aussi, vient-il au cirque avec une sorte de circonspection.

La noblesse, au contraire, sachant par cœur toute la rubrique de la tauromachie, mais jamais lassée, jamais fatiguée, promène constamment son oisiveté de Saragosse à Burgos, de Madrid à Bilbao, rallumant sans cesse à de nouvelles courses la passion immodérée de ces jeux.

Aujourd'hui la lutte est décisive ; il s'agit d'inaugurer *las coridas* annuelles de Saint-Sébastien, d'élever cette cité au rang d'une capitale de province. Il s'agit, surtout, de poser fièrement les petits taureaux de Tudéla en face des grands taureaux de Castille, et de faire reconnaître leurs qualités en présence du ciel et des hommes.

Au milieu d'un bourdonnement que déchirent des

coups de sifflets, dignes d'une locomotive en colère, deux sergents de ville, vêtus en laquais de grande livrée, embouchent la trompette, et annoncent l'arrivée de l'alcade.

Ce magistrat municipal étant installé, trois autres sergents de ville, mais ceux-ci ne jouant que du flageolet d'une main, et d'un petit tambour, pendu sous le bras, de l'autre, se lèvent à leur tour, et régalent les spectateurs du plus singulier motif de contredanse ; et cela pour annoncer le spectacle le plus dramatique et le plus sanglant.

Un alguazil de fort belle prestance, portant souliers à rosettes, bas de soie noire, culotte, justaucorps, et manteau castillan de même couleur, cravate blanche à bouts flottants, *sombrero* à larges bords, et longue baguette à la main, arrive au galop, sur un magnifique andalou, reçoit la clef du *tauril*, que l'alcade lui jette de sa loge, et l'apporte, toujours au galop, au gardien des terribles acteurs cornus.

A peine est-il sorti, que le quadrille des *toreros* entre dans l'arène. Deux spadas ou matadores ouvrent la marche ; ils sont suivis d'une douzaine de chulos et de banderilleros, vêtus de satin, avec le petit manteau de soie sur l'épaule (capa) et la *montera* sur l'oreille ; quatre *picadores* athlétiques, pesant un peu plus que leurs chevaux, arrivent les derniers. Tout cela passe devant l'alcade, le salue, et va prendre son poste de combat. Les *picadores* se placent près de la barrière de planches, afin que le taureau puisse solidement percer et triturer le faible cheval contre cet obstacle. Le *matador* disparaît. Les *chulos* s'éparpillent çà et là... Un moment de silence, qui vous serre le cœur, descend enfin dans le cirque. Tous les regards sont braqués sur la porte ouverte du *tauril*, avec une curiosité anxieuse ; on veut lire sur les premiers bonds de l'animal s'il présentera la fureur nécessaire à une bonne course.

Il paraît ; sa couleur noirâtre ou gris fauve, son poil légèrement hérissé, son regard effaré, sont d'un aspect sauvage, qui fait le plus saisissant contraste avec cette immense foule en costumes de fête !... Il ouvre les naseaux, tend et dresse le col, tourne brusquement la tête à gauche et à droite ; ébloui, d'abord, de ce spectacle étrange, il s'arrête... repart dans une autre direction et s'arrête encore..., fait quelquefois un troisième essai... et hésite de nouveau... Enfin, il avise le cheval d'un *picador*, et un choc impétueux fait battre tous les cœurs d'une émotion poignante.

Le *picador*, armé de la *barra* dont le fer de lance a deux pouces de longueur, cherche à écarter l'assaillant en le frappant à la tête et au col. Toute autre partie du corps est protégée par les règles rigoureuses de la tauromachie ; mais il cherche aussi à saisir la rosette de rubans piquée entre les deux épaules du taureau : elle est aux couleurs de son propriétaire. Cette enjolivure, le plus souvent ensanglantée, sera offerte aussitôt à la femme de l'alcade, ou a quelque grandesse, qui la logera dans son écrin et enverra un cadeau de grande valeur au *picador*. Si le cheval, frappé en plein poitrail, a le cœur ou les poumons traversés, il tombe au milieu de flots de sang, pour ne plus se relever ; s'il est pris au dessous du ventre, et lancé en l'air, avec son cavalier, celui-ci doit avoir la force et l'adresse de tomber du côté de la rampe, et de se trouver ainsi couvert par le cheval renversé, dans le ventre duquel le taureau loge et promène ses cornes.

Toutefois, comme le jeu pourrait mettre la vie du *picador* en danger, les chulos accourent et attirent à eux le taureau avec leurs capes rouges et jaunes ; les plus hardis vont jusqu'à lui saisir fortement la queue et à le faire tourner sur lui-même, comme ces chiens piqués à l'extrémité du dos, qui pivotent et font la toupie.

Pendant cette diversion, le cheval, s'il n'est mort, est remis sur ses pieds, les entrailles pendantes, et l'homme remonte dessus pour le tenir exposé aux nouveaux coups de l'animal. Mais ne nous appesantissons pas sur cet épisode : jets de sang, entrailles et vessie mises hors du ventre, acharnement du taureau sur le blessé, remplacement du mort par une haridelle intacte, qui doit éprouver le sort de la première (on cite un taureau de Madrid qui tua dix-huit chevaux sur place) ; rien ne manque au tableau, pour soulever le dégoût et la pitié du spectateur qui fait son entrée dans ce monde étrange.

— Pourquoi ne supprimez-vous pas ces incidents hideux, demandai-je à un Espagnol?

— Hideux, me répondit il, c'est la plus belle partie de sa course ; n'admirez-vous pas la fureur du taureau?

— Oui, contre un mannequin immobile, dont vous bandez les yeux, afin de lui dérober la vue de son ennemi.

— N'appréciez-vous pas la force du *picador charpa* qui, du bout de sa *barra*, tient l'animal furieux à distance, tandis que, de la main gauche et des genoux, il maintient le cheval contre ses assauts terribles. On a besoin de fatiguer la première fougue du taureau, sans quoi le *matador* ne pourrait que très-difficilement lui p'onger la *spada* dans la poitrine.

Adresserai-je aux Espagnols une accusation de cruauté barbare, pour la constance avec laquelle ils supportent ces égorgements de chevaux... Je ne vois pas qu'il y ait beaucoup plus d'insensibilité à regarder éventrer ces pauvres quadrupèdes, qu'à faire mourir des cerfs de lassitude, des daims et des chevreuils à coups de fusil... Je me contenterai de trouver de tels jeux dégoûtants et regrettables!..

Je comprends toutefois que les Espagnols, montés au paroxisme d'exaltation où cette lutte les élève, n'en veuillent pas admettre la suppression ; c'est, en effet, le moment des plus chaudes altercations, des imprécations les plus acharnées...

Figurez-vous dix mille spectateurs se dressant debout à tout propos, applaudissant ici, vociférant là-bas... et criant au *picador* :

— Ta barra est trop longue, et fatigue le taureau...

— Le cheval est affaibli par sa blessure.

— Misérable, maladroit, tu as atteint l'animal derrière l'épaule ; il va souffrir et ne pourra marcher...

— En prison, l'imbécille...

— En prison, le brigand...

— Il a méprisé le taureau, parce qu'il est Navarrais...

— Il conspire en faveur des Castillans...

— *A carcere! à carcere...*

Et le mot, en prison, prend des proportions si formidables, que nous avons vu l'alcade obligé de se lever et donner raison au public, en condamnant le *picador* au cachot ; il dut s'y rendre immédiatement après la course.

Quel métier ! passer sa vie, entre les cornes d'un animal constamment prêt à vous découdre, et un public qui vous envoie à *carcere*, pour avoir méprisé un quadrupède navarrais.

Je remarquais notamment un effréné tauromane, constamment perché en avant de sa loge, qui ne cessait de soutenir les principes de la tauromachie d'une voix éclatante, et dominait le tumulte des dix mille voix. Certes, c'était le cas de dire : *Illi robur, et œs triplex circa pectus erat.* A la fin du second jour, cependant, un enrouement nous délivra de ce crieur imperturbable.

Le taureau, vainqueur de cinq ou six chevaux, dont il va flairer les cadavres étendus dans l'arène, en poussant des beuglements sauvages, n'aura plus affaire qu'à l'homme.

Les *chulos* au manteau de soie vert, jaune, violet, orange, se répandent dans l'arène, et le provoquent. Il s'élance sur le premier, qui l'évite par les incomparables tours d'adresse que chacun connaît. Le taureau en poursuit un second ; pressé de plus près, celui-ci lui abandonne sa cape, qui reste hissée à ses cornes, comme un pavillon au mât d'un vaisseau. Un troisième chulos, près d'être atteint, enjambe la balustrade et saute dans l'olivo de refuge, laissant le taureau tout stupéfait de ne trouver qu'une barrière devant lui. Pressé d'avoir sa revanche, il en entreprend un quatrième qui, plus audacieux, l'attend de pied ferme ; au moment où l'animal baisse la tête pour le pointer, il place un pied sur son front et, d'un bond, le franchit et retombe derrière.

Ce coup, assez rare, est le sublime du genre ; le saut du tremplin des Franconi d'outremonts.

Au bruit de la trompette, sonnée par les deux grands laquais dont nous avons parlé, les *banderilleros*,

portant le même costume de soie que les chulos, courent au taureau, tenant de chaque main deux flèches de trois pieds, toutes papillotées de papier jaune, bleu et rouge. Le taureau vient à eux, ils ouvrent leurs bras, comme s'ils se disposaient à l'embrasser, et, au moment où les deux cornes effleurent le dessous de leurs aisselles, ils lui dardent les flèches dans le cou, et se jettent de côté.

On frémit à la vue de ce trait d'audace.

Il faut remarquer, cependant, que la piqûre des flèches imprime à l'animal un mouvement d'arrêt qui permet au banderillero d'éviter sa rencontre... Chaque *picadura*, répétée cinq à six fois, garnit le cou sanglant du taureau de dix à douze dards, qu'il essaie en vain d'écarter en sautant ; alors, il pousse des beuglements moitié plaintifs, moitié colères, émouvant présage de sa fin qui approche.

En effet, un dernier coup de sonnette se fait entendre, et annonce le dénouement....

Un homme seul, en souliers de bal, en bas de soie blancs, en culotte de taffetas rose, en veste de satin toute brodée de passementerie, les cheveux ramassés derrière la tête (magno), à la façon des Peaux Rouges de Cooper, vient saluer l'alcade ; il fait le signe de la croix avec sa *montera* castillanne, la jette ensuite, et marche vers le taureau, tenant de la main droite la *spada*, recouverte du manteau rouge (muleta)...

Nous ne connaissons rien de saisissant comme ce moment décisif, où le taureau, vainqueur des chevaux, habitué à renverser les *picadores*, à mettre les *chulos* en fuite, se trouve en présence d'un homme qui le provoque et l'affronte... Cette attitude de lutteur est si nouvelle pour lui, qu'il reste ordinairement immobile, regardant les singuliers apprêts de cet être surprenant.

Le *spada* de Saint-Sébastien n'était autre que Cucharès, héritier, avec Chiclanero, de la colossale réputation de Montès. Cucharès a quarante ans, et le teint cuivré comme la plupart des *torreros* nés dans les provinces méridionales; il est de taille moyenne. Dumas l'avait vu grêle et maigre; nous l'avons retrouvé gros et fort, mais toujours admirablement pris et dessiné. Le regard scrutateur fixé sur le taureau, il l'attire à lui en agitant la *muleta* de la main droite : le taureau se précipite. Cucharès fait une volte à droite; mais si légère, si légère, qu'il semble rester immobile. Le taureau, honteux d'avoir donné dans le vide, revient, tombe sur le drapeau rouge qui couvre la poitrine de Cucharès; celui-ci pirouette encore, et laisse effleurer sa cuirasse de satin par la corne. Durant cet exercice, répété avec une rapidité foudroyante, souvent sans que Cucharès ait déplacé son pied gauche, celui-ci a étudié la nature, le caractère de son adversaire; il choisit le moment favorable, et lui plonge enfin l'épée par dessus les cornes, dans la partie de la poitrine qui répond à notre clavicule. Le coup a traversé le poumon, et l'épée reste engagée dans la plaie.

Le taureau s'arrête, écarte légèrement ses jambes pour chercher un point d'appui, sa tête se baisse, et son regard passe de la fureur à la stupéfaction.

Si le sang jaillit par la bouche, le public applaudit peu, le cœur a été touché. Si le sang ne paraît pas, les bravos, les trépignements s'élèvent et forment tempête; dix mille spectateurs se dressent comme un seul homme, pour mieux suivre les péripéties de cette lutte... Le *torero* a-t-il retiré l'épée après avoir frappé mortellement; l'enthousiasme atteint son paroxisme devant ce coup célèbre... Des traits d'audace inattendus accompagnent quelquefois ce jeu terrible. Nous avons vu Cucharès jeter sa *muleta*, prendre son mouchoir de poche, et jouer ainsi avec le taureau furieux, jusqu'à ce que l'épée, lancée comme l'éclair de la nue, disparut dans sa poitrine. Les dames alors jetaient à Cucharès leurs éventails et leurs bouquets, les hommes leur bourse et leur porte-cigares; des trépignements d'enthousiasme faisaient résonner l'immense caisse des arènes, comme deux mille tambours battant la charge.

Dans tous les cas, le taureau jette un beuglement plaintif, il chancelle, il essaie de faire un pas pour lutter encore, il s'affaisse enfin sur les genoux. Le roi sauvage des montagnes, entré dans le cirque avec une si merveilleuse fierté, semble reconnaître la supériorité de l'homme, et lui rendre hommage. Presqu'aussitôt, sa tête tombe, il expire sans agonie, sans battements de flancs... Si le dernier soupir est trop lent à s'exhaler, un homme vêtu de noir vient d'un coup de stylet rompre, derrière la tête, la colonne vertébrale. C'est le *cachetero*, espèce de bourreau qui n'apparaît qu'au moment de cette mystérieuse exécution. Alors arrivent les discussions à perte de vue; on disserte sur le coup de *spada*, supérieur ou inférieur au précédent; plus ou moins semblable à ceux de Chiclanero, plus ou moins conforme aux grandes traditions de Montès. Cucharès est placé au dessus de ses émules pour la sûreté de son bras; on reconnaît à Chiclanero certaine supériorité d'élégance. Bientôt un grand bruit de grelots se fait entendre; trois mules, papillotées de leur *arparejos*, entrent au triple galop, sous le fouet de trois Castillans, les plus gambadants, les plus agiles qui se puissent imaginer. Une corde est passée successivement au cou des chevaux, puis au cou du taureau, et les cadavres disparaissent, traînés sur le sable fin... Cet enlèvement des morts n'est pas l'épisode le moins pittoresque de ce spectacle inimaginable.

Un nouveau taureau se précipite immédiatement dans l'arène, et le drame continue sans interruption. Si les courses hebdomadaires de Madrid ont supprimé la *prova* du matin, celles de province ont conservé ce prélude. Chaque journée voit mourir deux taureaux à *la mañana*, et six taureaux à *las tardes*... soit, huit actes joués par les mêmes acteurs, renfermant les mêmes scènes donnés dans le même ordre à Séville, à Cadix, à Saragosse et à Tolède, depuis Ferdinand-le-Catholique, et peut-être depuis les Romains, jusqu'à Isabelle II. Par quel prodige de constance les Espagnols se portent-ils toujours avec la même rage à ce drame antique, parvenu à des millions de représentations?...

C'est que chaque bond du taureau, chaque mouvement des *toreros* ont leurs particularités, leurs péripéties et leurs variantes. Les spectateurs étudient l'entrée du terrible lutteur, le mouvement de la *barra*, le lancer des *banderillas* avec l'attention que les Français appliqueraient aux intonations de Talma et aux points d'orgue de Rubini...

Le taureau entre-t-il avec une fureur à tuer tous les chevaux, d'un premier coup; *bravo toro... bravo toro!..* Hésite-t-il en regagnant la porte du tauril, on lui lance les épithètes de brigand et de lâche ; on le voue aux chiens, à moins qu'on ne cherche à réveiller sa fureur, en lui lançant des *banderillas de fuego*, pièces d'artifices qui éclatent sur sa tête, et provoquent ses beuglements et ses bonds... Tombe-t-il lassé, découragé avant la fin de la course, les cris : *perros! perros!* redoublent, et le *spada* ajoutant son mépris à celui de la foule, refuse dédaigneusement de le percer de son épée... Dans cette situation, désespérante pour l'honneur du pauvre animal, le petit homme noir, le *cachetero* saute dans l'arène, lui plonge traîtreusement son stylet entre les deux cornes, et tranche du premier coup cette vie déshonorée.

Le taureau, ainsi abandonné à la honte, dans les courses de Madrid, où personne ne prend son parti, rencontre parfois en province des partisans effrénés... Nous avons vu le club des Navarrais prêt à faire une émeute pour soutenir l'honneur d'un taureau, qui, tombé de lassitude aux pieds de Cucharès, était menacé de périr de l'ignominieux coup de stylet du *cachetero*.

Cucharès, dans son orgueil de Castillan et de *spada* de premier ordre, refusait de donner le coup d'épée à l'animal qui n'osait se lancer sur lui, les Navarrais adressent à Cucharès un tonnerre d'imprécations. — Tu méprises les taureaux de Navarre, parce qu'ils ne sont pas de ton pays; fais honneur aux taureaux de Navarre, ou nous te traiterons comme tu les traiteras...

La position de Cucharès était délicate : comme *spada*, il avait à soutenir sa fierté d'artiste célèbre... L'enfant gâté des Espagnols, l'ami des plus illustres familles qui se disputent l'honneur de mettre leur carosse à sa disposition pour le conduire au cirque, n'était pas disposé à céder à des exigences populaires, accompagnées de menaces... Comme acteur et directeur du cirque, il avait des spectateurs, des intérêts d'argent à ménager. Cucharès est l'*impressario* de cette petite armée de *chulos*, de *banderillos* et de *picadores*, qu'il élève, dresse, engage et paie sur les 15,000 fr. qu'il reçoit des entrepreneurs. Ceux-ci ne fournissent que le local et quelques accessoires, tels que les chevaux coûtant 200 fr. Dans cette situation, Cucharès s'adresse à l'alcade, pour juger le débat. Ce magistrat aurait pu se rappeler la colère inflammable du public espagnol, que l'on a vu, à Madrid, condamner un colonel en retraite, devenu directeur de course, à courir l'arène, poursuivi par des chiens, parce qu'il avait fourni des taureaux de mauvaise qualité... Le malheureux mourut de honte, huit jours après. Mais l'alcade de Saint-Sébastien ne connaît que son devoir; il donne raison à la noble susceptibilité de Cucharès, et le taureau reçoit un coup d'épée dans les flancs, des mains d'un simple chulo.

Tous les *spadas* n'ont pas la même sûreté de coup, et les mêmes succès ; il en est qui laissent échapper le fer repoussé par l'épaule du taureau mal atteint; ils doivent revenir deux ou trois fois à la charge ; alors, ce public, aussi prompt à maudire qu'à porter en triomphe, accueille par des murmures et des sifflets ces coups d'essais malheureux.

Un nouvel épisode ne tarde pas à porter au comble l'émotion des spectateurs : un jeune *banderillero* s'était fait remarquer par son audace. Ne reculant jamais qu'après avoir été effleuré par les cornes du taureau, il évitait ses atteintes en bondissant par dessus sa tête, ou se jetait de côté en battant des entre-chats; il sentit sa confiance grandir sous les bravos du public, au point qu'il osa convoiter l'honneur de monter du second rang au premier.

Je n'oublierai jamais ce jeune homme, grêle et fluet,

palpitant de crainte, d'orgueil, et venant demander à l'alcade l'autorisation de prendre l'épée pour la première fois... Des applaudissements furibonds l'encouragent, mais l'alcade a des devoirs rigoureux à remplir; il refuse une faveur qui pourrait exposer les jours du jeune homme. *Regatero* s'incline, la douleur au cœur, et le public se livre aux manifestations les plus tumultueuses : les uns soutiennent ses prétentions ; les autres approuvent la prudence du magistrat.

La course continue ; mais *Regatero* a juré d'obtenir l'épée à force d'audace, ou de mourir à force d'imprudence. On eût dit qu'il provoquait la mort. Deux fois, la corne déchire sa veste de satin, deux fois il attend le taureau à genoux, et évite ses coups par une habile conversion à droite. L'alcade ne peut résister aux ovations de la foule ; et le jeune homme triomphant reçoit l'épée des mains de Cucharès... Je doute que César, vainqueur de Pompée, ou Charles-Quint arrivé à l'empire aient éprouvé un mouvement d'orgueil plus élevé. Regatero cour au taureau ; la première botte n'est pas heureuse ; mais on encourage un coup d'essai ; il lui plonge l'épée dans la poitrine, et le public le couvre de bravos frénétiques. Les ambitions que ce succès enhardit n'ont pas toutes un aussi bon résultat.

Un jeune Navarrais s'était mêlé aux chulos ; sa légèreté naturelle le secondait admirablement ; son père le suivait d'un regard encourageant, et le public de ses applaudissements tout empreints de préférence nationale. Un taureau le poursuit ; il l'évite en franchissant *las tablas* ; mais l'animal *colant* ou *acharné* saute après lui et le malheureux jeune homme se trouve pris entre ses cornes, ayant le front du taureau sur ses reins, et les planches de la barrière contre sa poitrine...

Un mouvement d'épouvante fait dresser les dix mille spectateurs, comme si une mine avait éclaté sous les banquettes, et un silence glacé succède au premier cri d'effroi. Le taureau secoue violémment la tête, enlève le malheureux *chulo* et le lance dans l'arène.

On le croit mort. Toutefois, il se relève, pâle, boitant et fortement blessé. Pendant que les chulos attirent le taureau sur un autre point, ou se presse autour de lui, un prêtre descend de sa loge avec son manteau noir et son chapeau colossal ; il se joint au médecin, et l'on emporte le malade dans la chambre préparée pour les accidents de ce genre ; on ne tarda pas à venir annoncer au public qu'il en serait quitte pour quelques jours de maladie...

— Pauvre jeune homme, disait-on sur toutes les banquettes ; il ne mourra pas cette semaine ; mais ces coups pardonnent peu... Montès a péri des suites d'une contusion, reçue trois ans avant sa mort.

Nous n'ajouterons pas à cet accident celui d'un chulo, qui tomba dans sa course, et se contusionna violemment la hanche, ni les chutes inévitables des quatre picadores, dont trois eurent les bras si fortement endommagés, qu'ils étaient mis hors de combat à la fin des courses. Ces événements, fort ordinaires, n'étaient pour les spectateurs qu'une occasion de rappeler ceux dont ils avaient été témoins dans d'autres circonstances, et notamment le bond incroyable d'un taureau de Séville, taureau de *muchas piernas* s'il en fut (de beaucoup de jambes), qui s'élança en plein amphitéâtre, écrasa cinq personnes, en blessa un grand nombre, et jeta dans tout le cirque un désordre qu'il est facile d'imaginer.

Pendant les trois jours, chaque *prova*, ou course du matin, était suivie d'une course de *novillos*, jeunes taureaux de deux à trois ans, vifs, alertes, mais peu furieux. Dès que l'animal paraissait dans le cirque, une foule d'amateurs, de quinze à vingt ans, sautaient après lui, essayant de le franchir, ou de le dépasser de vitesse...... Ces luttes, où l'adresse naturelle des Basques sait tenir tête à la légèreté professionnelle des *chulos*, nous rappelaient les courses landaises, si populaires dans tout le bassin de l'Adour, et parfaitement appropriées au caractère français; car le sang n'y coule guère, bien que les *écarteurs* reçoivent parfois de rudes coups de fronts dans les côtes... Mais les Espagnols n'accordent à ces jeux de *novillos* qu'un regard dédaigneux, et les stigmatisent du nom de courses sèches; la foule quitte le cirque pendant ces coups d'essai, où les jeunes gens des plus grandes familles prennent souvent plaisir à participer.

En Espagne, les entrepreneurs de spectacles connaissent les exigences d'un public qui ne se laisse pas facilement duper; ils se sont habitués à une réserve que nous recommandons à nos impressario français et italiens. Les promesses du programme restent toujours au dessous des richesses de la réalité; c'est une revanche prise par les spectateurs espagnols sur ses infortunés collègues des autres États européens, qui reçoivent ordinairement beaucoup moins qu'on ne leur fait espérer...

Les fêtes de Saint-Sébastien n'annonçaient que trois jours de courses, et voilà qu'un quatrième nous procura la surprise la plus inattendue.

On avait déjà remarqué, dans les rues, des nègres et des mulâtres du Chili (Chillos), généralement de petite taille, mais forts, redoublés, parfaitement sculptés en muscles, ayant la peau semblable à l'ébène. Un pantalon blanc, une chemise de même couleur, une cravate rouge, une petite veste de velours bleu, tout ornée de boutons à la manière des *majos*, des escarpins et des bas blancs, enfin, une petite montera castillane sur l'oreille, formaient leur costume pittoresque.

Voilà les hommes au nombre de douze à quinze, que la population de Saint-Sébastien était conviée à voir jouer à la main chaude et aux cabrioles avec les taureaux pour la clôture des fêtes.

Les spectateurs se rendent au cirque, les *chillos* répandus dans l'arène se placent à la distance de dix ou douze pas les uns des autres, dans l'attente du taureau qui va sortir, comme les *chulos* des courses espagnoles, mais avec cette différence, qu'ils n'ont point de *capa* pour détourner le taureau, et qu'au lieu de jouer des jarrets, pour éviter ses atteintes, ils mettent un genou à terre, l'attendent immobiles, et ne comptent que sur leurs bras.

On ouvre la porte, et le taureau s'avance avec la fureur que vous connaissez. A la vue de ces singuliers athlètes, il s'élance sur le premier, bien décidé à renverser tous ces pions, comme un enfant, lançant sa boule aux quilles...

Que le lecteur se rassure, le taureau a été désarmé de la pointe de ses deux cornes par une grosse balle attachée à chaque extrémité. Il court tête baissée au premier chillo, qui parvient à se jeter de côté en empoignant une des cornes d'une main vigoureuse.

Le taureau lancé fond sur le second, qui se couche à plat ventre, et n'est effleuré que par les naseaux écumants de l'animal... Piqué d'honneur par cette double déception, le taureau bondit sur le troisième qui, se sentant pris en face, saisit les deux cornes et franchit l'animal en faisant le saut périlleux, et ainsi du premier au dixième.

Après s'être livrés avec le taureau à une foule d'assauts icariens de cette espèce, les *chillos* poussent un cri d'intelligence, se groupent et attendent... Le taureau, mesurant le groupe compact d'un regard de feu, s'élance en pleine masse d'hommes; ceux-ci au lieu de s'écarter tombent tous à la fois sur lui, se pendent à ses cornes et à ses oreilles, grimpent sur son dos, l'étreignent de leurs bras à ce point formidables, que l'animal furieux, entraînant à quelques pas cette grappe humaine d'une marche ralentie, finit par beugler, reste immobile et s'avoue vaincu.

Les *chillos* triomphants lâchent prise alors, s'éparpillent comme des oiseaux de proie, qu'un coup de fusil aurait troublés dans leur curée, et le taureau haletant, abasourdi, reprend sa respiration plus libre et rentre *vivant* au *tauril*.

Malgré la solide charpente de ces hommes, habitués à jouer dans le Nouveau-Monde avec les animaux sauvages des savanes, ils ne parviennent pas toujours à garantir leur poitrine de tout renfoncement; la mort en a frappé plusieurs au milieu de leur gloire.

Apparus pour la première fois, il y a quelques années, aux courses de Madrid, au nombre de cinquante, ils sont peu à peu descendus à celui de trente; fatal et triste avertissement, qui ne peut intimider le courage de ces héroïques soldats d'une tauromachie nouvelle; la fin prématurée de leurs camarades ne fait qu'exalter leur audace, et comme les gladiateurs romains, ils n'ambitionnent que la mort du cirque, au milieu des applaudissements d'un peuple qui ne connaît pas même leur nom.

Toutefois, ces courses sèches ne peuvent détrôner les combats de taureaux... Considérées par les Espagnols comme un simple intermède, une nouveauté de fantaisie, elles n'excitent aucune des sensations brûlantes des luttes où les cornes bien pointues tuent si bien les chevaux sur place.

Il ne faut pas que le lecteur espère se pénétrer de la grandeur et de l'exaltation romaine de ces jeux. Les courses de taureaux sont un spectacle qu'il faut voir pour le comprendre, et qu'il faut voir après s'être fait espagnol.

Cette métamorphose est d'une facilité plus grande qu'on ne pense ; les dames les plus nerveuses, entrées au cirque avec des répugnances toutes françaises, peuvent détourner les yeux au premier éventrement de chevaux, se trouver mal à la première blessure d'homme ; mais une habitude de trois heures manque rarement de les transformer en courageuses *señoras*. Oubliant la mort des uns, les dangers de tous, elles n'ont qu'admiration pour cet animal aussi fier que le lion, pour ces hommes jouant leur vie sur une incroyable confiance d'adresse.

Les voyageurs, qui ne voient les courses qu'à Madrid, se privent d'un des plus curieux effets de ces fêtes populaires. Nous voulons parler de la métamorphose complète d'une ville de province, ordinairement calme et solitaire, en cité exaltée, folle de joie.

Si Paris se réveillait un jour avec cette grande affiche sur les boulevards... « Demain, *Andromaque* par

Mlle Rachel et Mlle Lecouvreur, par MM. Talma et Lekain... *Les Puritains*, par Rubini, Lablanche, Ronconi, Malibran, Grisi, Persiani... » Paris, avec son million d'âmes, n'épancherait pas la centième partie de l'exaltation qui saisit une petite ville d'Espagne, sous l'impression de cette simple annonce :

CORRIDA DE TOROS.

C'est que le Parisien se promettrait de jouir en artiste, d'applaudir en admirateur studieux du talent, tandis que l'Espagnol s'enivre de bruit avec toute la fougue inconsidérée de ses sens. Des moralistes ont dit que la civilisation détruirait les courses de taureaux ; on leur a répondu qu'elles finiraient par envahir la France... deux suppositions aussi fausses l'une que l'autre !

L'Espagne défendra ses courses avec l'acharnement qu'elle met à défendre sa nationalité même, et l'on se souvient de la résistance de Saragosse. Elle conservera les sauvages sierras de Castille, les pâturages déserts de Tudéla ; elle en éloignera les chemins de fer, les villages, la charrue, rien que pour protéger la race de ses taureaux. En retour, la France ne doit pas craindre la naturalisation des courses ; il faudrait, pour y réussir, lui donner des steppes inhabités, brûlés par un soleil sans nuages ; et par dessus tout, il lui faudrait du sang espagnol mêlé d'arabe.

A chacun ses richesses. Persuadés que ces spectacles violents portent un coup funeste aux beaux arts et à la littérature espagnole, en absorbant la plus noble activité de ce peuple enthousiaste, nous sommes loin de les lui envier ; quand nous voudrons les voir, nous saurons franchir la frontière.

L'Espagne a, d'ailleurs, des titres très-anciens de possession à invoquer à cet égard ; les matadores ont leur blason gravé sur des médailles ibériennes, antérieures à l'occupation romaine. Les premières courses furent exécutées dans les forêts comme elles se font encore dans le Paraguay.

Les chasseurs qui poursuivaient le taureau à cheval, armés d'une lance qu'ils lui plongeaient dans le flanc, furent les aïeux des picadores. Les piqueurs à pied, qui dépistaient l'animal, et cherchaient à éviter ses atteintes, en lui jetant leur manteau sur sa tête ou des javelots dans le cou, enfantèrent les *chulos* et les *banderilleros*. Les plus forts, les plus exercés, qui n'hésitaient pas à l'attendre de pied ferme, pour enfoncer leur épée dans sa gorge, devinrent, par le perfectionnement de l'art, *les matadores* ou *spadas*.

Ajoutons, pour l'édification des Français, qui désireraient devenir tauromanes, que la passion de ces combats, transportés par les Romains dans leurs arènes, ne fut pas étrangère au culte religieux.

Le taureau espagnol, proche parent du bœuf Apis et du veau d'or oriental, eut de nombreuses statues en Portugal. Une de ces idoles, de forme colossale, orna longtemps le pont de Salamanque. Dernièrement, on en a découvert une en Catalogne, dont la tête est doublée d'un front d'homme, et garnie de deux cornes et de quatre yeux.

Chaque soir, à l'issue de la sanglante représentation, nous rentrions dans la ville ; le soleil couchant dorait les croupes des montagnes et la surface de l'Océan sans limites. Cinq ou six mille paysans basques s'éparpillaient alors sur les chemins, et regagnaient leurs vallées par groupes joyeux, en poussant l'*irinzina* national, assez semblable aux cris des masques de l'Opéra.

Après les avoir longtemps suivis des yeux, on les voyait disparaître peu à peu derrière un pli de terrain, ou une sinuosité du sentier.

Quant à nous, ne quittons pas Saint-Sébastien sans monter à la citadelle, où nous attend une admirable vue de mer. Saluons avec respect les tombes assez nombreuses des officiers anglais tués là, lorsqu'ils combattaient contre nous en 1814.

Revenus dans la ville, rendons visite à la délicieuse église de Santa-Maria... Ce monument, qui n'a pas de caractère religieux bien prononcé, et qui pourrait servir plus convenablement de salle de Musée ou de Pas-Perdus, n'en est pas moins d'une grâce, d'une harmonie irréprochable. Que l'on se représente les larges voûtes de notre Panthéon, toutes sillonnées de nervures gracieuses, reposant sur des piliers octogones, élégants et purs, comme ceux de Saint-Eustache... Cela vous raccommoderait avec le style greco-romain, quelque démêlé qu'on eût à régler avec lui.

III

La vallée de l'Oria. — Tolosa. — Illustrations guipuscoanes. — Un autre Roncevaux. — La haute Bidassoa. — Lessaca et les assassinats. — République des Cinco-Billas.

Une délicieuse vallée, riante, fertile, mais étroite, s'étend de Saint-Sébastien à Tolosa, et de Tolosa aux frontières de la Navarre. Elle est bordée, à droite et à gauche, de montagnes d'une hauteur assez imposante; moins verte, moins abondamment arrosée que celles des Pyrénées françaises, elle se rapproche davantage des vallées suisses, et rappelle leur mélancolie et leur majesté. Des villages populeux et en grand nombre, où tout respire l'aisance et la prospérité, s'étendent sur les bords de l'Oria, torrent modeste, paisible comme un fleuve grec, et très-disposé à recevoir l'aumône d'un peu d'eau... D'autres bourgs se montrent assis majestueusement sur les coteaux avec leurs églises vastes, un peu roides, mais imposantes et grandioses.

Le courant de l'Oria, arrêté par de belles digues en pierre, donne le mouvement et la vie à des fabriques de draps et de papiers peints, à des filatures et à des fonderies; c'est l'industrie de Zurich, transportée dans une gorge guipuscoane. Un certain mouvement commercial, un va et vient de chariots à bœufs, de charrettes et de mulets, se mêlent, dans cette contrée agreste, au calme d'une population agricole, toute noble, qui sut toujours se suffire à elle-même, dans la guerre comme dans la paix.

Tolosa, ville de 5,000 habitants, s'étend sur trois rues, presqu'aussi caractérisées que celles de Fontarabie; elle se montre digne, d'ailleurs, de son titre de capitale par les honneurs particuliers qu'elle sut toujours rendre à ses concitoyens illustres; maisons et hôtels sont timbrés d'écussons immenses et compliqués, où l'art héraldique a retracé les alliances et les hauts faits des grandes familles tolosanes.

A la cathédrale, des bas-reliefs naïfs retracent une bataille très-mémorable, gagnée par les Basques sur les troupes françaises du gouverneur de Navarre, Mortaing, du temps où notre roi, Charles-le-Bel, avait réuni cette couronne à celle de France.

Cette action est le Roncevaux des Guipuscoans.

Chaque vallée espagnole veut avoir le sien, et fait de son mieux pour en découvrir un, caché dans quelque coin de ses annales... Mortaing fut, en cette circonstance, le pâle Roland, dont l'armée fut mise en déroute. Sur ces tables d'honneur, que Tolosa exhibe avec autant de fierté que nous montrons notre colonne Vendôme, les guerriers guipuscoans se font distinguer par le berret basque et la mante sans couture, taillée sur la forme exacte de la chasuble; manteau national, que leurs descendants ont fidèlement conservé jusqu'à nos jours. Les soldats français portent la veste courte, le justaucorps, les larges hauts-de-chausses et les guêtres à la Louis XIII. On ne remarque, d'ailleurs, dans l'action, que deux moines au pied d'une croix, des Français percés à coups de piques, mais pas un cavalier.

Cette absence de chevaux est conforme à l'histoire: les Basques, si habiles à fondre sur l'ennemi du haut des montagnes escarpées, ne connurent jamais la cavalerie; la manœuvre des escadrons eût été fort difficile dans les sierras ardues qui couvrent la contrée, et les montagnards agiles et robustes avaient d'assez bons jarrets pour économiser la dépense des montures. Les courses, que nous appellerions forcées aujourd'hui, n'étaient, pour ces terribles chasseurs d'isards, que de simples promenades. Dans le faubourg de Bellate, de longues inscriptions, gravées sur marbre, vous disent que ces modestes habitations furent celles de vaillants capitaines et de grands dignitaires : ceux-ci enlevèrent plusieurs étendards aux Turcs, à la fameuse bataille de Lépante, et firent des prodiges dans plusieurs expéditions; ceux-là jouirent, dans les diverses fonctions qu'ils occupèrent, de la confiance de Charles-Quint et de Philippe II.

Cette soif d'immortalité paraîtra peut-être puérile aux Théophilantropes de l'école de 93, qui crurent élever tous les hommes en supprimant les distinctions qui en grandissait quelques-uns. Mon opinion est toute différente : je pardonne volontiers à un légitime orgueil, qui donne à l'homme la force d'accomplir de grandes choses; je me demande même si l'application, parmi nous, de ces glorifications publiques, gravées sur le marbre, n'aurait pas aujourd'hui des conséquences tout aussi salutaires qu'autrefois... Puisque l'ambition de faire attacher un signe d'honneur à sa boutonnière excite de si beaux élans de patriotisme et de courage, imprime à l'activité individuelle un essor toujours avantageux à la grandeur, à la prospérité générale, ne puiserions-nous pas un redoublement d'ardeur dans l'espoir de voir nos actions d'éclat inscrites, en caractères durables, sur la maison qui nous a vus naître. Cette innovation, qui finirait, dans la suite des temps, par tracer l'histoire du pays tout entière sur ces feuillets ineffaçables, incessamment exposés aux regards, aurait une autre conséquence, politique et morale. Les liens de la famille vont chaque jour s'affaiblissant, sous l'influence d'un siècle qui réduit tout à des valeurs représentées par des actions négociables; qui mutile, divise, anéantit le domicile de la souche première; ces liens ébranlés ne trouveraient-ils pas un point d'appui dans ce nouvel élément d'amour-propre? Les fils, qui tiennent encore au nom, éprouveraient un attachement plus respectueux pour la maison paternelle, si l'histoire de leurs aïeux était écrite sur ses murailles! Je livre cette pensée à la méditation des moralistes! Peut-être seront-ils convaincus, comme moi, que cette inscription de la biographie des grands citoyens sur la façade de leur berceau serait pour la gloire, pour la vertu sérieuse, des prix Monthyon, dignes d'un grand siècle, dignes d'un grand peuple, qui a voulu avoir son Panthéon.

Traversons Tolosa, à la suite des diligences et des courriers, qui se croisent incessamment sur la route de Bayonne à Madrid, et y produisent une animation assez inusitée dans une ville espagnole; remontons le cours de l'Oria. Bientôt, les montagnes se rapprochent; la vallée se rétrécit, au point de n'offrir que le lit du torrent; les forêts remplacent les pâturages, les pentes deviennent plus rapides, les rochers montrent leurs dents décharnées et leur crâne nu, à travers la chevelure des forêts qui les tapissent. On n'aperçoit plus de bourgs sur les hauteurs, devenues peu accessibles; ils sont tous assis dans le vallon, en travers de la grande route. Remarquons celui de *Betelu*, dont l'établissement thermal est assez fréquenté. Les pentes escarpées n'ont d'autres produits que le bois et de nombreuses ruches à miel, très-habilement ménagées dans les anfractuosités du schiste, à l'exposition du midi. Deux immenses rochers apparaissent tout à coup devant vous : la route, de plus en plus rapide, se tord comme un serpent, afin de se frayer un passage au pied des deux colosses noirs et refrognés; on dirait les tours de Notre-Dame, sans porche, et réduites à l'état de ruines ébréchées, informes.

Ces deux rochers, dressés là comme les montants d'une porte gigantesque, se nomment *las dos Her-*

manas! Les deux sœurs... Dites les deux sentinelles!... Que de combats sanglants au pied de ces Thermopyles! Que de traits d'héroïsme et d'audace, durant les longues querelles des rois de Navarre et de la république basque.

Arrivés à cette frontière, nous n'aurions qu'à monter, pendant trois heures, la rampe sinueuse qui franchit la montagne d'Irulegui, pour arriver au plateau de Pampelune ; mais nous nous arrêtons respectueusement devant cette muraille de rochers, qui fut et reste encore la barrière politique du Guipuscoa, du côté de la Navarre. Redescendons la vallée de l'Oria : arrivés à Urniéta, au-dessous de Tolosa, nous traverserons la noire et poétique ville d'Ernani, et nous rentrerons à Irum.

Là, quittant omnibus et conducteur, nous prenons une voiture de poste, et nous faisons route vers Elizondo, en remontant la Bidassoa, tout le long de la frontière de France.

L'Oria coule du sud au nord, la Bidassoa de l'est à l'ouest ; le caractère de leurs vallées n'est pas moins différent que la direction de leurs eaux... A peine sorti du gracieux bassin d'Irum, la gorge, loin de s'ouvrir spacieuse, fertile et peuplée, comme celle de Tolosa, présente une profonde tranchée, taillée dans le roc vif, occupée tout entière par le lit du torrent, et par la route qui serpente sur les flancs de montagnes rapides et peu boisées ; elles sont couvertes de buis, et d'une petite végétation rabougrie. Des ruches à miel, installées dans les fentes des pierres, sont les seules traces qui constatent la présence de l'homme. C'est au milieu de cette nature sauvage, que se cache, dans un entonnoir de la rive gauche, l'austère et

4.

mystérieuse ville de *Lessaca*... Austère, par la couleur noire de ses habitations, les ruines imposantes de ses grandes tours du moyen âge, et le flegme imposant d'une population éloignée du reste du monde; mystérieuse, par la difficulté qu'éprouve le voyageur à la découvrir, dans sa gorge sans issue. Nous pourrions ajouter : terrible, par ses souvenirs, car on arrive à ses premières maisons en passant entre deux rangées inégales de vingt-deux croix votives, qui rappellent autant d'assassinats... *Ici mourut Juan Goria, égorgé le... Ici fut assassiné Miquel Jerri, le...* Quelle gracieuse avenue ; quelle prévenance hospitalière ! Nous aurions suivi les autres sentiers, qui se dirigent vers *Ianzi* et *Astigarraga*, que le même contingent de menaçants souvenirs serait probablement passé sous nos yeux.

Le sombre caractère de ce tableau fut énergiquement complété par les révélations de notre postillon. Sur la pente de la montagne, quatre Basques cueillaient les fruits d'une vingtaine d'arbres, disséminés dans une prairie. Deux filles, la robe fortement retroussée, pour recevoir les pommes que leur jetaient deux hommes, grimpés sur les arbres, montraient aux passants des jambes d'un relief énergique et superbe.

— Voyez-vous ce *gaillard*, nous dit notre guide ? C'est Urea...

— Qu'est-ce qu'Urea ?...

— L'homme le plus connu de la province, parce qu'il en est le plus redouté. *Il a passé six fois la frontière.*

— Cela prouve qu'il aime les voyages.

— Cela prouve autre chose en ce pays ; cela veut dire qu'il a été obligé fréquemment de fuir la justice...

Urea manie trop bien le couteau, pour son malheur et celui des gens dont il croit avoir à se plaindre... Oui, Monsieur, il en a tué six!..

— Et le voilà cueillant paisiblement des pommes dans son verger, dîmes-nous avec surprise... aux portes d'une petite ville qui doit posséder une brigade de gendarmerie... Que dirait le poëte des *Géorgiques*, s'il trouvait de semblables exceptions à son *fortunatos nimium*, dans un pays champêtre, tout virgilien, qui produit de si beaux fruits et de si nombreuses ruches à miel.

— Les gendarmes n'ont plus à s'en occuper, répondit notre postillon, en faisant claquer son fouet... Il y a six ans de cela... Quand on tue quelqu'un dans ce pays, et vous savez, sans doute, que la Navarre est la province d'Espagne où l'on se poignarde le plus et le mieux, le meurtrier va se cacher dans les montagnes de France, où il n'est pas connu. Il y trouve du travail, et y passe le temps nécessaire pour que la justice espagnole, fatiguée de ne pas attendre son homme, ait eu le temps d'oublier *le malheur* dont il fut l'auteur. Quand le souvenir du crime est à peu près effacé, le meurtrier rentre tout doucement chez lui, comme s'il venait d'un voyage en Amérique. Ses voisins ont trop d'intérêt à ne pas l'irriter, pour rompre le silence à son égard; il vit tranquillement, sous la protection de la crainte des uns et de l'indifférence des autres, et il se remet à cultiver ses champs et à cueillir ses pommes.

Malgré cette encourageante théorie de l'impunité, tous les malfaiteurs navarrais n'ont pas d'aussi belles chances que l'heureux jardinier de Lessaca. Le matin même où nous étions partis d'Irum, deux jeunes gens jouaient aux cartes dans une *posada*; ils s'étaient pris de querelle sur un coup douteux; des injures on en était venu au couteau, et l'un était tombé mort sous la table.

Le meurtrier s'échappe, traverse la Bidassoa, et gagne la France; il s'y croyait en sûreté; mais, grâce au télégraphe, une vilaine invention, qui n'était pas connue du temps des prouesses d'Urea, nous apprîmes qu'il avait été arrêté par la gendarmerie d'Ustaritz, et livré à la justice espagnole.

Que l'on se rassure cependant : l'étranger jouit d'une grande sécurité, au milieu de ces sanglantes querelles de famille; les Navarrais sont gens hospitaliers envers leurs hôtes; ils se contentent de se tuer entre eux...

La vengeance, longtemps préméditée, ou un acte subit de violence, sont les causes de ces crimes fréquents; les arrestations sur les routes sont rares, l'instinct du vol est une passion de l'homme tout à fait sauvage ou complétement civilisé : elle semble manquer au Navarrais, resté à cet égard dans une sorte de juste milieu satisfaisant.

Cette ville de Lessaca, si difficile à découvrir, n'en est pas moins la capitale de la confédération lilliputienne des *Cinco-Billas* (les cinq villes): Lessaca, Verra, Echalar, Janzi et Aranas. Alliée à la Navarre, plutôt que soumise à l'Espagne, la petite république a ses impôts, ses priviléges, ses magistrats... Pourquoi n'avouerais-je pas ma prédilection pour ces clans montagnards, souvenir d'un état social qui tend de jour en jour à disparaître. Citoyen d'un grand Etat, j'aime à visiter les petits, qui ont trouvé le secret de conserver leur existence; leur vie politique est obscure, il est vrai, le reste du monde ne s'en préoccupe nullement;

mais elle ne suffit pas moins à la satisfaction d'un amour-propre national très-développé, très-énergique. L'université des Cinco-Billas offrit toujours ce caractère ; aussi les habitants rappellent-ils avec orgueil qu'elle fut, avec sa voisine d'Elizondo, la première à lever l'étendard de l'indépendance dans la dernière guerre des *fueros*, à l'appel de Martin Luis, Etchavaria et de Sagasti belza, un des plus dévoués lieutenants de Zumalacaréguy.

Les *Cinco-Billas* offrent d'ailleurs des particularités d'une naïveté délicieuse... On dirait un musée d'originalités coutumières, auquel il ne manque qu'un Phillipon ou un Cham pour passer à l'immortalité... Demandez aux habitants de Lessaca quelle est l'origine de la grande tour carrée qui s'élève au centre du village ; ils se hâteront de répondre qu'elle remonte au temps des Maures ; explication facile, par laquelle les Espagnols croient sauver à tout propos leur ignorance archéologique. La conquête des hommes d'Orient, leur civilisation très-avancée, ont tellement frappé les populations de la Péninsule, qu'elles continuent à faire remonter à ce peuple tous les monuments antérieurs au seizième siècle.

Il est bien évident, toutefois, que les Maures n'ont jamais occupé Lessaca, véritable entonnoir, au fond duquel les Basques n'auraient eu qu'à lancer des rochers et des troncs d'arbres, pour les écraser. La tour de Lessaca, construction du quatorzième siècle, fut tout simplement le donjon communal de cette petite capitale ; aussi, dans ces derniers temps, y logeait-on les soldats de passage.

Mais les amateurs de merveilleux sont de tous les pays ; les Lessacais croient illustrer leurs ancêtres, en les représentant chargés de fers par les soldats de quelque Miramamolin. L'église, qui n'est pas un chef-d'œuvre d'architecture, malgré ses grandes dimensions, nous révèle une particularité fort ancienne, et qui a réussi à se perpétuer dans ces cantons reculés, malgré les décrets récents des progressites espagnols. Nous voulons parler d'une espèce de denier de Saint-Pierre, ou pour mieux dire, de quelque chose qui rappelle la dîme en nature de la primitive Église.

Le dallage, formé de madriers de chênes et de châtaigniers énormes, peut donner nne idée des majestueuses forêts qui couvrent les montagnes voisines. Chacune de ces dalles porte un numéro, et marquait, il y a neuf ans encore, la sépulture d'une famille ; elle n'indique plus aujourd'hui que la place où viennent s'agenouiller les membres vivants. Mais ces vivants ne se bornent pas à y prier pendant les offices. Les femmes de Lessaca déposent, chacune à son tour, sur le madrier, une offrande destinée au pasteur ; cire jaune, légumes, œufs frais, laine filée, chanvre, vin, fruits, tout est admis au contrôle de ce tribut de la piété des fidèles. Chaque jour, une douzaine de tombes sont garnies de ces diverses offrandes. La messe terminée, le pasteur, suivi de sa servante ou du sacristain, recueille ces provisions dans un panier, donne la bénédiction à la famille, et rentre au presbytère, emportant le produit de *sa tournée.*

Ce pieux souvenir de l'époque apostolique, conservé dans toute la vallée du Bastan et de la Bidassoa, n'éveillerait que des impressions touchantes, si les prêtres, payés aujourd'hui par le gouvernement, comme les desservants français, ne prêtaient le flanc à certaine accusation de péculat illicite, en touchant ainsi double salaire. Mais n'oublions pas que nous sommes dans le royaume qui inspira le proverbe : *Ce qui est bon à prendre est bon à garder.*

Jusqu'en ces derniers temps, nous venons de le dire, les morts allaient goûter le repos éternel sous les dalles de l'église, où leurs parents venaient, chaque matin, entendre la messe et prier. La séparation perdait ainsi une partie de son horreur : le mort semblait s'endormir à côté des survivants, qui continuaient à causer avec lui, à murmurer des prières à son oreille.

Ces inhumations intérieures, fort peu dangereuses, assurément, dans des villages de cinq à six cents âmes, où trois ou quatre corps à peine descendent au tombeau chaque année, ont été rigoureusement interdites, et les cadavres sont aujourd'hui jetés dans cette terre humide, dans cette espèce de voirie, d'invention toute moderne, que l'on nomme un cimetière... Les Basques français ont su, par une pieuse délicatesse, éviter à ce dernier gîte ce qu'il nous offre de repoussant et de hideux. Ils transforment les cimetières en parterres constamment travaillés, ratissés, soignés par des mains amies; chaque tombe est un bouquet de fleurs, le jardin tout entier se nomme *Ilherri, la région des morts.* L'imagination, fertile en habiles supercheries, peut se représenter celui qui n'est plus, écartant sa froide enveloppe de terre, et montant à la surface, sous la forme de la rose et du jasmin; s'offrant ainsi, épuré, transformé par la nature, aux regards et aux baisers de ceux qui continuent à songer à lui.

D'autres provinces d'Espagne ont des usages funéraires différents, mais toujours inspirés par une piété respectueuse. Nous attendrons d'être mis en présence des grands ossuaires de la Catalogne, pour résumer nos opinions sur ces divers genres d'inhumation.

Nous sommes encore dans les Cinco-Billas, et je dois ajouter que la nouveauté la plus curieuse de cette *université* n'est point la vieille tour de Lessaca, son jardinier sanglant, ou ses offrandes ecclésiastiques; mais un curé naïf et bon, respectable sexagénaire, qui s'appelle Gorriburu.

IV

Le curé Gorriburu. — L'amour du pays. — La chapelle maudite. — Les Guerrillas.

Notre chaise de poste s'arrêtait à Sumbilla, où le coche d'Elizondo nous attendait. A peine installés dans l'intérieur, le curé d'un bourg voisin vint prendre place parmi nous.

C'était un homme de soixante ans, d'une physionomie plus douce qu'intelligente, mais dont la bonté un peu naïve vous imposait tout d'abord le respect et la sympathie... pendant que sa grosse malle, suivait le conducteur sur l'impériale, il arrangea près de lui un parapluie, un manteau et un panier de provisions; puis, il envoya ses adieux par la portière à la gouvernante et au carillonneur, qui l'avaient accompagné; il leur recommanda de bien soigner la jument, d'arroser le jardin, de sonner les cloches. Il aurait ajouté mille autres instructions, si le départ de la voiture ne l'avait interrompu.

Le curé Gorriburu causait volontiers... Ne pouvant

plus s'adresser au carillonneur, il se tourna vers nous, déclina le nom de son village et le sien, nous dit les causes et le but de son voyage à Pampelune. Il allait chez l'archevêque, qui l'aimait beaucoup, et ne pouvait se passer de le voir quatre fois par année, toujours aux Quatre-Temps ; l'*ordo* était son calendrier de voyage. Il nous demanda notre nom, voulut savoir le motif de notre présence en ce pays. Etait-il possible que nous eussions traversé le territoire des Cinco-Billas sans nous arrêter quelques jours dans cette contrée délicieuse, la plus belle, la plus fertile, la plus fortunée de la terre.

Cette partie de la vallée de la Bidassoa, large et couverte de beaux villages, de pâturages entrecoupés de maïs, est, à vrai dire, une des plus gracieuses des Pyrénées basques..... mais le curé Gorriburu s'exagérait les avantages de ce séjour privilégié. Il le plaçait naïvement au-dessus des plus riches du monde ; c'était à grand'peine qu'il accordait quelque supériorité au paradis terrestre ; encore n'était-il pas bien sûr que le jardin d'Adam et d'Ève n'eût pas été arrosé par la fraîche Bidassoa... Quel pays produisait de meilleures pommes, et, prenant un spécimen dans ses provisions, il nous en partagea les quartiers. Le fruit semblait, avouons-le, arriver tout droit de Normandie. — Aï ! Jésus !... Quel vin que celui des côteaux d'*Echalar !* — Il prit une bouteille, et nous contraignit, bon gré, mal gré, à lui faire honneur, avec la cordiale insistance du bon vieux temps. — Ah ! *Pequeño !* poursuivait-il, en poussant de continuelles exclamations ! Qu'est-ce que le bordeaux et l'alicante, à côté de ce nectar nourrissant et corsé. — Et ici, développement de toutes les qualités de ce vin fort inconnu. Quel miel que celui de

Verra... Que ne pouvait-il nous donner des preuves également irrécusables de la supériorité du maïs, des haricots tendres et farineux, des pois hâtifs, qui laissaient fort en arrière les meilleurs garbanzos de Valence ; mais il ne renonçait pas à nous les faire goûter un jour.

— Savez-vous ce que vous devriez faire, poursuivit-il très-sérieusement, et avec une franchise qui ne nous permit pas de sourire. Il faudrait revenir avec moi de Pampelune ; vous êtes cinq, j'ai cinq lits à vous donner au presbytère, nous passerons une semaine, un mois ensemble. *Madre de Dios!* Quelle bonne et agréable existence je vous réserve dans ce pays ; — alors, description des vallées, des montagnes, des villages, des églises ! des troupeaux et des habitants ! Quelle population hospitalière, quelles femmes gracieuses et fraîches, de véritables filles de Sion ! — Oui, vraiment, le bon curé Gorriburu compléta le tableau par un éloge très-coloré de ce genre de beautés naturelles ; mais cela avec tant de candeur et de bonhommie, qu'on voyait en lui l'homme qui admire le Créateur en tout ce qu'il fait de bien, sans qu'il fût possible de soupçonner un motif intéressé, de surprendre un soupir de regret, dans l'âme candide du vieillard. Il peignait les grâces robustes des filles basquaises comme il eût décrit l'élégance d'un clocher, la solidité d'une église, la clarté du soleil, et la limpidité des eaux. La femme était pour lui un produit du sol qui complétait le paysage ; un arbre à fruit d'excellente qualité qui produisait les enfants du Seigneur.

— C'est convenu, n'est-ce pas, poursuivit-il, avec des serrements de mains inexprimables... *Dios mio!* quel bonheur pour moi !... Je reviens de Pampelune dans trois jours, et je vous ramène tous... — Nous faisions à cette offre d'hospitalité d'un autre âge l'accueil le plus reconnaissant qu'il nous était possible; mais en déclinant un honneur que nos affaires ne nous permettaient pas d'accepter. Le bon curé, désolé de l'inutilité de ses avances, espéra nous mieux décider, en nous offrant de prendre sa revanche chez nous.

— Vous êtes de Bordeaux, Monsieur, j'irai vous voir au mois de mai, c'est un voyage que j'ai désiré faire toute ma vie. — Vous habitez Paris, Madame! Une fois à Bordeaux, je pourrai bien pousser jusqu'à cette capitale immense, dont on nous raconte des merveilles... *Santa Barbara!* Les voyages ne m'épouvantent point, croyez-le bien!... Si je ne vais qu'à Bayonne et à Pampelune, c'est que les soins de mes paroissiens ne me permettent pas de longues absences... Mais dans ma jeunesse, avant d'être curé, j'ai passé trois ans à courir de Bilbao à Saragosse et de Tolosa à Vittoria... Pas un coin de la Navarre que je n'aie exploré, et dans quelles conditions! *Madre de Dios!* Toujours à cheval, au bruit des fusillades des Christinos et des Carlistes. Ah! *pequeño!* quelle existence!

— Vous avez fait la guerre de Zumalacaréguy, Monsieur le Curé?

— Certainement, Messieurs; mais laissez-moi vous le dire tout de suite : je n'ai jamais porté le fusil, et par conséquent tué personne; l'existence de l'homme de guerre n'a nullement compromis l'innocence de l'homme de Dieu. Ma position, un peu forcée parmi les insurgés, était d'ailleurs assez singulière. Voulez-vous que je vous la fasse connaître?...

On comprend avec quel empressement nous priâmes ce guerillero, en soutane, de nous raconter son histoire... Le pauvre homme débuta par un grand soupir, et une invocation à la *Madre de Dios.*

— Je suis né du côté de Salvatiera, en Aragon, et j'ai fait mes études au séminaire de Saragosse. A peine entré dans les ordres, Monseigneur l'Archevêque m'envoya desservir une chapelle nouvellement fondée dans les montagnes de Jaca, et à laquelle étaient attachés une maisonnette, un jardin, et des prairies donnant 320 francs de revenu... J'allai m'installer dans mon petit bénéfice, plus joyeux, à coup sûr, qu'un grand-vicaire qui vient de recevoir la mitre. Je pris un berger de quinze ans pour domestique, carillonneur, cuisinier, sacristain, et j'organisai de mon mieux l'intérieur de l'ermitage..... Après la messe, nous allions, mon domestique et moi, travailler au jardin, ou couper le foin, visiter les malades des environs, ou causer dans les champs avec les laboureurs et les pâtres. Mon église était toute neuve ; les ouvriers y travaillaient encore lorsque j'en pris possession. Trois petits hameaux l'entouraient ; mais, chose étrange ! personne ne venait y entendre la messe, ou se présenter à mon confessionnal. Tous les gens du pays préféraient faire trois lieues pour assister aux offices du village voisin. Cette circonstance me contraria d'abord ; toutefois, je pensai que les habitudes anciennes étaient lentes à modifier : les fils se rendaient à l'église de Viescas comme y allaient leurs pères. Je ne doutais pas que mon zèle n'attirât bientôt à ma chapelle un honorable contingent de visiteurs et d'habitués...

Un matin, en effet, deux hommes répondirent à l'appel de ma clochette, et vinrent s'agenouiller près de l'autel... Mon cœur bondit de joie, en les apercevant au premier *Dominus, vobiscum*; mais *à l'ite missa est,* leur figure me parut si inquiétante, si patibulaire, que j'éprouvai un mouvement de frayeur... Je les laissai prudemment s'éloigner, avant de quitter ma sacristie.

— Connais-tu ces hommes, demandai-je à Jaymino ; sont-ils de ce pays?

— Oui, Monsieur, mais voilà deux ans qu'on ne les avaient vus. Ils habitent dans les hautes montagnes de Panticose, depuis qu'ils sont poursuivis pour avoir assassiné le pauvre Pedrillo... Vous savez ; au bout du pont de Viescas, là où s'élève cette grande croix de pierre.

— Des assassins, *Dios mio!*... ma crainte redoubla... Elle ne tarda pas cependant à faire place au mouvement d'un saint orgueil... Ces hommes n'auraient-ils pas été poussés vers mon église par le repentir?... Quelle joie, si, plus heureux que le Sauveur, il m'était donné de ramener au bien deux mauvais larrons au lieu d'un... Aï! Jésus! Quelle illusion! les bandits ne reparurent pas... Trois jours après, une femme venait s'agenouiller dans mon sanctuaire. Je pris mes renseignements auprès de Jaymino :

— C'est la Catina, me répondit-il, une femme qui n'a ni feu ni lieu, et couche dans les granges de la montagne. Elle fut bien jolie, dit-on, mais entraînée à Huesca par un inconnu, ramenée à Salvatiera par je ne sais qui, promenée de ville en ville par les uns, par les autres...

— *Santa Maria!* qu'est-ce que tu me dis, Jaymino!

— La triste vérité, Monsieur... Devenue vieille, elle court la montagne, cherchant à nouer entre jeunes garçons et jeunes filles de petits commérages qui lui procurent quelques morceaux de pain et des haillons...

Après mon expérience des deux bandits, je n'eus pas

la consolation de compter sur le repentir de cette fausse Marie l'Égyptienne... Je ne savais que penser de l'abandon de ma chapelle, et du triste hasard qui me valait les visites de chrétiens si peu orthodoxes, lorsque, huit jours après, trois hommes se présentèrent au moment de l'élévation... Cette fois, j'avais sous les yeux des coquins si carrément dessinés; leur carabine en bandoulière était si peu rassurante; leur couteau planté à la ceinture, si menaçant, que je me pris à trembler de tous mes membres; j'eus besoin de la présence du bon Dieu dans l'ostensoir, pour résister à certaine défaillance. Je terminai la messe tant bien que mal, n'étant pas bien sûr de n'avoir pas omis quelques mots du dernier évangile. Je courus m'enfermer dans la sacristie avec Jaymino, emportant soigneusement les vases sacrés, et je tirai sur nous le gros verrou de la porte...

Le bon Dieu, satisfait de mon courage (tout est relatif dans ce monde, et je ne me donne pas pour un héros), arrangea les choses de manière à faire éloigner les bandits, sans qu'ils eussent fait de tentative sur moi-même ou sur le tabernacle. Placé à la lucarne de la sacristie, je les vis gagner la montagne, et je rentrai dans mon presbytère... — *Maria! Jesu!* mon cher Jaymino, dis-je, encore tout ému, ne verrai-je dans mon église que des hommes échappés des présides, ou dignes d'y être conduits. Les honnêtes gens du pays ne viendront-ils jamais me dédommager de la triste visite de ces coquins de tous les métiers.

— Cela est fort à craindre, répondit Jaymino... l'origine de cette chapelle ne permet guère d'espérer autre chose.

A ce mot, je redevins tremblant, et pressai Jaymino

de s'expliquer... *Santas plagas de Dios!* J'appris que j'étais innocemment tombé, par l'ignorance de Monseigneur l'Archevêque, dans une sorte de piége à loup moral... Ma chapelle de Sainte-Barbe avait été fondée par deux habitants de Viescas, Juan Calar et sa parente Dolorès Calar... Tout jeunes encore, ces deux dignes cousins, obligés de fuir le village, pour cause de vol et d'inconduite, s'étaient réfugiés à Saragosse. Là, installés dans le plus ignoble quartier de la ville, ils s'étaient livrés à toutes sortes de métiers suspects, de complots ténébreux, et avaient acquis auprès des coupejarrets de la province une grande réputation d'habiles complices et de prudents recéleurs. Saisis enfin par la justice, ils expiaient dans les présides les prouesses de leur existence infâme... Mais avant de se diriger vers le triste séjour, certain remords les avait assaillis : la crainte de l'enfer s'était mêlée à celle du boulet. Ils avaient confié à un de leurs compagnons un trésor de quelques milliers de piastres, et l'avaient prié, au nom de leur salut et du sien, de le consacrer à l'érection d'une chapelle expiatoire, dédiée à sainte Barbe. Un bénéfice, attaché à la fondation, permettrait d'y établir un prêtre, chargé de célébrer éternellement le saint sacrifice en expiation de *leurs péchés*... Le repentir *sincère* est toujours respectable. Malheureusement, celui des deux Calars n'était pas de cette nature. Certain caractère frauduleux en diminuait considérablement la valeur. Condamnés pour vol, ils avaient refusé de se confesser, afin de ne pas avoir à s'accuser de crimes plus grands, qui les auraient conduits sur l'échafaud... On revient peu de l'autre monde, tandis qu'on espère trouver le moyen de s'échapper des présides, si l'on peut se procurer la protection des saints. Jouant au plus fin avec Dieu et l'autorité religieuse, ils avaient emprunté l'intermédiaire d'un ami, pour fonder la chapelle de Sainte-Barbe, évitant de dire leur nom, et se bornant à constituer *une fondation de messes perpétuelles pour le salut de l'âme des pieux donateurs... Dios mio!* poursuivit le curé Gorriburu, encore épouvanté. O comble de la perversité, ils exposaient un prêtre confiant à prier pour des coupables non réconciliés, pour des criminels frauduleusement repentants. Ces horribles mystères, découverts et propagés dans les environs de *Santa-Barbara*, avaient jeté la population dans une irritation fort grande ; la chapelle était considérée comme un temple hérétique, et le desservant lui-même fortement soupçonné de simonie... Les honnêtes gens voulaient protester, en ne franchissant jamais le seuil... *Pequeño de mi!* Tous les mauvais garnements, au contraire, les dignes compagnons de Callar, considéraient l'oratoire avec une sorte de respect ; ils se sentaient disposés à y créer un pèlerinage du mauvais esprit. *Satanas!* une petite secte de voleurs qui aurait certains dehors du catholicisme, et offrirait aux bandits la facilité de prier, de se mettre en communication avec un prêtre, avec un Dieu du choix des Callar, sans qu'ils eussent à se confesser des crimes qui pouvaient les conduire au boulet ou au garotto. La chapelle de *Santa-Barbara*, délaissée par les bons chrétiens, courait donc la chance d'être une espèce de repaire de coquins de toutes les catégories, et le curé allait devenir un chef de bande sans s'en douter... *Virgen de Saragossa!* A cette étrange révélation, la frayeur s'empara de ma personne ; je me crus poursuivi par tous les saints, irrités de ma connivence apparente. Je pris la fuite, sans oser avertir l'Évêque, tant je redoutais qu'il ne m'ordonnât de conserver mon poste. Je quittai même l'Aragon, et vins me réfugier dans la Navarre.

— Et vous fûtes amplement dédommagé de vos tribulations, lui dirent les voyageurs, par la jouissance d'une excellente cure, dans ce Paradis terrestre, que l'on appelle les Cinco-Billas!

— Oh! que nenni! mes malheurs n'étaient pas terminés... Je fis encore la triste expérience de cette fatalité, qui se plaît à rendre les plus honnêtes gens complices, malgré eux, des méfaits qu'ils ne peuvent arrêter. Privé de mon bénéfice, n'osant en demander un second, je cherchai un asile auprès d'une riche famille de Sanguessa, que j'avais connue dans ma jeunesse... Les Zizurquil avaient précisément besoin d'un chapelain; ils s'empressèrent d'accepter mes services, et je m'établis dans leur palais. Mais je n'eus pas la douceur d'y demeurer longtemps..., ils me destinaient à de périlleuses fonctions. *Dios mio!* On était en 1835: toute la Navarre était en armes, Zumalacaréguy commandait une armée véritable; Espartero le poursuivait avec acharnement. Carlistes et Christinos ne se bornaient pas à se tuer pendant la bataille, ils se fusillaient par passe-temps après. *Santa Maria de Dios!* Quel était le parti le plus enragé, je n'ai jamais pu résoudre ce problème. Le matin, on se battait; le soir, on se passait par les armes; aujourd'hui, on prenait un village; demain, on le brûlait. Vouliez-vous essayer de rester neutre, déclarant que vous ne haïssiez pas les Carlistes et que vous n'aviez aucune animosité contre les Christinos? Ces derniers arrivaient chez vous, et prenaient votre vin pour boire à la santé de la Reine... Les Carlistes venaient ensuite, et mangeaient vos bœufs et vos moutons, pour vous punir d'avoir donné à boire aux Christinos. Si Mina se mêlait de la partie, il enlevait vos fils, vos domestiques, et les incorporait dans les régiments de la Reine. Zumalacaréguy, brochant sur le tout, mettait le feu à votre maison, afin que les Christinos n'y trouvassent plus de recrues à faire, et d'animaux à manger. Malgré les vilaines conséquences de cette guerre de *Satanas*, les Zizurquil y avaient pris une part fort active. Monsieur le Comte était trop âgé pour suivre les guérillas à la course, dans les montagnes de Montréal ou d'Aralar; mais son fils unique, Juanito, combattait à côté de Sagastibelza, et faisait payer, aussi cher qu'il le pouvait, aux Christinos, l'audace de troubler le triomphe de la loi salique.

Le Comte et la Comtesse Zizurquil avaient une piété remplie de troubles de conscience! Quelque persuadés qu'ils fussent que leur fils combattait pour une cause sainte, ils ne craignaient pas moins que, s'il venait à tomber dans un combat, il ne fût saisi par la mort en état de péché mortel, et ils auraient donné leur bien, leur vie, tout, excepté le blason des Zizurquil, pour éviter à leur fils le dernier malheur de mourir un peu trop éloigné de l'état de grâce... Cette préoccupation devint leur idée fixe, leur cauchemar; ils songèrent, nuit et jour, au moyen de mettre leur Juanito à l'abri de cette calamité... Ils s'arrêtèrent au projet de placer près de lui un confesseur dévoué, qui lui donnerait de bons conseils au bivouac, et les derniers sacrements dans le combat, en cas de blessure mortelle. La précaution était digne d'éloges, assurément : ce qui ne l'était pas autant, c'était de songer à ma personne, pour remplir un ministère qui n'offrait pas moins de péril que d'honneur. La passion politique ne me poussait d'aucun côté ; je m'étais toujours promis de ne point me mêler des affaires d'État ; il y a toujours de rudes gourmades à recevoir dans les batailles ! Malgré mon caractère pacifique, et les prérogatives de la soutane, une balle aveugle n'avait qu'à se tromper de chemin, pour venir me percer à l'arrière-garde, lorsque je n'y serais nullement préparé... Que faire ! Dieu Jésus ! Il y avait une noble mission à remplir, celle de porter secours à un frère, d'assurer le salut de l'héritier d'une noble famille, qui se montrerait un jour reconnaissante. Je fis ma valise, on me donna un cheval, et j'allai joindre Juanito Zizurquil, dans les montagnes entre Pampelune et Elizondo.

Je voulus d'abord l'engager à quitter le vilain métier des armes ; je lui citai les textes des Écritures, qui ordonnent d'aimer tous les hommes comme des frères, et d'éviter de verser le sang ; mais Juanito avait la passion de la guerre ; il combattit mon opinion avec une résolution, à ce point chevaleresque, immuable, que mon éloquence fut mise en déroute, et je dus, aide-de-camp fidèle, suivre mon capitaine dans ses expéditions..... Voilà donc le pauvre et pacifique abbé Gorriburu, portant un sabre au côté par convenances, et deux pistolets à la ceinture par obligation. Je cours à travers ces rochers et ces montagnes, où les partisans de Don Carlos soutinrent, contre le gouvernement de Madrid, une lutte énergique de sept ans. Tant d'opiniâtreté restera longtemps un mystère pour ceux qui ne connaissent pas l'esprit national du Basque, poursuivit l'abbé, dont la physionomie placide s'animait singulièrement à ce réveil patriotique... Il serait difficile aux Français de comprendre cette guerre, si leurs soldats n'avaient pas eu à combattre les Kabyles de l'Atlas... Accourus sous les drapeaux du prétendant, un peu par principes légitimistes, beaucoup par fanatisme d'indépendance, immensément par amour des hasards et des périls, nos chasseurs de loups et nos pâtres, recrutés au son du fifre et du tambourin, quittaient joyeusement les vallées de *Roncal*, du *Bastan* ou de l'*Oria*, pour jouer pièce aux troupes de la Reine, et les faire excéder de fatigue à travers rochers et ravins.

Le curé Gorriburu ne comprenait pas, il est vrai, tous les agréments de ces courses au clocher, mais notre coche renfermait un Basque pur sang, dont l'imagination s'exaltait aux récits de l'abbé. Il prit la parole, et célébra éloquemment la gloire de la guerre des Fueros.

— Ce fut le plus beau temps de ma vie, s'écria-t-il, avec une étonnante volubilité de gestes et de langage. Professeur de musique à Pampelune, j'avais quitté mon orgue et mon violon, pour obtenir le grade de caporal dans une armée sans paye et sans autre administration des vivres que la générosité des paysans, ou le pillage des convois christinos... Mais le soldat navarrais compta-t-il jamais avec les privations? Ne savions-nous pas charmer notre existence aventureuse, en faisant tomber les Castillans dans nos piéges et nos surprises.. Les chansons politiques égayaient nos longues marches; le jeu de paume, la danse nous délassaient après les rudes combats... Les *guerilleros*, frères de tout ce qui parlait Eskara, étaient fêtés dans chaque bourg, accueillis dans chaque vallée, comme les héros d'une sainte guerre... Et que faut-il pour remplir la vie de la jeunesse belliqueuse, si ce n'est du mouvement, un peu de gloire et des aventures de galanterie. Les soldats de Sagastibelza et de Zumalacaréguy, harrassés de fatigue, couverts de poussière et de sang, après avoir livré dix combats en vingt-quatre heures, poussaient le joyeux appel de *Lirinzina*, du haut de la montagne, vers les villages étendus au fond de la vallée... Aussitôt, la population entière s'élançait à leur rencontre, avec les témoignages de la plus bruyante allégresse. Les jeunes filles gravissaient les sentiers, chargées d'outres de vin, de provisions de tabac et de chocolat; femmes et vieillards arrivaient à leur suite. Après avoir pris le *refrosco* sur la montagne, la petite armée faisait son entrée triomphale dans le bourg, au bruit des chansons; on plaçait des sentinelles sur les hauteurs, les musiciens du bataillon prenaient le tambourin et le fifre, et puis : En avant le fandago, jusqu'à l'apparition des Christinos!

— Oui, *Santa Virgen!* Tout allait bien, jusqu'au jour de la bataille, reprit l'abbé Gorriburu, en poussant un soupir. J'ai vu toutes ces ovations, entendu tous ces cris de joie, à la suite de mon maître; mais il y avait plusieurs manières de danser en ce temps-là. Un certain jour de mai, j'assistai, d'une distance respectueuse, à une fort rude affaire. Juanito se comporta bravement, et distribua largement ces coups de sabre qu'il donnait si bien. Aï! Jésus! le regard fixé sur lui, je le voyais frapper d'estoc et de taille, abattant oreilles et bras... Dix Christinos tombèrent pour ne plus se relever. Dix hommes, me disais-je, dix frères en Dieu, tués comme des loups dans une battue de la forêt de Bellate! Est-il possible que le bon Dieu voie occire ces gens-là sans regret, parce qu'ils ont commis le crime de penser qu'une femme peut régner tout aussi bien qu'un homme; comme si l'on ne voyait pas, dans plus d'une famille, la ménagère porter culotte, sans que la maison en aille plus mal. La Reine de Saba n'était-elle pas une grande reine...? Mon pauvre Juanito aura bien de la peine à rester en état de grâce jusqu'à ce soir, et s'il venait à tomber dans la mêlée, avec ces cris de rage que j'entends, ces grosses malédictions dont le bruit m'épouvante, arriverai-je à temps pour le réconcilier... J'avais à peine dit, qu'il disparaissait dans la fumée d'une fusillade ; quand le nuage se dissipa, je vis son cheval courant libre dans la plaine ; il ne portait plus son cavalier... *Dios santo !* mon pauvre Juanito, m'écriai-je, et, courant bride abattue vers le combat, je le trouve au milieu des blessés... Les Christinos battaient en retraitre.

— Cher Baron, m'écriai-je, que dirait votre mère la Comtesse, si elle vous voyait en ce péril... Je prends une bande dans ma trousse, et serre sa jambe, qu'une balle avait traversée. J'applique mon appareil du mieux qu'il m'est possible, tout en priant Juanito de me faire sa confession, afin de régler toutes ses affaires de conscience.

— Rassurez-vous, me dit-il, ce n'est presque rien... un molet traversé par une balle ; cela se guérit avec des bains froids en moins de dix jours. Rattrapez mon cheval, je tâcherai d'y remonter, nous irons nous réparer dans quelque maison basque du voisinage... Mais faisons vite : si les Christinos revenaient sur nous, ils pourraient bien me percer autre chose que le molet... Je parvins à ressaisir le cheval ; les Christinos ne parurent pas, et j'eus le bonheur de conduire mon maître dans le village de Sororem... Huit jours après, il était à peu près guéri, grâce au baume merveilleux que m'avait donné la Comtesse Zizurquil. On assure que le secret existe dans la famille, depuis la fameuse bataille de Roncevaux.

Sororem est un village disgracieux et fort laid, mais les femmes y sont tout le contraire du village. Une, surtout, et celle-là, pour mon malheur, soignait mon cher Juanito... Fort inquiet des conséquences du feu de ses regards, de la douce main potelée qui pansait la blessure, je cherchais à l'éloigner, sous prétexte que le jeune Baron était habitué à mes soins, et que l'aide d'une étrangère était complétement inutile. Mais j'avais beau revendiquer les droits d'un serviteur fidèle, la jeune fille persistait à rester, et Juanito s'obstinait à la retenir... Que va-t-il arriver, *Madre de Dios!* quand la guérison sera complète... Si c'était une petite Baronne, digne de mon jeune Baron, le mal d'un jour pourrait se réparer *per sacramentum*; mais une paysanne de Sororem, qui n'a pour parents que le carillonneur et l'*alguazil*..... Mes alarmes n'étaient pas vaines! Quand il fallut rejoindre le corps de Sagastibelza, du côté de Vergara, j'entendis des sanglots, je vis couler des larmes. On ne se sépara qu'en jurant de se revoir.

Huit jours après, Christinos et Carlistes étaient en présence, dans les montagnes de Mendoza, près de Victoria; on allait livrer la terrible bataille que vous savez.

— Maître très-noble et très-aimé, disais-je à Juanito; votre blessure est trop récemment guérie; vous ne pourrez pas monter à cheval, et soutenir les fatigues d'un combat; restons à l'ambulance.

— A l'hôpital, *por Dios!* Lorsque mes frères se battraient.

— Mais vous tomberez à la première décharge, et pour tout de bon, cette fois... Au nom de vos aïeux illustres, qui se battirent si bien, mais qui soignèrent toujours leurs blessures... soyez sage pendant un mois encore...

Il ne voulut rien entendre, et passa la soirée à fourbir ses pistolets et son sabre. Un bonheur inattendu vint à mon aide; mais, hélas! ce bonheur arrivait-il du ciel ou de..... Je ne prononce jamais ce mot, et vous laisse le soin de le deviner. Un petit berger apporta une lettre à mon maître, qui bondit de joie; il en eut la fièvre toute la nuit.

— Abbé Gorriburu, me dit-il, vous ne voulez pas que je me batte?

— Aï! Jésus! Pouvez-vous me le demander, je me laisserais tirer deux onces de sang aux quatre veines, pour vous éviter cette folie.

— Il n'y a qu'un moyen de m'empêcher d'assister au combat.

— Quel est-il, Monseigneur?

— De me trouver loin d'ici, quand il se donnera; d'être auprès de ma bonne Grazioza de Sororem.

— Près d'une femme! *Santa Virgen*!

— C'est à prendre ou à laisser... Demain, la bataille ou l'a...

— Je n'aime pas à prononcer ce mot, mais vous le devinez sans peine... Jamais homme fut-il dans une situation plus cruelle, depuis le péché du saint Roi David; je connaissais l'obstination du petit Baron; il me mettait le marché en main, avec une cruauté brutale. J'appelai à mon secours toute l'éloquence des Patriarches et des Evangélistes. Je citai les commandements de Dieu et les sept psaumes de David... *Dios mio!* Nathan n'eut à prêcher qu'après l'affaire, moi j'étais obligé de prêcher avant, et si le repentir peut suivre le crime, il est bien difficile de le lui faire précéder... Satanas n'aime guère à lâcher prise, sans avoir retiré ses bénéfices.

Juanito saute à cheval.

— Eh bien ! ou allons-nous, me demanda-t-il ? A la bataille ou à l'amour.

Devais-je le laisser courir tout blessé au milieu des fusillades, où quelque balle mortelle ne m'aurait peut-être pas donné le temps de lui administrer l'Extrême-Onction... Le péril n'était pas aussi grave du côté de Sororem ; là, du moins, il n'y aurait personne de tué, et mon maître aurait tout le temps de se laisser aller au remords après le méfait... Son cheval était tourné vers le village... Je n'eus pas le courage de l'arrêter.

— Allez, lui dis-je, en soupirant.

Il prit le galop ; son cheval fendait l'air, et faisait résonner la terre. Je courus après lui de toute la rapidité du mien.

— Et vous restâtes au village, à contempler le tableau de cet amour pastoral, demandâmes-nous au curé Gorriburu.

— Le devoir d'un chapelain n'était-il pas de suivre le jeune Baron, et de le protéger dans toutes sortes de dangers... Je n'en comprenais pas moins le terrain glissant sur lequel était engagée ma conscience, et ne savais comment sortir de mes incertitudes.

Par bonheur, la paix de Vergara mit fin à la guerre civile. Juanito rentra dans sa famille, les Zizurquil n'eurent plus besoin d'un chapelain ambulant... Je pris congé de leur Seigneurie, et leur influence me fit obtenir une bonne petite cure dans les Cinco-Billas... Là, je n'assiste à d'autres combats qu'à ceux des taureaux et des béliers dans les pâturages, et si les jeunes gens vont quelquefois où *Satanas* les pousse, du moins, ils ne m'en demandent pas la permission, et ne suis pas obligé de les y accompagner.

Le curé Gorriburu termina son récit, et nous aperçûmes Elizondo.

V

Elizondo. — Maya. — Égalité politique et sociale des Basques. — Le blason et les singularités nobilières. — Urdach. — Une république à fonder. — Le col et les forêts de Bellate.

Elizondo est située dans le haut bassin de la Bidassoa, qui forme, en cet endroit, une espèce de cirque immense, entouré de montagnes de toute part. De jolis villages, situés sur divers points de cet amphithéâtre, toujours vert, montrent leurs maisons blanches à travers les pâturages, les champs de maïs et de blé sarazin. Tout autour, vers le sommet, se dressent les forêts et les tapis de fougères.

Elizondo s'élève au-dessus de la sphère des villages, pour entrer dans celle des villes. Les prétentions de son clocher, greco-romain, surmonté d'une gracieuse coupole, l'architecture recherchée de certains hôtels, décorés du titre de palais, la propreté des maisons bourgeoises, tout la rend digne d'un titre qui, en Espagne, n'est pas purement conventionnel.

En France, l'élégance et la richesse s'élèvent par une

gradation non-interrompue, depuis la maison de campagne isolée, jusqu'à la cité opulente, et l'on ne peut guère fixer le point où finit le bourg et où commence la ville. Dans la Péninsule, la transition est plus marquée. La ville est un être, une personnalité noble, qui possède une église monumentale, une *casa municipal* d'un certain caractère ; quelques hôtels confortables, et surabondamment sculptés, des habitations hautes, flanquées de balcons. Le bourg est une agglomération fortuite d'habitations délabrées, n'ayant aucune trace de pavés dans ses rues, aucune apparence de fleurs dans ses jardins ; mais, en revanche, beaucoup de fumier dans ses carrefours, et de nombreux fainéants couchés au soleil, le long des murailles poudreuses.

Quant à la maison de campagne, *casa de campos*, elle reste à l'état de curiosité dans une foule de provinces...; peu de gens osaient autrefois affronter dans l'isolement les attaques des guérillas et des bandits.

On est donc conduit, sans transition, de la jolie ville à la sale bourgade, de cette dernière à ces solitudes profondes, qui donnent le frisson et le spleen, dans les plaines de la Castille comme dans les montagnes des Asturies et de l'Aragon.

Elizondo doit, à tous égards, occuper la première place parmi les agglomérations du bassin de la Bidassoa ; elle ne se contente pas d'avoir le nom de ville ; elle porte celui de *Capitale de la Vallée* ou *Université de Bastan*. Le Bastan, quoique appartenant à la Navarre, forme une de ces fédérations de villages, dernier écho des cantons indépendants, qui couvraient autrefois les deux versants des Pyrénées.

La capitale a gravé ses titres de noblesse en caractères très-visibles sur son hôtel-de-ville ; la façade est littéralement couverte de médaillons de bois, ayant la forme d'aigles impériales, et sur lesquels on a écrit, en lettres d'or, le nom des évêques et des dignitaires qui ont daigné traverser la petite cité, parce qu'elle se trouvait sur la route qu'ils devaient suivre dans leur voyage... Le Bastan, pays presque libre, ne l'est pas encore assez... La nature l'avait destiné au rôle de république neutre, chargée de prévenir, entre la France et l'Espagne, ces frôlements toujours dangereux entre deux grandes nations, lorsqu'ils sont trop immédiats. Séparé de la France par la chaîne de montagnes de *Maya*, de la Navarre par celle de *Bellate*, ce bassin aurait formé une charmante petite république, aussi intéressante et inoffensive que l'Andorre. C'est encore l'avenir qui devrait lui être réservé, si ses deux puissants voisins finissaient par comprendre la signification providentielle de sa topographie.

Pour bien saisir la physionomie exceptionnelle de ce bassin situé entre deux monts, gravissons, du côté de la France, la chaîne de Maya. Ce nom est tout une histoire d'invasions et de guerres... Maya fut longtemps un château redoutable, une sentinelle, qui ne laissait passer personne sans crier un formidable : Qui vive !

Mais que de changements, dans cette gorge profonde et solitaire ! Un village sombre et lugubre, précédé d'une église massive, s'abrite contre les flancs d'un rocher, qui semble avoir été lancé du ciel, aérolithe gigantesque, pour occuper le centre de la vallée. Ce sphinx grisâtre, accroupi sur le ventre, dresse la tête vers la France, comme pour surveiller quelque nouvelle invasion de Charlemagne ou de François Ier. Il portait autrefois un attirail d'enceintes et de machicoulis, de donjons et de barbacanes, bien souvent ensanglantés, pendant les longues luttes du quatorzième et du seizième siècles. Avec les Mémoires du château de Maya, nous pourrions refaire toute l'histoire des guerres des d'Albret et des Valois leurs alliés, contre les Castillans, usurpateurs de la couronne de Navarre. Mais la forteresse, témoin de ces luttes glorieuses, n'a laissé que son nom sur le rocher qui lui servit de fondement; les traités de paix exigèrent sa destruction. La mine a fait tomber dans le torrent jusqu'à la dernière pierre du donjon et des remparts.

Le souvenir de Maya nous conduit à résoudre une question importante.

Tout le monde connaît la prétention des Basques à une liberté individuelle, restée pure de toute flétrissure féodale; Bayonne, elle-même, semble avoir formulé ce principe dans sa devise : *Nunquam polluta*. Nous avions longtemps douté de la gravité de cette opinion; après avoir traversé le pays des Eskara, il est impossible de ne pas lui attribuer une valeur sérieuse. Allez de Bayonne à Tolosa, de Saint-Jean-de-Luz à Saint-Palais, vous ne trouverez pas un monticule qui présente les traces de ces castels à donjon, si nombreux dans les autres parties de l'Espagne et de la France. C'est en vain qu'on voudrait attribuer à quelque révolution la destruction générale des forteresses; leur conservation, dans les autres vallées pyrénéennes, prouve assez que la colère des hommes et celle des éléments ne peuvent complétement effacer du sol ces jalons caractéristiques d'un état social qui n'est plus. On les démantelle, on les découronne, les ruines se dispersent à l'entour; mais il en reste toujours assez pour constater leur existence.

Non, le pays basque ne fut jamais dominé par les citadelles oppressives d'une race conquérante. Les Cantabres, qui défendirent si héroïquement leurs lois et leur indépendance contre tous les dominateurs des Espagnes : Romains, Visigoths, Maures et Francs, virent, sans doute, s'élever parmi eux des familles devenues puissantes par le courage, les richesses, les services rendus. Mais cette aristocratie n'avait aucun caractère féodal. Elle n'exerçait d'autre pouvoir public que celui que lui conféraient momentanément les assemblées nationales, composées de l'universalité des citoyens ; citoyens nobles aussi, indépendants, libres ; inférieurs seulement en renommée, en richesse, en prépondérance. Il faut arriver au quinzième siècle, pour voir certaines familles basques, distinguées par les fonctions publiques, ou la faveur des Rois, s'enhardir à élever quelques tourelles innocentes. On peut citer les châteaux d'Espélata, de Haize près d'Ustaritz, celui de Belzunce, enfin celui d'Urtubi près de Saint-Jean-de-Luz.

La situation de ces châteaux, dans des lieux bas, ou sur des collines peu élevées, prouve assez qu'ils n'eurent jamais de prétentions belliqueuses et oppressives ; d'ailleurs, l'époque féodale était alors éteinte, et les Basques pouvaient tolérer l'existence de gentilhommières, n'ayant créneaux, machicoulis, ni meurtrières, et dont les maîtres ne réclamaient d'autre privilége que celui de posséder des habitations plus spacieuses que celles de leurs concitoyens... Cette absence de castels féodaux explique une autre particularité.

Le Basque, n'ayant jamais eu à redouter le despotisme seigneurial, ne jugea pas utile de garantir ses villages contre la colère d'un voisin dangereux ; aussi, pas un n'offre-t-il des traces de tours, de remparts ou de fossés de clôture.

Les bourgs demeurèrent complétement ouverts. Les boulevarts de l'indépendance basque furent les montagnes et les ravins ; ce n'était pas au pied d'une place forte, mais au bas des rochers de Roncevaux et de Tolosa, que périssaient les armées de Charlemagne et de Mortaing. La liberté euscarienne eut un autre sanctuaire : celui-là, chaque citoyen le portait en son cœur, et le gravait sur la pierre de son habitation.

Regardez ces villages sans remparts ni pont-levis : leurs maisons aux contrevents brisés, à la toiture en ruine, portent sur leurs façades un, deux, quelquefois trois écus aux armes parlantes. Le laboureur en sabots, le pâtre en sandales des vallées de Lanz, d'Elizondo, de Roncal et d'Enguy, montrent leurs quartiers avec autant de fierté, que pourraient le faire nos Rohan ou nos Montmorency.

Sur quels vasseaux la féodalité aurait-elle étendu son sceptre, dans ces contrées où tous les indigènes sont Hidalgos ? Ne pensez pas que ces blasons soient nés d'hier, au souffle de la faveur de quelques princes, voulant récompenser les services d'un écuyer complaisant ou d'un piqueur favorisé. Ils remontent généralement à la guerre des Maures, à cette époque où le Christianisme, détruit de Gibraltar jusqu'à l'Èbre, ne trouvait d'asile que dans les gorges des Pyrénées. Pampelune était prise, Saragosse, Huesca, Llérida, étaient occupées par les Musulmans. Des milliers de montagnards s'élançaient contre eux, à la voix des Pédro et des Sancho-Abarca ; ceux que la mort ne retenait pas sur le champ de bataille revenaient couverts de blessures dans leurs vallées, rapportant pour toute récompense le droit de graver sur leur chaumière ces pièces héraldiques, premiers signes écrits, destinés, chez tous les peuples, à perpétuer le souvenir de leurs combats.

Il y eut des circonstances héroïques, où tous les habitants d'une vallée reçurent en masse le droit de porter des armoiries.

Nous citerons ceux du Roncal, ennoblis par le Roi Asnar-Fortunio, après leur brillante victoire d'*Olasso* sur les Maures, à la fin du huitième siècle.

De semblables événements, sans cesse renouvelés, amenèrent peu à peu l'anoblissement de toute la population de ces montagnes, et l'on a pu dire, sans exagération : *Autant de Basques, autant de Nobles.*

On se demandera, peut-être, pourquoi les guerres incessantes du moyen âge ne fournirent pas aux autres peuples de l'Europe la même occasion de s'illustrer? La différence est facile à comprendre ! Quand les Germains se furent établis en conquérants dans les Gaules et en Espagne, les peuples indigènes ne marchaient sous leurs ordres qu'à titre de serfs ou de vassaux. Les victoires qu'ils remportaient se soldaient par la récompense de leurs seigneurs, jamais par l'anoblissement du soldat, sorti de la glèbe, et condamné à y revenir. Le Basque, au contraire, resté libre de toute invasion étrangère, de toute féodalité locale, faisait la guerre pour son compte, et recevait son salaire en gentilhomme.

Le hasard nous sert à ravir, et nous met sur la voie d'une autre origine du blason. Voyez, dans cette maison écartée d'Elizondo, cette grande porte ogivale, si étrangement décorée. A la clé de voûte, un écusson représente un loup, passant au pied d'un arbre, et portant dans sa gueule rouge une brebis morte (1). Sur les montants de la porte, à droite, un petit aigle fraîchement tué, a été cloué contre la muraille, les ailes déployées. A gauche, la queue d'un loup flotte au bout d'une cheville... Quelle curieuse page d'histoire... Étudions-la !

Il est incontestable que la première occupation des hommes fut la chasse. Pour assurer l'existence de leurs troupeaux, les pâtres durent combattre incessamment les animaux nuisibles... Ces luttes, souvent dangereuses, amenaient naturellement une coutume qui ne s'est pas entièrement perdue, parmi les chasseurs civilisés. Au retour de la chasse, on fixait les dépouilles des bêtes fauves abattues : têtes de sangliers, pattes d'ours, griffes d'aigles, devant la porte du Nemrod heureux et hardi.

Cette commémoration d'actes de courage, nous la trouvons chez les Gaulois de Pausanias, chez les Germains de Tacite, chez les Sauvages de Cooper...

Quelquefois aussi, les Montagnards parcouraient la vallée, portant au haut d'une perche les carnivores qu'ils avaient abattus et demandaient aux bergers une redevance d'œufs, de poulets, de fromage ou d'agneaux, juste récompense du service public, rendu par leur adresse et leur bravoure ; dans l'un et l'autre cas, la dépouille était clouée sur la porte du vainqueur. Voilà, dans toute sa simplicité, l'origine d'une foule d'écus basques.

Après cette période pastorale, le courage humain s'élève, de la chasse aux animaux, à la chasse à

---

(1) Armes de la vallée de Roncal.

l'homme, de la lutte des forêts, à celle des champs de bataille; et les trophées changèrent de nature. Au lieu de clouer, sur les maisons des guerriers, des hures de sangliers ou des pattes d'ours, on y fixa des crânes, des pieds et des mains d'hommes. L'adoucissement des mœurs fit bientôt substituer à ces membres hideux leur simple représentation en relief ou en peinture; on y ajouta des pièces du costume ou de l'armure; le baudrier ou sautoir, l'épée, le casque, l'éperon, etc... On donna même à certains objets et à quelques animaux une valeur conventionnelle. Le lion et l'aigle furent l'emblême de la force, de la bravoure; le loup, celui de l'âpre gloutonnerie... Peu à peu, le blason devint cette science de convention, hérissée de mots allégoriques, d'objets de fantaisie, macles, fusées, frètes, cotices, etc., au milieu desquels le fil d'Ariane ne parvient pas toujours à faire retrouver l'issue du labyrinthe.

Mais le peuple basque s'était fort peu mêlé aux grands événements européens. Renfermé dans ses montagnes, les modifications aristocratiques eurent sur son écu tout aussi peu d'empire que sur son organisation administrative et politique; aussi, son blason conservat-il longtemps sa physionomie primitive; il fut l'expression énergique et naïve des mœurs d'un peuple montagnard et pasteur, dont les ennemis étaient les bêtes fauves, et pour qui la destruction d'un loup ou d'un ours renouvelait la gloire des travaux d'Hercule.

Dépassons Maya; pénétrons dans les montagnes où la forêt vierge et les bruyères étendent leur solitude, où la population, claire-semée, ne dispute qu'avec une sorte d'hésitation aux sangliers et aux loups leur domaine séculaire.

Parvenus au sommet de *Puerta de Maya*, notre regard plonge dans une gorge profonde et triste ; il aperçoit dans les prairies un bourg, une église... C'est le vieux monastère d'Urdach ; là, au milieu de prairies qui rappellent celles de Lescaledieu en Bigorre, ou du Val-Suzon en Bourgogne, vivait une pieuse colonie monastique ; elle s'établit d'abord près d'une étable à pourceaux, comme l'indique le nom d'Urdach (urde, etche, maison de porcs). Ne rions pas d'un rapprochement qui aurait fait pâmer d'aise les amis de M. de Voltaire ; un établissement de cette nature, dans ces montagnes, n'était pas un incident fortuit, mais une conséquence du principe agricole de ces contrées. Nous voyons, dès la plus haute antiquité, les Cantabres et les Béarnais se livrer à l'élève des pourceaux sur une très-grande échelle. Il est peu de chartes de Rois de Navarre ou de Vicomtes de Béarn, dans lesquelles ces souverains ne cèdent ou ne confirment aux porchers de quelque abbaye le privilége de conduire leurs troupeaux dans telle forêt, dans telle bruyère. Bayonne dut problablement, à cet antique système agronomique, la réputation européenne de ses jambons.

Les premiers moines d'Urdach défrichèrent les landes, les bois, et appelèrent autour d'eux les pâtres du voisinage. Les descendants de ces bergers occupent maintenant une dizaine d'habitations, disséminées dans les prairies ; et le bourg moderne, éclos sous la protection de l'abbaye, a payé sa dette de reconnaissance en expulsant les religieux, ou plutôt en les laissant expulser par les décrets récents des progressistes espagnols.

Mais que resterait-il de l'histoire, si l'on effaçait

tous les témoignages de l'ingratitude des hommes?

Après ce rapide pèlerinage à ce qui fut un monastère, quittons cette frontière de France et revenons à Elizondo... La diligence, qui franchit les hautes rampes du col de Bellate, va nous conduire à Pampelune.

Saluons *Ituritza*, enrichi par le commerce d'Amérique, lieu de retraite préféré des armateurs aventureux, qui ont rapporté de Montévideo ou de Cuba ces dernières miettes de galions qui gorgèrent l'Espagne de Philippe II et de Charles IV. Les grandes maisons, à l'aspect confortable, montrent encore les machicoulis trilobés et les fenêtres mauresques géminées, dernier souvenir de l'influence andalouse.

Almandoz ne mériterait pas d'être nommé, s'il n'offrait des marbres abondants, de nombreuses fontaines ferrugineuses, et ces magnifiques bois de hêtres, qui s'étendent jusqu'au port de Bellate. De beaux arbres, élancés et vigoureux, cruellement abattus par la hache des bûcherons, sont divisés en petites feuilles courtes et minces, puis transportés au delà des mers. Ils reviennent chez nos épiciers, sous forme de petits barils remplis d'anchoix, de harengs et de sardines. Cette exploitation, favorisée par la magnifique route que la députation provinciale de Navarre a fait tracer, à travers les hautes rampes des Pyrénées, pour relier Pampelune et Bayonne, répand la richesse dans ces gorges, autrefois pauvres et inabordables.

On arrive au col de Bellate, comme on entre à Fontainebleau, à travers une forêt qui rappelle le sanctuaire des Druides. Vous croyez voir courir devant vous, de buisson en buisson, de branche en branche, ce Bassa-Jaon (maître des bois), dont les gens du pays racontent mille apparitions étranges.

Quand on parcourt les cantons français, on ne peut s'empêcher de remarquer l'excessive propreté des habitations, peintes de blanc, de vert, de jaune et de rouge. On franchit la frontière : tout prend un caractère lugubre ; les femmes sont vêtues de noir, et les hommes d'une couleur sombre ; l'on ne voit plus que maisons fumeuses et délabrées, bourgs dépeuplés et taciturnes. La Navarre, conquise par Ferdinand, au mépris de sa nationalité, et malgré une opposition générale, rançonnée, dépeuplée par système d'intimidation, semble porter le deuil de ses anciens rois. Ces regrets se sont fréquemment traduits en guerre acharnée, et la dernière lutte a prouvé, pendant sept années, à la Castille, que l'esprit navarrais, toujours vivace, ne veut accepter sa réunion à l'Espagne qu'à titre d'alliance, et non à titre d'incorporation. Ses bourgs, lézardés par les boulets, sont une protestation permanente, survivant à la guerre civile. Dans les villes, il est vrai, cet antagonisme perd beaucoup de son caractère ; la population bourgeoise, formée de Français, de Castillans, d'Aragonais, et rattachée au gouvernement central par intérêt industriel et commercial, se borne à défendre les garanties représentatives qu'elle a su conserver. Nous retrouverons à Pampelune le tableau de cette vitalité légale ; mais la campagne, moins façonnée à la puissance de la loi, a toujours aimé à prendre les armes, pour exprimer sa vigilance. De là, ces pénibles traces de déchirement, gravées sur tous les bourgs. On sent que les habitants ont toujours la carabine à leur chevet, et que si le gouvernement de Madrid déchirait le pacte de Vergara, ils seraient prêts à faire feu par les murailles percées de leurs habitations.

6.

Ce *qui vive* d'une indépendance ombrageuse n'existe pas sur le territoire français, pour des raisons faciles à donner. Lorsque Henri IV monta sur le trône, par son courage autant que par son droit, les Navarrais et les Béarnais, attachés à sa fortune, laissèrent aisément persuader à leur amour-propre national que la Navarre avait conquis le royaume des Valois. Aussi, malgré les ordonnances de Louis XIII et les arrêts du Parlement, qui décrétaient la réunion de la *Navarre à la France*, nos Basques, renversèrent les deux membres de la phrase, et ne se rappelèrent qu'une chose : c'est que leur Roi avait forcé les portes de Paris, et était entré au Louvre en vainqueur. De là, chez tout Basque *français*, ces allures conquérantes, cette joie sans trouble, qu'il fait éclater dans ses chansons et dans ses jeux, qu'il étale sur sa blanche maison, dans ses frais vergers, et jusque dans le cimetière où les morts reposent, sous des berceaux de fleurs, comme les guerriers antiques après leur triomphe.

Ainsi, langue, législation, organisation politique, religion, blason : tout concourt à donner à ce peuple le caractère d'une race fort ancienne, pleine d'orgueil patriotique, d'hospitalité généreuse, de rustique simplicité. Ses armes sont toujours le bâton et le couteau ; ses jeux, la balle et la danse ; et encore, comment danse-t-il ; presque toujours sans la participation de l'être gracieux qui sera toujours son maître en cet art. Le Basque est passionné ; mais il n'est pas galant… A l'issue du repas, au sortir de la messe, de l'école ou de l'atelier, il recherche peu la société des femmes ; beaucoup celle de l'inséparable pelotte qu'il porte constamment sur lui. Il appelle ses camarades, les groupes se forment par catégorie d'âge et de force, enfants d'un côté, jeunes hommes de l'autre, se défient à cette lutte d'agilité, d'adresse, et les journées entières se passent en face d'un mur qui sert de cible et de but.

Le Basque, à l'exemple des peuplades guerrières et primitives, pratique fréquemment une sorte de pas d'armes, qui n'est pas sans caractère, et où les femmes ne sont pas admises. Si Hérode eût été Vascon, ce n'est pas pour voir sauter la fille d'Hérodiade qu'il aurait fait couper la tête du Précurseur.

Vingt, trente, quarante hommes, placés à la file indienne, à deux pas l'un de l'autre, courent droit devant eux, sautant, battant des entrechats, au son d'un air national joué par le fifre et le tambourin. Ils portent le bâton sous le bras ; puis, sur la ritournelle, ils font volte-face par deux, de manière à former des couples d'assaillants, prêts à en venir aux mains ; ils croisent leur bâton comme des duellistes leur épée, et accompagnent la musique du cliquetis de cette arme peu sonore ; à la reprise du motif, au *da capo*, ils reprennent leur course, leurs gambades et leurs cris.

La civilisation, en perfectionnant l'art de tuer les gens, a détrôné le bâton de son rôle primitif et très-noble de massue. Remplacé dans les combats par le fusil, il l'a été, au bal, par une légère badine. C'est peut-être à cette dégénérescence de la danse guerrière que les jeunes filles ont dû la faveur d'être admises à participer au *tsolsiko*, aux rondes, contredanses et autres progrès chorégraphiques.

Malgré ce léger succès de la femme dans le cercle des divertissements, son sexe ne reste pas moins dans une infériorité assez voisine du servage romain ; les travaux les plus pénibles sont le lot de l'être faible que

M. Michelet nous représente comme perpétuellement *blessé*. L'agriculteur porte-t-il ses denrées à la ville, la femme marche devant les bœufs et les conduit : l'homme, nonchalamment étendu sur le chariot, fume ou siffle... Au bois, la Basquaise coupe les fagots, les lie, et les porte sur la tête à sa demeure. Le Basque attend le lièvre au passage, ou ramasse quelque fétu de bruyère. A la maison, elle pétrit le pain et le met au four, lave le linge, bêche au jardin ; l'homme mange le pain, tourne le linge au soleil, ramasse le jardinage... Le croirait-on enfin, la femme laboure !... Une des deux vaches vient-elle à manquer, elle la remplace, s'attache elle-même au timon, et l'on a vu des maris pousser au labourage ces deux *serviteurs* placés sous le même joug. Dans les familles riches, la femme est la première servante, la gouvernante, si l'on veut, et voilà tout... Quand elle donne l'hospitalité, que le Basque est toujours heureux d'offrir, elle se tient debout pendant le repas, derrière le convive qu'elle désire honorer plus particulièrement ; deux domestiques restent près d'elle, attentifs à lui remettre les mets, les assiettes : c'est de ses propres mains qu'elle sert l'étranger... Il n'est pas de pays au monde où le bon Chrisale eût plus victorieusement appliqué sa philosophie ; on ne trouverait pas une seule Belise dans tout le pays des Euscariens.

Cette situation respective des deux sexes rappelle complétement les âges héroïques dont les Basques ne sont pas encore très-éloignés. Les paysans grecs notamment sont dans la même situation..... Dans cet état social, l'homme se voue tout entier aux travaux entourés de périls et de gloire : il se bat pour son pays et pour sa famille ; dans les intervalles de paix, il poursuit les bêtes fauves... La femme reste donc toujours seule à la maison : éducation des enfants, direction du ménage, travaux agricoles, tout roule sur sa tête. Riche, elle commande les domestiques ; pauvre, elle les remplace, et ses bras se durcissent au rude travail des champs... Ce ne fut donc ni par mépris, ni par despotisme, que le Basque imposa à sa compagne la tâche pénible de l'exploitation du sol ; mais par les nécessités de l'état de guerre et de chasse... A chacun ses préférences ici-bas, et le Basque n'aime pas la charrue. Ne cultivant que les parties les plus fertiles des vallées, il laisse les coteaux en friche, et quand les enfants ne trouvent plus de pain à la maison, ils sont très-disposés à se faire contrebandiers, à moins qu'ils ne passent en Amérique... C'est la dernière ressource de ces esprits aventureux. Ne pouvant plus faire la pêche à la baleine dans le golfe de Gascogne, depuis que ces cétacés ont abandonné cette mer, l'état de flibustier n'étant plus en vogue (on sait avec quelle ardeur ils se jetaient dans cette carrière, au dix-septième siècle), la paix dont l'Espagne jouit leur ayant enlevé la ressource des *guerrillas*, ils passent en foule dans le Brésil. Les environs de Montévideo sont, chaque année, le but d'une émigration de trois à quatre cent Basques français, et de plus de mille Basques espagnols ; ils s'embarquent au port de Passages, sous la direction d'embaucheurs spéciaux, qui les entraînent sous l'attrait des plus brillantes promesses ; ils font la traversée à des prix très-modérés, entassés dans des navires à voile. Arrivés en Amérique, ils ont le bonheur de trouver plus de trente à quarante mille compatriotes, qui les accueillent en frères, en amis ; s'ils enlèvent à la mère-patrie des bras qui lui seraient utiles, ils grossissent du moins, sur la terre étrangère, les rangs d'une colonie nouvelle, qui peut offrir un jour à notre commerce et à notre influence un débouché et un point d'appui qui méritent d'être appréciés.

Quant à la population qui reste sur les bords de l'*Oria* et de la *Bidassoa*, elle veut conserver intact le berceau national. Aussi, loin de se laisser absorber par les soins de l'agriculture, elle se tient sur le qui vive, toujours prête à prendre les armes, à la première violation des fueros : la sujétion de la femme à cet égard n'est donc pas un signe de tyrannie, mais, au contraire, une conséquence d'un amour presque excessif de la liberté.

Ne soyons jamais trop prompts à blâmer les usages des peuples, même quand ils ont l'air de froisser les principes les plus évidents de la civilisation ; l'injustice apparente, elle-même, a sa raison logique, ses causes légitimes. Avant de condamner les effets, donnons-nous la peine de remonter aux causes.

LA NAVARRE

I

Les taureaux sauvages. — La Navarre à vol d'oiseau. — Douane et contrebande. — Les trois *vandos* de Pampelune. — La promenade. — *Nubios* et *nubias*. — La cathédrale. — Cloître et réfectoire. — Palais royal. — Royauté morte. — Petite nationalité vit encore.

Le Guipuscoa et le pays basque, fermés au sud et au levant par la haute chaîne des Pyrénées, ouvrent leurs vallées aux vents du nord et d'ouest, et trouvent, dans cette situation, une cause de fraîcheur extrême. Le vert des forêts et des prairies, des maïs et des pâturages, couvre complétement cette contrée montagneuse, d'Elizondo à Bilbao, et de Bayonne à Tolosa...

Mais à peine a-t-on franchi le col de Bellate, et commencé à descendre sur le versant méridional, que le paysage éprouve un changement complet et brusque... Sous l'action du soleil perpendiculaire, la sécheresse et la poussière remplacent les eaux vives et les prairies, les pâles rochers prennent la couleur de la route; les céréales s'élèvent à la place des magnifiques bois de hêtre; le chêne-liége se substitue au chêne gaulois;

les troncs se rabougrissent, les branches se crispent et se tordent, le lit des torrents est à peu près sans eau. Le pâturage montre le jaune pâle d'un habit autrefois vert, usé jusqu'à la corde. Aussi, plus de ces troupeaux de veaux et de vaches, qui aiment l'herbe tendre et touffue. Le mouton et la chèvre, amis des rochers, et friands de plantes aromatiques, se montrent seuls. Plus d'usines, de scieries, de moulins : les villages s'éloignent, et ceux que nous rencontrons, tels que *Olague*, *Atzocain*, *Sororem*, n'offrent que des maisons lourdes et maussades, dont les murs gris et les toits rouges tranchent sur le tapis jaunâtre des blés en épis ou de la terre en chaume !

Adieu ! toutes les gracieusetés d'une nature riante. Nous sommes en pleine Navarre espagnole... Le tableau va se compléter vigoureusement... Regardez au milieu de ces bruyères isolées. — Qu'est-ce donc ? N'éprouvez-vous pas un frisson involontaire. Une vingtaine de taureaux sauvages, que l'on conduit aux courses de Bilbao et de Saint-Sébastien, marchent vers notre diligence; elle court sur eux étourdiment, et semble prête à se briser contre leurs cornes pointues... Encore un tour de roue, nos chevaux éventrés resteront étendus sur le sol... Frais d'imagination inutiles ! Hors du cirque, dans les landes, les taureaux n'ont de sauvage que leur couleur fauve et leur réputation ; à notre approche, ils se rangent sur les accotements, sans attendre le coup d'aiguillon des bergers athlétiques qui les conduisent ; ils sautent même dans les champs, pour laisser le passage plus libre, et suivent avec une sorte de timidité enfantine les quelques vaches mères chargées de leur servir de tuteur dans le triste voyage qui les conduit des steppes de Tudéla au cirque bruyant où ils trouveront un instant de fureur, de gloire, et la mort.

Voilà ce que deviennent les récits de certains voyageurs, en présence de la réalité. On nous avait assuré que ces féroces quadrupèdes, véritables lions des déserts espagnols, s'amusaient à *dévorer* les paysans attardés sur leur route ; que les autorités prévenaient les populations huit jours avant le passage de ces animaux, afin que pas un être humain ne s'exposât à les rencontrer ; et voilà qu'ils nous cèdent poliment le haut du pavé ; ils prennent la fuite devant nos mules. Une jeune fille leur offrirait de l'herbe fraîche, ils la brouteraient timidement, et lècheraient cette main amie. La rage de ces nouveaux gladiateurs de Madrid et de Séville n'est donc qu'une excitation factice, semblable à celle de l'acteur de mélodrame, qui, excellent père de famille le matin, se bat les flancs pour être un horrible homme le soir... Éternelle fable des bâtons flottants ! De loin, c'est quelque chose, et de près ce n'est rien.

Les taureaux sont passés ; jetons les yeux du haut de la montagne d'*Are*, sur la province, autrefois royaume, dont la majeure partie s'étend devant nous, avec ses vallées, ses plaines, ses chaînes de montagnes et ses cours d'eau.

Et d'abord, la haute Navarre, qui doit ce surnom à sa situation, forme un plateau élevé de 400 mètres au dessus du niveau de la mer. Que l'on vienne de France ou des provinces basques, par le port de *Bellate* ou par celui des *dos Hermanas*, il faut monter considérablement. Les Pyrénées forment donc une espèce de terrasse, dont le mur de soutènement, le mur à pic, est tourné du côté de la France ; la partie accessible regarde l'Espagne et le soleil. A l'est, les montagnes d'Erro et de Lumbier cachent le territoire d'Aragon ; à l'ouest, la sierra plus majestueuse d'*Aralar*, chaîne que nous avons déjà longée de *Tolosa* à *las dos Hermanas*, sépare la Navarre des provinces basques. Puis, perpendiculairement à ces deux chaînes, la sierra de *Montréal* court de Sanguessa vers Estella. Voilà pour les montagnes. Le torrent de Larga, arrivant des Pyrénées par la vallée de Lanz, passe à *Pampelune*, à *Puente-la-Reyna*, à *Miranda*, et va se jeter dans l'Ebre. La rivière d'Aragon, née dans la vallée de Camfranc et de Jaca, suit une ligne à peu près parallèle, et va se perdre dans l'Èbre, près de Villafranca. Les rivières espagnoles tiennent à manifester leur nationalité, en ayant des couleurs à elles, tout comme les pâturages et les champs... Sous l'influence du soleil et de la poussière, leurs eaux ne restent pas vertes ou bleues, elles deviennent rouges dans l'Arga et blanches dans l'Aragon : mais soyons indulgents envers le paysage. Si le peintre le dédaigne, l'agronome l'estime beaucoup.

Les ondulations du sol facilitant l'écoulement des eaux, forment un terroir très-favorable au blé et à toutes les céréales. Si le maïs le trouve trop sec, et l'olivier trop froid auprès de Pampelune, ces deux plantes se conviennent fort sur les rives de l'Èbre, où elles atteignent de belles proportions.

Les coloristes auraient beaucoup de peine à s'habituer au tableau de cette fertilité, de cette abondance... De quelque côté que vous portiez vos regards, les champs paraissent jaune terne, les côteaux jaune poussière, les rivières jaune de boue, les bruyères jaune brûlé. Pour les arbres, il n'en saurait être question. Une forêt de chênes-liége, au sud de Pampelune, est le seul point du royaume où l'on puisse se mettre à l'ombre... Les montagnes dénudées, décharnées, offrent des croupes grises, qui prennent, toutefois, le matin et le soir, de magnifiques teintes d'azur.

Nous atteignons Billalba, à travers les chariots aragonais et leurs mules aux grelots sonores; ils portent à nos fabriques les belles laines de Saragosse et de Logrono. La campagne est peuplée de grands troupeaux de moutons et de chèvres blanches, qui confondent leur couleur avec celle des rochers; les petits chevaux navarrais courent en troupes dans les pâturages, à l'herbe rare et courte, et Pampelune dessine au loin, dans un ciel bleu, la silhouette de ses nombreux clochers.

A Billalba, le cours rapide de l'Arga est arrêté par une digue de rochers. Un industriel a profité de cette complaisance de la nature : il a jeté les eaux dans un canal aérien, qui les conduit vers une papeterie importante... Dieu soit favorable à cet essai industriel! Il est temps que l'Espagne fabrique quelques-uns des objets qu'elle n'a cessé de recevoir jusqu'à ce jour des pays étrangers; dans ce réveil, elle devait logiquement débuter par les papeteries : elle produit tant de chiffons !...

— Pourquoi nous serions-nous fatigués à monter à grands frais des fabriques, alors que les Français nous envoyaient au plus bas prix tous les articles dont nous avions besoin? nous disait un Navarrais, notre compagnon de diligence, en allumant sa quarante-huitième cigarette; car nous arrivions à la douzième heure de notre voyage, et la consommation ordinaire d'un Espagnol est d'un rouleau par quart d'heure... La Navarre n'avait pas d'intérêt à favoriser les manufactures indigènes. Espèce de pays neutre, placé entre la France et la Castille, aucun droit de douane ne frappait les produits du nord qui pénétraient par Bayonne jusqu'aux rives de l'Èbre, comme dans un prolongement du territoire français. Les douanes n'étaient établies sur le fleuve que pour la protection de l'industrie castillane. Mais à la suite des dernières guerres des fueros, la ligne douanière fut portée sur les Pyrénées, et consacra ainsi l'incorporation commerciale de la Navarre à l'Espagne.

— Hymen honorable, dont vous remerciez assez peu la reine constitutionnelle, n'est-ce pas? Vous préfériez votre précédente liberté.

— Nous avons conservé une dose suffisante d'indépendance pour n'avoir pas trop à reprocher à Isabelle II le traité de Vergara : décréter et exécuter sont deux. Le cabinet de Madrid n'a guère obtenu, il faut le dire, d'autre résultat que celui de montrer des uniformes castillans dans une contrée où ils étaient inconnus. Les Basques des deux versants ont mis un tel point d'honneur à protester contre cet acte politique par la contrebande, que les marchandises françaises continuent à se répandre dans la Navarre aussi facilement qu'avant l'établissement des douaniers.

— C'est une fiche de consolation, qui doit refroidir beaucoup votre émulation industrielle.

— Nous sommes loin de nous en plaindre, il est vrai. La contrebande est une dernière forme de protestation, à l'usage des peuples mal conquis, et nous aimons beaucoup la protestation... Le Navarrais s'interrompit pour allumer sa dernière cigarette, et garda le silence pour la fumer.

La capitale de la Navarre, arrosée par les eaux dormantes et rares de l'Arga, est assise sur une éminence, comme toutes les villes d'origine antérieure à l'invasion romaine. Les peuples primitifs aimaient à voir de loin leurs ennemis venir à eux ; ils tenaient à dominer de haut les assaillants qui dressaient des échelles contre leurs murailles. Fondée par les Cantabres sous le nom d'Iron, plus tard soumise et agrandie par Pompée, qui lui donna le nom de Pompeiopolis, cette ville doit à sa situation sur une rive escarpée et aux nombreux clochers qui dentellent sa silhouette, un aspect imposant et pittoresque. Placée, comme Bayonne, au débouché des gorges des montagnes, elle eut longtemps le dangereux honneur de subir les premiers assauts de toutes les armées que la France dirigea vers la Péninsule, depuis la colossale expédition de Charlemagne jusqu'à l'intervention de 1823. Mais nous n'avons pas à faire son histoire.

Pénétré des récits des voyageurs qui prétendent que l'Espagne s'immobilisa, il y a deux siècles, et qu'elle se réveille aujourd'hui, telle qu'elle s'endormit sous Philippe IV, nous pensions retrouver Pampelune avec ses trois quartiers, ayant chacun ses magistrats et sa milice, ses remparts et ses fossés, et portant la haine jusqu'à se déchirer et à se détruire comme ils en avaient pris l'habitude sous Philippe-le-Hardi et ses descendants.

Au milieu des singularités historiques que présente le morcellement social du moyen-âge, cet état de Pampelune est, assurément, un des tableaux les plus curieux qu'il soit possible d'étudier. Que l'on se représente une cité ayant trois têtes, trois populations de race différente, suivant constamment des drapeaux contraires, soutenant des prétentions politiques opposées, et se livrant des combats d'un acharnement incroyable. Les bourgeois du *Poblamen* (quartier de la cathédrale) détestaient ceux du bourg de la *Navarrerie* et du bourg *Saint-Nicolas*, parce que les seconds étaient Basques, et, par conséquent, ennemis de l'autorité royale et épiscopale qui siégeait dans le *Poblamen;* parce que les derniers étaient Français ou Champenois, et nécessairement favorables aux prétentions des rois de France... L'indépendance cantabre, la royauté navarraise, l'ambition des Valois avaient donc chacune un véritable boulevard dans un des quartiers de cette étrange capitale. De là, des déchirements fratricides, dignes d'inspirer le chantre de la *Divina Comedia*... Un jour, sous Philippe-le-Hardi, la basilique de Saint-Nicolas devint le refuge des habitants du quartier... Ils croyaient trouver aux pieds des autels une sauvegarde assurée ; ils se trompaient ! Les Pampelunais, aussi barbares que les croisés de Simon de Monfort, à l'horrible siége de Béziers, attaquent l'église, allument le feu tout autour (les portails et les murs en montrent encore des traces) et huit cents personnes périssent dans le temple incendié. Les Français de Saint-Nicolas trouvèrent un vengeur : Robert d'Artois attaqua la Navarrerie et la détruisit de fond en comble.

Cette division de villes en plusieurs quartiers, séparés par des fossés, des portes, des murailles, surtout par des jalousies, se reproduisait sur plusieurs points de la Navarre. A *Estella*, un espace inhabité s'étendait entre la ville primitive et le bourg de *Lizarra*. Le roi Sanche-le-Sage y fit construire la paroisse de Saint-Jean, et réunit le tout dans une seule enceinte. En 1187, la ville de Lumbier renfermait deux *vandos* organisés, constitués d'une façon très-distincte : les *higos d'algo*, c'est-à-dire les nobles basques ; et les *Francos*, c'est-à-dire les étrangers. Ces concitoyens, ennemis et jaloux, ne cessèrent de se faire une guerre acharnée, jusqu'au moment où le roi Charles-le-Noble enferma les deux bourgs dans une même clôture et les soumit à la même juridiction (1391). Mais les divisions intestines, mal apaisées par ces tentatives de fusion, ne cessèrent de fermenter comme un volcan, et conduisirent peu à peu le royaume à sa perte. Les terribles factions des Beaumont et des Gramont, sous les malheureux d'Albret, en furent la dernière éruption : le cratère engloutit le royaume et la dynastie.

A la place de sa triple enceinte du moyen âge, Pampelune n'offre plus aujourd'hui qu'une charmante ville, entourée de fortifications à la Vauban, flanquée d'une citadelle construite par le duc d'Albe, sous Ferdinand-le-Catholique ; puis refaite sur le plan de celle d'Anvers... La vaste place de la Constitution, autrefois destinée aux courses de taureaux, ne serait pas déplacée dans une ville de cent mille âmes. Elle est entourée d'arcades, disposition confortable s'il en fut, que les peuples du Midi ont le bon esprit d'opposer à leur soleil continuel... Tandis que nous n'opposons à notre climat pluvieux que le triste parapluie... Après cela, peuples du Nord, accusez ceux du Midi de ne pas connaître le confortable !

Sous ces péristyles, de beaux cafés suisses et français sont le rendez-vous de la population fashionable et désœuvrée : le soir, la place est abandonnée pour la promenade de la *Taconera*, Champs-Élysées des Pampelunais, ratissés, arrosés, éclairés comme un jardin royal. La *Taconera* joue, à l'exemple de tous les *Prado* d'Espagne, le rôle de bourse, de cercle et de salon ; c'est là que les sémillantes señoras montrent leurs regards assurés, leurs rires bruyants, leurs petits coups d'éventail provocateurs, toutes allures d'apparence fort libre, mais qui n'en cachent pas moins une conduite tout aussi réservée au fond que la dignité compassée des femmes du Nord. Après la fermeture des magasins et des bureaux, la population tout entière s'y porte; depuis les soldats de la garnison jusqu'aux prêtres fort peu occupés des nombreuses églises; on se promène, on se presse, on se coudoie bruyamment, sous les arbres touffus éclairés à la vénitienne... Que nos boulevards sont tristes, que notre bois de Boulogne est taciturne, auprès de cette expansion, de cette joie transparente de tout un peuple, qui se sent heureux de vivre et ose exprimer tout haut ce qu'il sent. Les Espagnols ont trouvé un excellent moyen de tenir ferme le bonheur si prompt à échapper aux autres : ils sont tous fiancés, ce qui les maintient en état de noce perpétuelle. Dès qu'une jeune fille a douze ans, elle se fait un petit *nubio*; dès qu'un jeune garçon en a quatorze, il se procure une *nubia*. Ces titres, que personne ne cache, que tout le monde connaît et approuve, ne constituent pas, comme en Allemagne, l'obligation absolue de s'épouser un jour... La chose passerait au tragique. C'est une façon de dire convenablement, à haute voix, et non en cachette, comme en France. « Nous nous aimons, respectez nos sentiments... » Cela n'empêche pas le moins du monde que les sentiments ne changent; mais les fiancés, à peine brouillés par consentement mutuel, s'empressent de se mettre en règle avec les convenances, en prenant un autre *nubia*, un autre *nubio* : l'amour n'y perd rien ; il n'y a que des noms propres de changés. Ce titre de fiancé, tellement grave chez nous, que des milliers de gens le fuient comme s'il donnait la peste, n'exige pas, en Espagne, de bien longues formalités pour être obtenu. Un militaire arrive dans une garnison, il se promène deux fois avec la même jeune personne, il devient son *nubio*. Un commis voyageur passe un mois dans une ville, il va dîner deux fois chez son correspondant, sa fille est sa *nubia*, jusqu'au moment où il jugera à propos de poursuivre son voyage. On comprend les conséquences de cet état de choses. Ces fiançailles, quelque légères qu'elles soient, constituent, devant l'opinion publique, des prérogatives importantes : les assiduités, très-honnêtes d'ailleurs, deviennent des devoirs que chacun respecte : baiser la main, offrir un bouquet, se donner rendez-vous à l'église, au Prado, parler haut, et dire sur ce ton tout ce que le cœur éprouve, ne sont pas des hardiesses, mais des droits... Malheur au rival mal élevé qui voudrait faire le larron, et ravir au *nubio* ses précieux avantages. La conscience publique flétrirait sa déloyauté.

Les mœurs perdent-elles quelque chose à ces intimités ? Loin de là. Nous croyons qu'elles y gagnent. La légitimité de ces fréquentations en écarte les audaces clandestines... Surveillés par les yeux de tout le monde, les amoureux ont d'eux-mêmes un respect qui devient rare dans les pays soupçonneux, où le mystère les constitue en état de conspiration permanente, et les porte à abuser aujourd'hui du tête-à-tête qu'ils ne sont pas sûrs de retrouver demain... Quand des liens qui ressemblent à des engagements sérieux sont formés en face du public, au contraire, les cœurs les plus changeants se sentent garantis contre leur propre mobilité. Beaucoup plus libres entre fiancés, on l'est beaucoup moins dans les relations étrangères; le véritable sentiment enfin reconnaît des obligations, il s'impose des règles, que notre réserve guindée, notre coquetterie dissimulée ne connaissent pas.

La galanterie espagnole admet aussi des politesses, des témoignages de confiance, qui nous sont inconnus. Au bal, votre danseuse ne vous appartient pas : le premier venu peut vous exprimer combien sa grâce et sa beauté font impression sur lui, et vous prier de la lui céder pour un tour de valse ou de polka; refuser, en ce cas, serait une grave inconvenance. La valseuse passe donc des bras d'un premier dans ceux d'un second, d'un troisième danseur, sans qu'il lui soit permis de laisser paraître sa contrariété.

La générosité espagnole est mise quelquefois à des épreuves que notre jeunesse dorée trouverait peut-être plus fâcheuses; vous possédez une bague, un bouton de chemise, une épingle : si quelqu'un se permet de faire l'éloge du diamant, de trouver le rubis de bon goût, l'ancien usage chevaleresque vous oblige à répondre « il vous convient, il est à vous; » et vous l'offrez au flatteur qui s'en empare.

Cette digression sur l'amour nous permet-elle de passer de ce sujet à l'église? pourquoi pas; une semblable transition n'a rien de choquant dans ce beau pays, qui inventa le roman ascétique et passionné.

A Pampelune, la cathédrale est, comme dans toutes les vieilles villes, la perle artistique, le monument magistral qui reçoit la vénération des habitants, et provoque l'admiration des étrangers. Celle-ci est plus qu'un édifice : elle forme l'établissement, le sanctuaire ecclésiastique le plus complet qui se puisse imaginer.

Les nefs sont belles, régulières, mais peu supérieures à celles des cathédrales d'Orléans et de Tours. Quant aux boiseries du chœur, elles sont simplement magnifiques, et comparables à celles d'Auch et d'Amiens. Le cloître, plus remarquable encore, est d'une harmonie ravissante. L'élégance de ses arcs ogivaux, les richesses de ses chapitaux, de ses sculptures, dépassent tout ce qu'on voit dans les monuments de ce genre.

Sur l'une des galeries s'ouvre la chapelle de l'évêque Barbazano. Le tombeau, fort simple, du fondateur, en occupe le centre... C'était un esprit assez original que l'évêque Barbazano. Il savait unir une piété suffisante à cette verve satirique si chère à nos ancêtres. Nous regrettons que le sculpteur n'ait pas tracé sur son visage les lignes Dantesques ou Pyrrhoniennes de ce caractère singulier. Un trait de mœurs le fera connaître. Avant de mourir, en 1346, il établit la confrérie du Saint-Sacrement, et déclara dans ses statuts : *Que tout confrère qui mangerait des perdrix le jour de la réunion de la congrégation, serait inexorablement excommunié.* Quel pouvait être le motif de sa rigueur? Voulait-il combattre chez les chanoines l'amour de la chasse? voulait-il donner une leçon d'abstinence? Professait-il une aversion incurable contre un oiseau que les bestiaires du moyen âge représentaient comme le démon du larcin? L'Académie n'a pas encore traité cette question.

Dans un angle du cloître se trouve la salle précieuse, espèce de chambre des Etats, où tous les événements dynastiques et nationaux venaient s'accomplir, comme les questions ecclésiastiques et diocésaines se traitaient dans la salle du consistoire.

Nous ne pouvons plus visiter aujourd'hui l'intérieur de ce lieu, témoin des épisodes les plus célèbres de l'histoire du royaume de Navarre. Les proclamations des rois, les abdications, les traités de paix et de guerre, les échanges de serments entre les Cortès et les monarques, n'ont pas laissé la moindre trace gravée sur les murailles; on n'y voit plus qu'une porte richement sculptée et couverte d'or. Voilà le seuil que tous les rois durent passer au jour solennel de leur prestation de serment, et dans les occasions importantes qui les ramenaient au milieu des vigilants députés navarrais. Conduits de la salle précieuse dans la cathédrale, ils étaient élevés sur le pavois, portés sur les épaules des premiers gentilshommes, et promenés dans les nefs, aux cris de : *Real! real!...* Ceci est un appendice de notre histoire; car Thibaut de Champagne (1234), Thibaut II, son fils aîné (1254), Henri I*er*, son second fils (1271), remplirent ces formalités, avant de prendre la couronne. Philippe d'Evreux et Jeanne de France, Jean d'Albret et Catherine subirent également le despotisme des États de Navarre. Reçus dans la cathédrale par la noblesse et le clergé, ils prirent, entre les mains du prieur de Roncevaux, un engagement qui mettait la royauté à la merci d'une constitution soupçonneuse. Chaque membre des Cortès jura, en retour, d'être fidèle aux deux monarques; mais, par une étrange réserve, source féconde de parjures et de révoltes, tous se déclaraient déliés du serment de fidélité, si la reine ou le roi violaient et négligeaient une seule de leurs promesses. Les Etats constitutionnels ont eu leur despotisme collectif, tout aussi bien que les rois absolus leur tyrannie égoïste.

La salle précieuse a été cruellement punie de la hardiesse des fiers hidalgos : c'est la seule partie du vaste établissement ecclésiastique et national qui ait été dévastée, mutilée. Elle n'est aujourd'hui qu'une espèce de hangard, encombré de matériaux, couvert d'araignées et de poussière. Son rôle historique expira à la chute de la dynastie navarraise, sous Ferdinand-le-Catholique, et les rois de Castille, bien loin de veiller à la conservation de ce sanctuaire de l'indépendance de la Navarre, ont cherché à effacer jusqu'aux souvenirs qu'il réveillait dans les cœurs.

Assis au milieu des richesses de la cathédrale et du cloître, je me suis demandé si l'on avait apprécié jusqu'ici, à sa juste valeur, l'influence que l'architecture exerça sur l'organisation du sacerdoce catholique ?

Les philosophes se sont étonnés de la persistance avec laquelle le célibat, cette révolte énergique contre la nature physique, est parvenu à se maintenir dans le clergé, à travers les révolutions les plus profondes. Cet étonnement s'est manifesté sous toutes les formes : indignations et diatribes, satyres et plaisanteries, rien n'a fait défaut à la grande armée du raisonnement. Mais dans cette immensité de volumes et de pamphlets, on n'a pas épuisé la série des explications ?

On peut, sans doute, se rendre compte de la facilité avec laquelle ce genre d'abstinence fut établie à l'origine de l'Église. Il suffit de se rappeler les sacrifices des cénobites, des anachorètes, dont les longs martyres volontaires confondent notre raison ; depuis ceux de saint Jérôme jusqu'à ceux de sainte Thérèse et de saint Bernard. Ces sublimes exagérations s'expliquent par l'ardeur d'une foi animée du souffle de son premier enthousiasme.

Dans la suite, la guerre au célibat a plus d'une fois éclaté avec violence. Les Vaudois au douzième siècle, les protestants au seizième, parvinrent à renverser cette institution sur quelques points de l'Europe. Pourquoi le clergé se montra-t-il plus fidèle en France, en Italie, en Espagne ? Pourquoi le célibat s'est-il maintenu dans les contrées où l'imagination est la plus vive, où les passions se montrent les plus ardentes, pourquoi a-t-il été supprimé chez les peuples dont le calme moral, les influences climatériques plus tempérées, auraient dû favoriser sa conservation ?... Nous sommes persuadés que le culte des beaux arts n'est pas resté étranger à cet étonnant résultat.

Au nom de quoi les rénovateurs et les philosophes du moyen âge cherchaient-ils à ébranler l'organisation sacerdotale ? Au nom de la liberté individuelle, au nom des sentiments naturels de la famille et de la paternité.

Comment le clergé orthodoxe trouva-t-il le moyen de satisfaire au besoin moral qu'on voulait réveiller en lui, en adoptant pour femme la cathédrale et le cloître, en se faisant une famille de ces productions d'architecture et de sculpture, de peinture et d'orfèvrerie, que chaque membre concourait à entasser dans ces immensités monumentales.

On a beau vouloir élever la pensée dans les hauteurs immatérielles, aucune organisation ne peut éviter de se formuler dans des signes visibles. Le signe visible de la communauté ecclésiastique, fut la cathédrale ; le dogme, le culte, la hiérarchie tout entière se retrouvent encore écrits en pierre dans les détails des temples qui sont restés debout.

L'amour paternel, l'impérieux désir de création, de protection et de perpétuité que Dieu a mis en nous, s'épanchèrent dans le travail artistique. Chaque stalle des chœurs, chaque verrière des fenêtres, chaque chapiteau des colonnes, chaque bas-relief, chaque fragment de ces créations séculaires, absorbèrent successivement les passions humaines de la grande communauté. Chaque objet de pierre, de métal ou de bois, issu de l'hymen moral du prêtre avec le monument, reçut les derniers regards d'un ecclésiastique, artiste ou bienfaiteur. N'oublions jamais que le plus grand génie de l'art moderne, Michel-Ange, la plus haute expression de la science, Newton, trouvèrent une sorte de virginité dans le culte du beau et du vrai. Pourquoi le prêtre, apôtre des vérités spirituelles, serait-il resté au dessous des maîtres de la forme et des nombres.

Que l'on juge de l'esprit de corps, de la force morale que ces sculpteurs, ces architectes sacrés, puisaient devant la statue, devant la chapelle, devant le rétable, dans lesquels ils avaient déposé toute la partie humaine de leur âme. Ces fils de leur pensée, ces enfants immortels de marbre et d'or, tout inspirés d'un souffle de Dieu, n'étaient-ils pas capables de leur faire oublier ces fils mortels et fragiles, souvent ingrats et toujours imparfaits, que les liens naturels donnent aux autres hommes.

Ne nous faisons pas illusion cependant ; à côté de la règle spiritualiste, reconnaissons des exceptions fort terrestres... L'existence canonicale n'était pas toujours celle de cénobites ; le soin du corps trouvait sa place à côté du culte de l'âme. Ces exceptions nous font passer de l'art sacré, des scènes du Nouvel et de l'Ancien-Testament, de l'extase des saints, des assomptions célestes, à des parties du monument qui ne parlent nullement du ciel. Le réfectoire et les cuisines ne sont pas des dépendances sans intérêt dans le cloître de Pampelune.

Le premier est plus qu'une salle à manger ; c'est une vaste nef, voûtée en ogive, avec nervures, piliers, verrières et rosaces ; un véritable temple de la gastronomie, long de 36 mètres et large, de 14 ; les chapiteaux et les bas-reliefs, au lieu de sujets religieux représentent des scènes de chasses, avec piqueurs, sangliers, lions, grandes dames en haquenée... La chaire du lecteur est une merveille de boiserie ; elle est surmontée d'une pyramide découpée à jour, comme une dentelle de Malines. On dirait la flèche de Strasbourg réduite à trois mètres de hauteur... Les cuisines sont dignes de la salle à manger... La pièce principale est un large dôme, que la fumée des fournaux a rendu, à l'intérieur, plus noir qu'un puits des houillères de Mons. La cheminée centrale forme un élégant clocheton ; les tuyaux montent dans quatre pyramides. Cet appareil aérien est d'une légèreté gothique dont la sainte chapelle de saint Louis ne rougirait pas.

Tel est l'installation culinaire où les rois venaient festoyer avec les seigneurs de la Cour et les dignitaires ecclésiastiques. Moret, Garibay, et tous les historiens de Navarre, ont le soin de nous dire que les monarques logeaient à l'évêché, lorsqu'ils visitaient leur capitale. Il est donc probable que ce fut dans ce réfectoire qu'eut lieu le festin Pantagruélique offert à Jean d'Albret et à Catherine, après leur couronnement, en 1494.

Comme on devait manger, grand Dieu ! dans un local établi sur de si vastes proportions ! à une époque où les exercices du corps et les appétits de la bouche tenaient une si grande place dans l'existence. En parcourant ces locaux, maintenant abandonnés, je croyais entendre un cliquetis bruyant de couteaux et de fourchettes de fer, de plats d'argent et d'assiettes d'étain, de couverts d'or et de timbales de cuivre ; un piétinement de varlets courant autour des tables, un grognement de chiens se disputant des os sous les jambes des convives, un bruit strident de conversations et de toasts... Je sentais une odeur étouffante et grasse de mets épicés, de rôtis gigantesques, de vins ruisselant sur les nappes et retombant sur les dalles ; absolument comme on croit entendre un bruit de canon, de mousquetterie, et de tambours, à la vue d'un champ de bataille célèbre.

Ce n'était pas la seule disposition confortable prise par les opulents chanoines navarrais ; la salle capitulaire est surmontée d'une gracieuse galerie aérienne, aussi haute que le faîte de l'église. Là, les penseurs pouvaient aller rêver sous la brise du soir, les gastronomes contempler les vignes, les vergers, les récoltes abondantes que Dieu départit à la fertile Navarre.

Aux pieds des remparts, l'Arga roule ses eaux calmes et bourbeuses dans son lit pierreux et blanchâtre, ombragé par quelques peupliers, dont la couleur verte rompt assez agréablement la grisaille terne des plaines desséchées. Les couvents de Sainte-Claire et de Saint-Engrasse, où Jean d'Albret s'était établi en 1512, pour diriger le siége de Pampelune, paraissent sur l'autre bord de la rivière. Plus au sud, Billalba, Bureta, Quatro-Ventos, Varios-Planos et Carrassa forment, au pied du mont historique de Riniega, une ligne de villages dépourvus d'animation et de fraîcheur, mais non de souvenirs chers aux belliqueuses populations des montagnes. Pendant la guerre de Zumalacaréguy, ces bourgs marquèrent la limite des deux partis qui se disputaient la Navarre; les Carlistes échangèrent bien souvent avec les Christinos des balles meurtrières sous leurs murailles percées par les boulets.

Ces premiers gradins des Pyrénées renferment une série de postes avancés plus dignes de la capitale ecclésiastique du diocèse. L'ermitage de Saint-Firmin de Aldapa s'élève sous les fenêtres du vieux palais royal; plus loin se montrent ceux de Notre-Dame de la O, de Sainte-Anne, de Saint-Martin, de Saint-Michel, enfin celui de la Trinidad, près de Carassa, audacieusement perché sur des rochers inabordables, où l'on ne croirait trouver que des nids d'aigles et de vautours.

Dans toute capitale de royaume, l'étranger cherche naturellement le palais des rois... A cet endroit, une grande déception nous était réservée à Pampelune : l'ancien palais royal, simple château-fort des premiers siècles, ne fut jamais habité par les monarques navarrais; il n'est d'ailleurs, depuis bien longtemps, qu'un pêle-mêle de bâtiments informes. Mutilé à plusieurs reprises par le génie militaire qui l'a transformé en caserne, il n'offre d'autre objet intéressant qu'un écu de dimension énorme, timbré des armes d'Espagne, telle, que l'empereur Charles-Quint les adopta en 1516. Cette curiosité héraldique résume fort exactement l'histoire des *annexions* successives opérées par la monarchie castillane. On y voit les tours de Castille, le lion de Léon, les pals d'Aragon et de Catalogne, les chaînes de Navarre, les grenades de Grenade, les fleurs de lys de France, les aigles impériales, le tout entouré du collier de la Toison d'or.

Mais le vieux château n'est, pour les habitants de Pampelune, qu'une masure sans intérêt. Le véritable palais national, c'est celui de *la députation provinciale*. C'est là qu'habitent encore, recueillis et entretenus avec un respect religieux, tous les souvenirs, toutes les reliques visibles de l'antique indépendance navarraise. Malheureusement, ces nobles débris, bannières et coins de monnaie, chartres et titres royaux, comptabilité et lois des Cortès, se trouvent logés dans une vaste construction toute moderne, du style du Ministère des Finances de Paris. Son origine, ses formes toutes récentes, loin de réveiller la pensée de l'ancienne Navarre, semblent faire tous leurs efforts pour l'effacer. A l'intérieur, cependant, la destination des galeries, les richesses qu'elles renferment, remettent l'âme en présence des mystères du passé.

Le premier objet qui frappe l'attention dans la salle des Archives de la Couronne, c'est le livre des anciens fueros, édition primitive, authentique, écrite sur parchemin. Le fuero n'est que le premier volume de cette immense bibliothèque nationale. Deux cents tiroirs énormes garnissent les parois de la vaste salle, et renferment, année par année, tous les titres sur lesquels les rois de Navarre apposèrent leur signature depuis l'an 842 jusqu'en 1623, époque de la réunion du royaume à la Castille. De nombreux casiers font face aux tiroirs, et contiennent les livres de comptabilité, où ces mêmes rois furent tenus d'inscrire, jour par jour, de l'an 1270 en 1623, chaque article de leur dépense, depuis l'achat d'un manteau jusqu'au renouvellement d'un cheval de bataille. Les pièces et les factures des fournisseurs, faute desquelles les comptes n'auraient pas été reçus au contrôle des États, sont encore attachées à chaque page des registres.

Si le régime constitutionnel, poussé à ses dernières limites, était destiné à sauver les dynasties, celles de Navarre et d'Aragon auraient été impérissables. Après des milliers de chartes et de fueros, de discours et de constitutions, ces deux États n'en ont pas moins perdu leur indépendance pour faire place au pouvoir absolu des rois de Castille.

A côté des archives royales s'ouvre la salle des Archives des Etats. Le livre du fuero faisait sentinelle sur la porte de la première ; les trois urnes à scrutin, vases d'argent en forme de gourdes, élégamment sculptés, dorment près de la seconde. Les boules de marbre noir et blanc, champions muets des longues luttes politiques et législatives, reposent encore au fond de ces tabernacles sans dieux.

A ces souvenirs de puissance déchue succèdent quelques bannières qui retracent les étapes plus récentes de l'histoire de Navarre. Celle qui servit au couronnement des rois champenois et français, est en étoffe rose, et porte les armes de Sanche-le-Fort aux chaînes d'or entrelacées ; celle des *volontarios de Navarra*, organisés contre la France, en 1794, est en grossière toile cirée, et porte au centre l'écusson Navarrais gardé par deux montagnards, en costume pastoral de laine grise ; celle de la députation provinciale de 1836 présente au centre les armes de Castille, entourées de celles de Navarre, répétées aux quatre coins ; mais la bannière qu'Isabelle II faisait flotter sur l'hôtel du comte de Guandulain, pendant son séjour à Pampelune, en 1845, renverse ces dispositions héraldiques ; les chaînes entrelacées de Sanche-le-Fort, emprisonnées au centre, sont gardées par les tours de Castille placées en sentinelle aux quatre angles. L'allégorie est assez transparente et dit fort clairement que la Navarre, serrée de tous côtés par la Castille, ne peut vivre, désormais, que sous l'égide du gouvernement de Madrid?

Ces traces des derniers événements s'éclipsent devant quelques tronçons de fer rouillé, suspendus contre la muraille. Imitons les Navarrais qui se découvrent en présence de ce trophée du treizième siècle. Ce sont les fameuses chaînes rompues à la bataille de Tolosa par Sanche-le-Fort.

Toute ancienne ville, un peu importante, possède ainsi quelque relique précieuse qui forme le point culminant de sa gloire. A Florence, vous touchez, à tout instant, aux statues, aux tombeaux, aux œuvres de Michel-Ange. A Rouen, vous ne voyez que bustes et maisons de Corneille. A Nancy, tout vous parle de Stanislas. A Aix, en Provence, vous êtes inondé d'inscriptions et de tableaux du roi René. A Pampelune, les chaînes de Miramamolin vous atteignent sur tous les points. Ce n'est pas assez de les retrouver dans deux monuments; elles ont pris possession de l'écu national.

Courageux antiquaire et classificateur infatigable, M. Jose Yandias a donné à ce musée historique une vie régulière que plus d'un grand royaume pourrait envier pour ses archives. Placé depuis de longues années à la tête de ce dépôt précieux, il en a exécuté le transport et le classement avec une méthode qui lui permet d'en indiquer, date par date, les inépuisables richesses.

Après avoir visité les monuments de pierres, de

parchemins et de fer, quel souvenir vivant nous parle encore de cette nationalité cantabre ? La députation provinciale.....

Sept députés, nommés par les sept cercles ou *mérindades*, résident à Pampelune, et se réunissent, tous les jours, dans le palais de la *députation*, sous la présidence du préfet royal. Finances, justice, travaux publics, tout est souverainement dirigé par ces septemvirs tout puissants, dont la reine d'Espagne n'a que le protectorat. Les impôts, très-insignifiants d'ailleurs, que la députation vote et fait percevoir chaque année, servent exclusivement à l'entretien des routes et des monuments, au paiement des gardes civils et des fonctionnaires de la province. Quant aux troupes qui tiennent garnison au pied des Pyrénées, pour la sécurité des frontières, elles restent à la charge du Trésor royal.

Ainsi, la Navarre prend la situation d'un royaume allié plutôt que celle d'un État vaincu et conquis : elle garde ses lois, ses magistrats, son gouvernement particulier ; elle garde surtout son argent... Sous le bénéfice de semblables réserves, elle consent à recevoir une garnison espagnole, et à célébrer la fête d'Isabelle II.

Ne quittons pas la capitale de la Navarre sans jeter les yeux sur l'église Saint-Ignace, située près du palais de la députation. Voilà le lieu où le fondateur de l'Institut des Jésuites fut blessé par un éclat de boulet, pendant le siége de Pampelune, sous François Ier ! Que de conséquences dans cette blessure d'un soldat fort obscur jusqu'alors ! Que d'exaltation dans les insomnies du malade ! Quelles puissantes inspirations durant ses cauchemars !... On ne se douterait guère de tout cela, en lisant l'inscription gravée sur la porte de l'oratoire, et qui a l'étrange mérite de ne rien dire de ce qu'elle devrait exprimer : elle se borne à faire de l'allégorie pastorale à l'occasion d'un homme qui n'était guère pastoral.

II

Noain. — Tafalla. — Les vendanges. — Un jardin royal au moyen âge. — Olite. — Le désert des Bardeñas. — Irrigations arabes. — Tudela et son pont. — La cité lugubre. — Guerre aux arbres. — Le chanoine Pignatelli. — La cathédrale. — Le boticario Velasquino.

La diligence nous emporte vers le sud, à travers une vallée sans arbres et sans eau, mais, en revanche, inondée de poussière, et balayée par un vent tempétueux. Voici une croix funéraire sur l'acottement de la route ; elle ne rappelle pas un assassinat. Ce fut là, à deux kilomètres de Pampelune, que le colonel de gendarmerie Mendiry, basque-français, fusilla quarante guérillas en 1842. Le général Mina, usant de représailles, pendit dix-huit officiers français aux arbres les plus voisins.

De nos jours encore, les habitants de Pampelune intimident les petits enfants paresseux en les menaçant d'aller chercher *Mendiry*, comme les Gascons effrayent les leurs en parlant de Barbazan. Ils se rendent processionnellement à la croix, à chaque anniversaire de cette exécution sanglante ; mais personne ne va prier devant les ormeaux qui servirent de gibet aux officiers français.

Un peu plus loin, sur la colline de gauche, des ruines imposantes vous rappellent cette place forte de *Tièbes*, ancien boulevard de la Navarre, du côté de l'Ebre ; les premiers rois y faisaient fréquemment leur séjour, et son histoire est liée à tous les grands événements de la Navarre. Le village de *Noain*, situé non loin de là, conserve un souvenir plus triste encore. Le malheureux Louis d'Albret, attaqué, contre tous les principes de justice, par les troupes de Ferdinand-le-Catholique, y perdit la bataille qui devait décider du sort de son royaume, et le réunir à la Castille... La dynastie vint donc tomber, blessée à mort, aux pieds du château-fort qui avait été son berceau. Aussi le premier soin du duc d'Albe fut-il de démanteler la forteresse, qui restait fièrement campée sur son rocher, comme la statue féodale de la royauté navarraise... Malgré cette destruction, on est encore frappé de la majesté de ses vastes débris. Quant à Noain, la défaite de Louis d'Albret n'était pas le dernier combat dont il devait être le théâtre. Cristinos et Carlistes échangèrent bien des coups de fusil derrière ses maisons. Ce fut sur le pont de ce village, enfin, que le général O'Donnel, un des plus fermes auxiliaires de Zumalacareguy perdit la vie ; un nègre l'assassina d'un coup de lame d'Albacète.

Voyez-vous, dans cette *posada* enfumée et toute en deuil, cette femme de cinquante ans, aux cheveux noirs, au maintien résolu, au regard de reine, de reine mérovingienne ou visigothe, bien entendu. Il y a vingt-cinq ans, elle était la maîtresse de Zumalacareguy. L'audacieux général vint souvent se reposer dans cette pauvre auberge de ses fatigues et de ses pénibles victoires... Les Cristinos découvrirent sa retraite ; ils envoyèrent leur plus habile agent de police rendre visite à l'aubergiste et sonder son dévouement ; elle devina leur projet : on voulait assurément lui offrir une somme considérable, afin qu'elle livrât le redoutable général... Elle résolut de prévenir la tentative.

— Señor, dit-elle à l'émissaire, quelle est la valeur de votre tête ?

L'alguazil s'étonne, et demande le motif de cette question.

— Je voudrais savoir combien elle vaut, afin de vous demander combien vous en voulez.

L'alguazil croit à une mystification, et répond, en tournant le dos, que sa tête lui est trop précieuse, et qu'elle n'est pas à vendre.

— La tienne n'est pas à vendre, lui répond l'hôtesse, et tu as osé croire que celle de Zumalacareguy était à acheter !...

Ce fier langage renversait tout espoir de trahison. L'émissaire revint à Pampelune, honteux comme un renard qu'une poule *avait* pris.

Tafalla, assez jolie petite ville, est assise dans une plaine immense, au débouché des montagnes, et dans la partie la plus fertile de l'ancien royaume. Son territoire est la Touraine de la Navarre, comme la cité en fut le Versailles politique... *Tafalla jardin de Navarra*, dit le proverbe. Quand nous parlons de Touraine et de jardin, il faut tenir compte des latitudes, faire abstraction d'arbres et de verdure... Mais les vignes y sont magnifiques et fort étendues, les oliviers assez beaux, les fruits de toutes sortes aussi abondants que les céréales.

La ville est comme une grande ferme placée au milieu d'un verger... Tous les habitants sont vignerons, jardiniers ou laboureurs. Le carillon de l'église donne le signal des travaux. A l'*Angelus* du matin, on se rend aux champs, et les quartiers sont déserts. A l'*Angelus* du soir, vous ne voyez que mules et charrues ; les chariots portant la récolte rentrent sous les hangards, les pressoirs installés dans la rue versent à plein bord le jus du raisin et de l'olive. Quand les produits sont engrangés ou mis en cuve, la guitare et le violon jouent un fandango ; filles et garçons se mettent à danser sur la place du marché, ou devant les porches, ce qui n'offusque pas plus les prêtres que les saints : on dirait les heureux pêcheurs de Naples après une pêche inespérée. Seulement, *nubios* et *nubias*, au lieu d'avoir les pieds mouillés par l'eau de la mer, les ont encore tout rougis par les raisins récemment écrasés.

Ce fut dans cette ville fortunée que les rois de Navarre placèrent leur palais de plaisance : Charles-le-Noble l'agrandit considérablement en 1416. Ce monarque artiste, un véritable Médicis navarrais, aimait à se distraire en toute sécurité : il entoura le parc, un quadrilatère aussi grand que la place du Carrousel, d'une enceinte de remparts flanqués de solides tours de défense : on dirait celles d'Aiguesmortes ou d'Avignon. Ces jardins, type fort rare de ceux du moyen âge, reçurent tous les embellissements qui pouvaient flatter les lecteurs d'*Amadis de Gaule* et du *Roman de la Rose* ; les eaux d'une source peu éloignée, conduites par des aqueducs, arrivaient dans une belle construction carrée, qui servait de salle de réception et de conférence. Les eaux se permettaient mille caprices, à travers les clochetons et les pinacles. Plus loin une enceinte de six arcades, couronnées de pyramides, formait un grand salon d'été, garni de siéges de pierre et sans toiture. Un large portique ouvre sur la campagne, et permet de considérer les vergers et les moissons.

Ces curieux jardins nous font donc assister aux efforts de la civilisation nouvelle, essayant de briser l'enveloppe des fortifications étroites et sombres, que les troubles du treizième et du quatorzième siècles imposaient à nos ancêtres... Tafalla est une véritable transition entre le castel féodal et le palais de la renaissance. La grande salle découverte, par exemple, fut assurément le prélude des enceintes à colonnes grecques et romaines que l'on admire encore à Versailles et au parc Monceaux.

On prétend que Charles-le-Noble ne bornait pas ses projets de construction à cette œuvre grandiose. Les Navarrais l'accusent d'avoir voulu joindre le palais de Tafalla à celui d'Olite, par un péristyle à colonnes, semblable à celui qui fait le tour de la place Saint-Pierre à Rome. Cependant, nous doutons que Louis XIV lui-même eût été capable d'exécuter une entreprise aussi dispendieuse que celle qui tendrait à réunir les Tuileries au château de Saint-Cloud. Nous reléguerons donc cette opinion au rang des rêves d'une imagination exaltée par l'excessive prospérité du seizième siècle, rêves qui ont enfanté le proverbe : *Bâtir des châteaux en Espagne.*

Olite n'a pas besoin d'avoir recours à des contes féeriques, pour jeter de l'intérêt sur son palais.

Si Tafalla fut le Versailles des rois de Navarre,

Olite, situé à 7 kilomètres au sud, en fut le Pierrefonds et le Vincennes... Fondée par le roi visigoth Suintilla, elle est aussi une de ces cités déchues qui, après avoir perdu leur population, laissent tomber les remparts et les monuments, se montrent fières de leur titre de *ville*, et se drapent noblement dans leurs murailles en ruines, sous les créneaux d'un palais royal abandonné.

Construit également par Charles-le-Noble, ce palais-forteresse fut destiné à loger somptueusement et à protéger en cas d'attaque les rois de Navarre que la faction des Beaumont avait fait éloigner de Pampelune ; il ne faut donc pas être surpris si son architecture militaire rappelle le palais des Papes d'Avignon. Cet édifice peut être considéré comme le modèle des châteaux-forts du quinzième siècle : rien de majestueux, de menaçant comme ce dernier effort de l'architecture gothique, s'élevant à sa plus grande beauté, avant de périr.

La poudre à canon allait rendre, en effet, toutes ces élégances inutiles ; elle devait les condamner à disparaître du sol de cette Europe qu'elles avaient si longtemps embelli.

Dès le quatorzième siècle, Pampelune avait cessé d'être la capitale officielle de la Navarre : Olite et Tafalla l'avaient remplacée. Les rois fuyaient la grande ville séditieuse, constamment agitée par les *vandos* des Gramont et des Beaumont, comme plus tard les Bourbons délaissèrent Paris, trop disposé à refaire la *journée des barricades* ; mais, en cherchant le calme dans de magnifiques palais isolés, les rois oublièrent qu'ils ne se trouvaient plus à la tête de leurs peuples : ce schisme fut incontestablement la première cause des révolutions qui perdirent la Navarre d'abord, et deux siècles plus tard, le vieux trône de France.

C'était en vain que les monarques espéraient se soustraire aux factions en abandonnant Pampelune ! Les conspirations et les meurtres les suivirent à Olite et à Tafalla ; les Cortès, réunis dans ces deux villes, devinrent une arène sanglante ouverte aux violences des partis ; des évêques périrent assassinés par des chevaliers. Ce fut entre ces deux villes, enfin, que se dénoua la guerre allumée entre Carlos et son père Jean d'Aragon, bataille parricide, qui ensanglanta cette plaine funeste, sans autre résultat que de donner à la Navarre une ridicule imitation de la Pharsale (1455).

Les riches territoires de Tafalla et d'Olite sont séparés de la province d'Aragon à l'est, et de l'Èbre au sud, par les horribles solitudes des *Bardeñas*. On aurait de la peine à se faire une idée de la laideur monotone de ces plaines stériles. On dirait que l'Espagne, dans sa manie de tout emprunter aux Arabes, leur a dérobé un coin des déserts de l'Atlas... Que l'on se figure les landes de Bordeaux, dépouillées d'arbres par un vaste incendie, et ne montrant plus que des herbes brûlées, de la terre calcinée par les flammes. Les coteaux sont des monceaux de cendres, ravinés par la pluie ; ils n'ont pas même quelques aspérités de roc, pour les retenir et leur servir de charpente. La Thébaïde devait être un séjour privilégié auprès de celui des Bardeñas. Le peintre réaliste qui voudra se donner le plaisir de reproduire ce passage, n'aura pas besoin de quitter son atelier ; qu'il délaye de la poussière ou de la cendre dans un baquet, qu'il y trempe un balai, qu'il lave la toile : il aura une vue des Bardeñas du coloris le plus exact... Caporosso, bourg hideux, placé sur les limites de ce désert horrible, est le type de la détresse, de l'incurie et du laid; croirait-on que la junte locale, toute fière de l'église renaissance qu'elle s'est donnée, il y a cent ans, a fait abattre la toiture et les voûtes d'une assez belle église gothique, très-fièrement plantée sur la montagne, pour transformer l'intérieur des nefs en cimetière?...

Malgré l'horreur de ces plateaux brûlés, les moines, ces grands défricheurs du sol, essayèrent, à la fin du moyen âge, d'y fonder un établissement; ils parvinrent à créer des champs, quelques vignes et de grandes bergeries. Ce centre agricole attira des ouvriers, qui construisirent des maisons, des cabanes : malheureusement, le bourg naissant, éloigné de toute surveillance, devint le refuge de plus d'un homme suspect; au maraudage succéda le vol à main armée, le meurtre compléta le brigandage.

Le gouverneur de Navarre résolut d'arrêter le cours de ces méfaits. Le profond administrateur mit en pratique un système dont l'invention lui fait honneur. Il envahit les Bardeñas à la tête d'un bataillon, détruisit de fond en comble cabanes, maisons, et rétablit le désert dans la plénitude de ses droits... Durent-ils être penauds, les voleurs, lorsqu'ils ne retrouvèrent plus rien à piller, personne à tuer. Voilà, certes, un gouverneur qui s'était trompé en naissant en Europe; il aurait dû exercer ses talents dans la Syrie ou l'Asie mineure : son ombre doit être satisfaite du résultat de ce coup de main. Nul homme, depuis lors, n'a essayé de troubler la solitude des Bardeñas par la construction de sa demeure, afin de ne pas s'exposer à recevoir la visite d'un autre gouverneur. On n'y voit que des troupeaux de moutons de passage, avec leurs bergers à moitié sauvages, et leurs chiens qui le sont tout à fait. En montant la côte de Nuestra-Señora de Yugo, notre conducteur et le postillon étaient descendus. Deux chiens les avisent et courent sur eux, avec une si belle envie de mordre, que nos hommes, loin de faire résistance, prennent la course, épouvantés, et se réfugient sur la diligence.

On a le droit de se demander où sont les rivières en Espagne, et ce que deviennent les neiges qui tombent sur les Pyrénées... A la place des nombreux et limpides torrents qui descendent avec tant de bruit des Pyrénées françaises, vous ne voyez, sur le versant espagnol, que de maigres et rares filets d'eau blanchâtre appelés *l'Arga*, *l'Irati*, *le Salazar*, *l'Aragon*, *la Ségre*. Après Caporoso, vous traversez une vallée de deux kilomètres de largeur. Elle avait droit à un cours d'eau. La nature ne lui accorde qu'un filet, digne d'une borne-fontaine. Aussi, de quoi se compose le sol? D'une couche de sable et de gravier. Pas un brin d'herbe ne s'aventure dans cette désolation. Le regard, stupéfait, suit cette image de stérilité aussi loin qu'il peut s'étendre.

Au bout de cette plaine, à dix ou douze kilomètres, coule l'Ebre aux bords sans arbres. Sur la berge, se lève la ville d'*Alfaro*, et un peu au nord, celle de *Milagro*; leurs silhouettes pittoresques ne sont pas sans effet. En descendant la vaste plaine, vers *Tudéla*, on laisse à gauche une ligne de coteaux pelés, brûlés, *pouilleux*... Il ne les connaissait pas, celui qui appliqua très-injustement cet adjectif aux collines de la Champagne... A droite s'étendent des landes également inhabitées. Toutefois, la nature, un peu moins rigoureuse à leur égard, leur fait aumône d'un peu d'herbe; c'est là que vivent, à l'état sauvage, les taureaux navarrais à l'usage des courses. Le riche propriétaire de cette plaine se garderait bien de la défricher et d'y conduire un filet de l'Ebre ; il se priverait de l'honneur de produire des animaux furieux, honneur tout aussi prisé là-bas que celui d'élever les chevaux de courses chez nous ; mais, si nous voulons qu'on respecte nos manies, montrons-nous indulgents envers celles des autres.

La malédiction jetée sur ce pays est si grande, qu'il ne produit pas même de la pierre... Les maisons sont bâties en terre cuite ou en terre crue. Cette pénurie de matériaux a cependant son intérêt : elle inspira des procédés ingénieux aux anciens habitants, et aux Arabes, possesseurs de cette contrée depuis l'an 721, jusqu'en 1115... Aussi habiles maçons que profonds agriculteurs, ils suppléèrent à l'absence de carrières et à la difficulté de faire cuire de la brique dans un pays privé de bois, par des constructions en pisé d'une grande hardiesse. Près de *Valtierra*, une tour fort haute offre un spécimen curieux de ces véritables tours de force. Plus loin, le bourg de *Murillo* a, pour remparts, de simples escarpes en terrassement, semblables aux campements du moyen âge.

Les Arabes dotèrent cette vallée d'ouvrages plus utiles : un canal d'irrigation, qui prend les eaux de l'Ebre du côté d'*Alfaro*, traverse justement les bruyères des taureaux sauvages, où il reste sans emploi, et se dirige vers la belle huerta de Tudéla ; et comme si vous pouviez douter que les enfants de Mahomet en soient les auteurs, les Espagnols ont conservé, aux bâtiments des écluses ou bureaux de distribution des eaux, la forme primitive de petits marabouts. Ce sont des bâtiments carrés, de trois ou quatre mètres de hauteur, recouverts d'une coupole amortie en doucine comme ceux des *douars* algériens de Decamps ; des bergeries, de simples granges sont faites sur le même plan.

Ce souvenir de l'industrie orientate fait du bien ; vous donnez des regrets à ces étrangers qui avaient répandu, organisé la fertilité dans cette plaine de l'Ebre, revenue, depuis longtemps, à l'état inculte. Bientôt Tudéla paraît à l'horizon avec ses clochers de brique rouge, ornés de carreaux vernis de différents dessins et miroitant au soleil : vous entrez dans la huerta que le canal arrose. Les oliviers superbes, les maïs et les blés, les légumes et les arbres à fruits forment, avec les solitudes qui l'entourent, le contraste d'un oasis dans un désert.

Le territoire de Tudéla fut le premier que les Chrétiens enlevèrent aux Arabes, et cependant l'influence de leur industrie agricole n'a cessé de s'y faire sentir... Il est vrai qu'on a généralement, sur les relations des deux peuples qui se disputèrent si longtemps la possession de l'Espagne, des opinions fort erronées. On se figure que toute victoire des Musulmans entraînait la destruction ou l'esclavage des Chrétiens, et que réciproquement la victoire des Chrétiens amenait l'expulsion complète des Ismaélites... Pures suppositions que l'histoire renverse complétement. Durant la lutte ouverte, acharnée, alors que les deux races faisaient une question d'existence nationale de toutes les opérations de cette guerre héroïque, on luttait de générosité et non de rage ; Musulmans et Chrétiens, enfants de la même école chevaleresque, fondée peut-être par les Orientaux, ne cherchaient pas à s'exterminer, mais à se surpasser en grandeur d'âme.

Les Arabes, vaincus sur un point, loin d'être égorgés ou expulsés par leurs vainqueurs, conservaient tous leurs biens; ils continuèrent, pendant plusieurs siècles, à exercer sous le gouvernement des Espagnols la merveilleuse activité qu'ils avaient développée sous l'autorité des Kalifes... Voici des faits... En 1115, Alonzo-le-Batailleur leur enlève Tudéla, mais les Arabes ne quittent pas la ville; le vainqueur leur accorde la liberté de passer sur le pont libre pour aller travailler *leurs propriétés de la Huerta-Major*. Les archives nous donnent des témoignages plus frappants du mélange des deux races, de leurs relations amicales, presque de leur égalité civile. Un fonctionnaire, désigné sous le nom arabe d'*Alamini*, était chargé, dès l'époque la plus reculée, de diriger la distribution des eaux. En 1220, c'est-à-dire cent ans après la victoire des Chrétiens, on nommait encore deux de ces magistrats, un pour les Maures, un autre pour les Chrétiens, afin d'assurer à chaque race une équitable impartialité dans l'*alhéma* ou *jours d'eau*. Après cette fusion des deux races, vivant sur le même sol, partageant les bienfaits de la nature et de l'art, nous arrivons au seizième siècle; et, lorsque la guerre est épuisée, le raffermissement de la puissance chrétienne complet, nous assistons au déchaînement subit de ces persécutions, de ces vengeances sauvages, qui chassent du sol de l'Espagne jusqu'aux derniers Mauresques, et leur enlèvent d'un même coup la patrie natale et la propriété héréditaire. Un décret de 1517 donne le signal, en expulsant les Maures de la Basse-Navarre, au mépris des capitulations d'Alonzo-le-Batailleur, qui leur assurait la conservation de leurs biens et l'exercice de leur religion. Le peuple de Tudéla, poussé par l'Inquisition, s'empare de toutes les mosquées; les Maures, ainsi persécutés, essaient d'éviter les dernières conséquences de la spoliation, en adoptant la religion catholique; vaine tentative! le décret de 1610 aggrave celui de 1517, et condamne tous les Mauresques à quitter le sol de l'Espagne.

Après de tels contrastes, n'est-il pas permis de dire que les institutions deviennent dangereuses, dès qu'elles ont cessé d'être utiles! L'Inquisition espagnole, fille de tous les ordres militaires et religieux de la Péninsule, ordres si héroïques pendant les siècles de luttes ouvertes, ne sut qu'être absurde et fanatique, lorsque la cessation des hostilités eut fait rentrer l'épée dans le fourreau. Les guerriers licenciés, n'ayant plus d'ennemis à combattre à force ouverte, sentaient le besoin de continuer le combat; ils se firent dénonciateurs, familiers, nous oserions presque dire bourreaux, pour exterminer les descendants de leurs anciens adversaires.

Le pont de Tudéla, qui transportait avec un si louable esprit d'égalité les Maures et les Chrétiens, d'une rive de l'Èbre à l'autre, est une des créations les plus étranges et les plus pittoresques que les hommes aient jeté sur les eaux d'une rivière. Construit par les Romains, réparé par les Maures, puis par Sanche-le-Fort, il est devenu, grâce à ces rapiéçages successifs, un pêle-mêle de 17 arches, où toutes les formes sont représentées, le plain cintré et l'ogive aiguë, le tiers-point et l'arc surbaissé.

Afin de compléter l'aspect hétérogène de cet assemblage de pièces, les culées font saillie en aval et semblent avoir supporté des tour, tandis que du côté d'amont, elles opposent un angle aigu au courant de l'Èbre. Un mur de défense règne sur le parapet d'amont, dans toute l'étendue de l'ouvrage ; il suit les retraites des culées et garantit le tablier contre les coups de vent. Il jouait, autrefois, un rôle plus belliqueux ; une ligne de meurtrières le garnit tout entier, et permettait aux archers de lancer des traits sur les ennemis.

Cet étrange rempart, qui transforme le pont en chemin couvert, n'est pas la particularité la plus pittoresque de cet ouvrage. Deux grossiers bâtiments s'élèvent sur la sixième et sur la quinzième culée, et forment au-dessus de la voie, une espèce d'auvent qui la recouvre au grand embarras des voitures à haute charge. Ces constructions ne furent primitivement que des moulins à farine, et nous voyons une ordonnance royale de 1220 donner aux consuls de Tudéla une *meule*, située sur le pont appelé la *muela del consejo*, avec la condition d'en consacrer le produit aux réparations des arches.

Le pont de Tudéla n'était pas réduit à cette unique ressources ; il possédait une rente de 50 ducats sur le domaine public de Navarre. Maintenant, privé de tous les revenus que la prudence des générations précédentes lui avaient assurés, il reste abandonné aux plus étranges dégradations. Le parapet, dépouillé de ses pierres d'accoudoir, n'offre qu'un mur à moellons, tombant en ruines, constamment entamé par les essieux des roues.

Tel est le monument qui provoqua l'admiration des anciens habitants de Tudéla, au point qu'ils l'adoptèrent pour armes parlantes et le représentèrent sur l'écusson de la cité.

Jamais ville ne m'est apparue sous un aspect plus

morne et plus lugubre. Il faut, bon gré malgré, devenir réaliste pour dessiner ce tableau... Sur une vaste place, celle *des Toros*, je crois, la plupart des balcons, formés de planches posées sur des supports en fer, étaient déjetés, et menaçaient la tête des passants. Trois gamins, jouant à la boule, rompaient seuls la solitude de ce triste préau. Tout près d'eux, un jeune mendiant, couvert de haillons, venait d'être frappé d'une attaque d'épilepsie, sa tête se baignait dans une mare de sang, et les éclats de rire allaient leur train. Pas un agent de police, pas un voisin charitable ne songeait à relever le malheureux. Je quitte cette place, je monte plus avant; me voilà dans la rue de la Mort, *calle de la Muerte*, puis dans celle del *Carnalatje*. Tout sent encore la terrible Inquisition, ou les arrêts non moins rigoureux de la sainte *Hermandad*. Après de tels tableaux, qui se retrouvent un peu partout, comment s'étonner que les peintres nationaux se plaisent à reproduire des mendiants teigneux, des saints écorchés vif, des vierges éventrées, des cadavres en putréfaction. M. Baudelaire aurait obtenu de bien beaux succès dans ce pays, avec celles de ses pièces qui en ont peu en France.

L'eau du fleuve, bourbeuse et jaunâtre, rampe sur le sable au lieu de courir, et répond par son silence à la tristesse qui l'environne ; de jeunes laveuses essayaient bien d'en égayer les bords : elles chantaient la *jotta ;* mais cette musique, assez entraînante quand elle dirige le balancement des danseurs, au bruit des castagnettes, prenait je ne sais quel caractère élégiaque et pleureur, sous le vent inexorable qui brisait par lambeaux de phrases le chant des lavandières, et l'emportait au milieu des tourbillons de poussière qui me rendaient aveugle.

Nous sommes encore à la frontière, et nous reconnaissons déjà cette Espagne où la sècheresse dévore trois récoltes sur sept, où les paysans, convaincus que les chênes produisent des moineaux et les déchaînent sur leurs blés, s'empressent d'abattre tout arbrisseau qui essaie d'élever ses rameaux timides dans le voisinage des champs. Les Aragonais poussèrent cette guerre jusqu'à la fureur. Les Anglais du huitième siècle ne poursuivirent pas les loups avec plus d'acharnement. Le chanoine Pignatelli, gouverneur de Saragosse pendant la confection du canal de Tudéla, voulut opposer un remède énergique à cette manie de destruction; il condamna au pilori tout individu convaincu d'avoir porté la hache sur un arbuste. Le coupable, attaché au piquet, pendant quinze ou vingt jours, restait exposé à toutes les intempéries, et ne recevait d'autre nourriture que l'eau et le pain que lui apportait sa famille... Mais peine perdue! Les Aragonais s'acharnèrent à couper, les gouverneurs se fatiguèrent de punir sans résultat; les promenades de Saragosse tombèrent cinq fois devant ce vandalisme, et les arbres ont disparu complétement des plaines de la Navarre et de l'Aragon.

Cette justice forestière, un peu expéditive, rentrait dans les principes de Pignatelli. Peu de jours après avoir ouvert ce magnifique canal de Saragosse, dont les écluses sont en marbre, et les maison des éclusiers dignes de servir de pavillons à des palais, il vit avec stupeur les eaux baisser avec rapidité, et les barques rester sur la vase. Un courrier vint lui révéler la cause de cet accident; les Navarrais des environs de Tudéla, qui n'avaient cessé de s'insurger contre un travail nuisible à l'industrie des muletiers et des aubergistes, s'étaient vengés du chanoine, en ouvrant une large brèche qui avait déjà mis la moitié du canal à sec.

Pignatelli monte à cheval, réunit un régiment de lansquenets, et se dirige du côté de Tudéla. Arrivé près de la fatale ouverture, il envoie des détachements dans les cinq villages les plus rapprochés, avec ordre de lui amener les habitants de tout âge et de tout sexe.

« Voyez-vous cette large brèche, dit-il aux quinze cents paysans conduits sur les lieux, l'épée dans les reins ; j'ai le projet de la combler avec des têtes humaines, et c'est vous qui allez fournir les matériaux. »

Quelques incrédules croient pouvoir sourire d'une menace qui leur paraît hyperbolique. Pignatelli fait saisir deux rieurs, ordonne de les décapiter, et jette lui-même leurs têtes dans le canal. Les sourires s'étaient transformés en tremblements de terreur. « Qu'on me désigne les coupables, s'écrie le chanoine à haute voix. » Un silence obstiné succède à son injonction. « On refuse de m'obéir ; *traygame dos otras cabezas*, ajoute-t-il d'un accent impérieux. » Les soldats obéissent, et les eaux engloutissent les têtes de deux autres victimes..... Seconde injonction de lui désigner les coupables ; second refus de les faire connaître ; nouvelles exécutions, qui permettent à l'implacable justicier de jeter onze têtes dans le canal. La douzième et bien d'autres allaient continuer à payer l'enjeu de cette double partie d'entêtement, quand les paysans se décidèrent à dénoncer les auteurs de la dégradation. Pignatelli les fit arrêter, et il se contenta de les retenir pendant plusieurs années dans les prisons de Saragosse.

Ces deux faits peuvent établir, nous l'espérons, que

le chanoine aragonais aurait parfaitement rempli les fonctions de pacha dans ce beau pays d'Égypte, où l'on conduit les felhas sur les chantiers publics à coups de bâton. Il est vrai que les populations de la Péninsule ont fait leur première éducation administrative à l'école des Arabes, leurs maîtres en toute chose.

Tudéla ne possède qu'un monument remarquable: la cathédrale ; c'est une œuvre magistrale du douzième siècle, où le plein-cintre et l'ogive se marient et s'enlacent harmonieusement : elle renferme un détail du plus grand mérite, la porte du couchant... On écrirait tout un livre d'iconographie sur ces voussures d'anges et de rois, de vierges et de vieillards de l'Apocalypse. Ici, le Créateur se livre successivement à la création des mondes et des plantes, des animaux et de l'homme. Là, son fils juge les mortels, appelle à lui les justes, et livre les coupables aux démons. Quelle fête pour ces derniers, quel festin de chair humaine et de luxure ; comme ils s'en donnent de tourmenter de toutes les façons ces pauvres damnés tout nus. C'est un luxe, une science inouïe de supplices et de tortures. Procuste, Nessus, Circée, en pâliraient de jalousie. Les meilleurs moyens de faire le mieux souffrir les gens furent assurément mis au concours, et tous les inquisiteurs durent fournir leur contingent de conceptions et d'expériences. Mais laissant à part les exagérations, quel magnifique sujet de poëme chrétien ! Lutte du bien et du mal, chute de l'homme, béatitudes du ciel, tristesses du purgatoire, fureurs, désespoir de l'enfer, rien n'y manque. Le *Paradis perdu* de Milton s'y retrouve à côté de la *divina Comedia*? La critique a fait fausse route, en cherchant si le poëte florentin avait eu des prédécesseurs dans son œuvre immortelle, et si le plan de son poëme était une inspiration subite de son génie ou une imitation plus ou moins perfectionnée de quelque œuvre antérieure.

L'inspiration de *la divine Comédie* !... Mais vous la retrouvez tout entière sur les porches des douzième et treizième siècles. Personnifiez ces groupes de pécheurs séduits, de pécheurs repentants, de damnés suppliciés, de morts sortant des tombeaux, de bienheureux élevés au ciel ; donnez-leur des noms propres du quinzième siècle, appliquez-leur les aventures qui avaient cours à l'époque de Dante, et vous verrez sa trilogie sortir, armée de toutes pièces, du simple examen de ces poëmes de pierre.

Je n'ai rencontré d'aimable à Tudéla que le *boticario* Velasquino M*** C'est un gros homme court et large, noir comme un Andalou, et velu comme un ours. Ses sourcils épais réunissent leurs arcades au dessus du nez, comme deux voûtes reposant sur une colonne... Il exerce scrupuleusement le métier que vous savez, conformément à la tradition de Molière : on le vit longtemps traverser gravement la rue l'arme au bras; car on en est encore là, en Espagne... Mais s'il cultiva la pharmacopée avec la conscience d'un antiquaire, il s'est élevé haut dans la région de la droguerie, et maintenant il applique l'industrie à la préparation des plantes médicinales.

Quand je passai à Tudéla, il faisait monter, de concert avec un capitaliste bailleur de fonds, une machine à préparer le réglisse. On la lui avait apportée de Bordeaux. Son commerce sur cette drogue est assez important. Il achète les récoltes dans tous les coins de l'Aragon, de la Navarre, et les exporte ensuite dans une partie de l'Europe. Velasquino M*** avait justement à se rendre dans les environs de Sanguessa, pour y faire des acquisitions : il me propose cette partie de campagne; j'accepte, et nous voilà montés sur deux mules, et accompagnés d'un arriero de confiance, armé d'un bon fusil, selon la précaution en usage chez les Aragonais.... Puis, nous remontons vers les Bardeñas, en longeant les frontières de l'Aragon.

Velasquino cause volontiers, comme un homme de progrès et d'invention, qui tient à propager ses découvertes et ses doctrines. On l'écoute avec plaisir, malgré l'abondance de formules étranges qu'il jette dans ses phrases comme des points d'exclamations. Ce sont constamment des *amigo carissimo!...* des *perfectamente*, ou des *admirablemente!* Mais sa pénétration est fine, judicieuse ; son imagination, pleine d'audace, prend quelquefois le mors aux dents... Jugez plutôt.

Dans un récent voyage à Barcelone, il a vu une locomotive ; il en a examiné le mécanisme ; une idée lumineuse l'a saisi. Il a enfanté un système qui en vaut bien un autre... L'homme n'est pas un *animal raisonnable*, dit-il ; c'est une *une machine à vapeur*. Ne riez pas tout d'abord, écoutez son raisonnement, et parlez-en à M. Flourens, quand vous en trouverez l'occasion ; les gens d'esprit sont faits pour se comprendre... Le cœur de l'homme est une *chaudière*, le sang est l'eau, qui produit *la vapeur* : les ventricules sont les *pistons*, l'estomac est le *fourneau*.... Quand votre chaudière se refroidit, et diminue ses coups de piston (le pouls), vous mettez du combustible dans votre estomac... Viandes et légumes produisent l'effet du charbon ; leur fermentation donne une chaleur qui réchauffe le sang ; les ventricules, c'est-à-dire les pistons, reprennent leur activité; le sang est vigoureusement poussé dans les artères... Quand vous respirez, vous introduisez un réfrigérant dans l'appareil (le filet d'eau froide) ; le ventricule tombe, le sang rentre des artères dans le cœur, et le mouvement de va et vient est établi!

De là, tous les phénomènes expliqués... Pourquoi l'excès du froid tue-t-il? Par la raison que, dans un milieu glacé, vous avez beau mettre du combustible dans l'estomac, la chaudière ne chauffe pas, les ventricules ne fonctionnent plus, la locomotive s'arrête : nos malheureux soldats en firent la cruelle expérience en Russie, en 1812.

Pourquoi l'excès de la chaleur peut-il étouffer? Par la raison que, dans une atmosphère trop élevée, l'air que vous respirez n'apportant plus le réfrigérant nécessaire à l'abaissement du piston, ce maudit piston reste immobile, laisse le sang se condenser dans le cerveau ou dans le cœur. Si vous n'ouvrez pas assez tôt la soupape de sûreté... une bonne saignée qui laisse échapper la vapeur... la chaudière éclate (congestion cérébrale, anévrisme).

Pourquoi un bain pris au moment de la digestion vous envoie-t-il dans l'autre monde? Parce que le froid extérieur paralyse dans votre estomac la chaleur du combustible, au moment où elle devrait jeter de la vapeur dans le mécanisme. Les rouages des organes se trouvant poussés en sens contraire, par le froid et par le chaud, se détraquent et se brisent... Ne soyons pas étonnés, si Velasquino, conséquent jusques au bout avec son système, conclut à ce que les médecins n'étudient plus la médecine, mais la mécanique, et substituent la trigonométrie à la thérapeutique, la physique à la pharmacopée. En attendant, il faut que les apothicaires vivent, et il exploite le jus de réglisse.

III

Sanguessa. — Les inondations. — Fierté locale. — Un arriero guitariste. — Le coche de Pampelune. — Un ancien lac. — La politique en omnibus. — Vallée de Montréal.

Le pays qui sépare *Tudéla* de *Sanguessa* ressemble fort à celui qui s'étend de Caporoso à *Tudéla*. Après avoir suivi le centre des Bardeñas pendant trois heures, on atteint le bassin de l'Aragon, à *Carcastillo*; alors la campagne s'anime, se peuple, se couvre de figuiers, d'oliviers ; bientôt, nous entrons dans les vignes ; nous sommes à *Sanguessa* ; nous passons du désert dans un véritable verger... Je ne connais pas de vignobles comparables à ceux de ce petit canton navarrais. Le Bordelais et la Bourgogne peuvent envier ces sarments vigoureux et touffus, ces plates-bandes de ceps du plus bel entretien. C'est une véritable *huerta*. Le territoire de Sanguessa forme un cirque entouré de montagnes. Par quelque sentier qu'on arrive, on y pénètre en descendant. Ces grands coteaux ne sont pas gracieux et verts, comme ceux du pays basque ; ils offrent toutefois quelques bouquets d'arbres, et assez de gazon, dans les parties où le roc n'est pas mis à nu, pour réjouir de beaux troupeaux de moutons.

L'objet le plus curieux de la vallée n'est point la montagne, l'Aragon ou la vigne ; mais la ville elle-même... Et d'abord, son origine est une singularité. Voyez-vous la peña (1) qui la domine au nord-ouest ?

(1) Montagne de roche.

Elle est couronnée par les ruines d'un vieux château qui s'appelle *Rocaforte*. Ce castel était jadis entouré d'un gros bourg, qui se trouva gêné près des meurtrières ; il désira s'en éloigner et se mettre plus à l'aise. Ce projet arrêté, il déménage, descend des hauteurs emportant ses maisons, ses granges, et rétablit le tout sur les bords de l'Aragon et de l'autre côté de l'eau, afin de mettre une bonne barrière entre le castel et lui. Le nouveau *poblamen* ainsi créé, reste modeste et peu bruyant jusqu'en 1122; à cette époque, il sollicite de l'empereur Alonzo le titre de village, qui lui est aussitôt accordé... Peu à peu, le bourg grandit, il devient ville; au quinzième siècle, il comptait vingt mille habitants... Mais d'étranges malheurs ne tardèrent pas à le punir de sa prospérité... Quand on pénètre aujourd'hui dans son enceinte, on voit un désolant tableau de destruction et de ruine; les remparts sont en partie renversés, et leurs débris restent étendus sur le sol. La moitié des maisons est détruite de fond en comble; plusieurs anciens et très-beaux palais sont sans toiture, notamment celui des ducs de *Grenade*; un pan de mur a conservé des fenêtres gothiques d'un admirable travail. L'Ecole des Beaux-Arts donnerait un million pour les placer à côté du portique d'Anet. Le palais de *Valle-Santoro*, debout et intact, projette sur la rue une toiture de deux mètres de saillie, sous laquelle se déroulent des boiseries du seizième siècle les plus compliquées et les plus élégantes. C'est une fantaisie très-rare, qui vaut son pesant d'or.

Si quelques palais ont croulé toutes les églises du moins sont restées debout, et l'on n'en compte pas moins de huit. Or, comme elles ont soigneusement conservé leur clergé au grand complet, on peut dire que Sanguessa a des temples à vendre, et des fidèles à acheter... Quel événement a pu réduire une ville de cette importance à cet état de délabrement et d'abandon?... Est-ce la guerre, la famine, la peste? Non, mais une inondation... L'Aragon n'a pas voulu se contenter d'arroser ses murs, il les a parfois léchés plus haut, secoués plus fort que ne l'avaient prévu les fondateurs de la ville. Le mieux est bien souvent l'ennemi du bien; en fuyant les tracasseries du castel de Rocaforte, les Sanguessiens s'exposèrent à celles de la rivière, qui se montra plus violente que tous les tyrans féodaux. En 1420, une crue subite enleva 172 maisons; les Sanguessiens, entachés de fatalisme, en leur qualité d'anciens voisins des Arabes de Tudéla, respectèrent l'arrêt du ciel, et se gardèrent de les rebâtir... En 1424, une nouvelle inondation doubla les ravages de la première. Enfin, le 25 septembre 1787, un dernier désastre détruisit 400 habitations, fit périr 585 personnes, et mit la ville dans la situation où nous la trouvons 70 ans après. Les eaux s'étaient élevées à 38 pieds au-dessus de l'étiage... Toujours pleine de respect envers la volonté de Dieu, la population n'osa pas relever les maisons détruites, les gens sans asile préférèrent émigrer... Grâce à l'apathie espagnole, on peut espérer que nos derniers neveux auront le plaisir de suivre, dans dix siècles, les traces de l'inondation de 1787, comme nous étudions les ravages de l'éruption du Vésuve, de l'an 79, dans les rues d'*Herculanum* et de *Pompeia*.

Malgré ces désastres, que dis-je! à cause de ces désastres, *Sanguessa* fait, à tous égards, une excellente figure parmi les cités de la vieille Espagne. Nulle part, peut-être, l'orgueil local, le patriotisme de clocher ne s'est conservé aussi fièrement intact. Le vieux château gothique des rois de Navarre sert aujourd'hui de palais municipal ; savez-vous quel est le trophée glorieux que l'on y conserve avec le plus de respect? Un lambeau d'étendard, qui fut enlevé par les Sanguessiens, il y a plusieurs siècles, à leurs voisins de la ville aragonaise de Sos. Ce haut fait leur fit obtenir du roi franco-navarrais Louis-le-Hutin la belle devise : *La que nunca falto* (celle qui ne fait jamais défaut)... Cette victoire fut remportée dans les champs de *la Madeleine*, nom plus cher aujourd'hui aux Sanguessiens que ceux de Marathon et de Platée ne le sont aux descendants d'Alcibiade.

On sort de *Sanguessa* par un pont moins considérable que celui de *Tudéla*, mais d'un aspect singulier, et bien plus imposant. Il est de fondation romaine, et montre un dos tellement surélevé, qu'il représente assez exactement un chameau qui dresserait sa bosse au-dessus de la rivière, et appuierait ses pieds sur les deux rives..... Une inscription enchassée sous une arche, lui donne un cachet d'antiquité fort respectable, en citant plusieurs membres d'une famille Cornélia..... Sur le parapet, le moyen-âge sculpta un ex-voto qui rappelle un événement comparable à celui de l'héroïne Clélie... Un chevalier de Sanguessa, qui paraît avoir eu beaucoup d'ennemis, revenait vers sa ville natale, bride abattue ; il s'engage sur le pont, et se trouve pris entre les gens qui le poursuivaient, et un *vando* tout aussi mal intentionné qui lui ferme l'autre bout du pont.

Ne pouvant éviter la mort s'il avance ou s'il bat en retraite, il adresse sa prière à la *Santa-Maria*, dont l'église dresse son porche curieux devant lui, et il lance son cheval dans la rivière. Il ne fallait rien moins qu'une protection miraculeuse pour le préserver des conséquences de cette chute effrayante : 15 mètres de hauteur pour le moins ! Le miracle fut opéré ; le chevalier confiant atteignit sain et sauf le rivage. Ses ennemis n'osèrent poursuivre un chrétien si visiblement protégé par la reine du Ciel, et bientôt un sculpteur fut chargé de transmettre à la postérité le souvenir de ce prodige. Ce bas relief, qui n'est pas un chef-d'œuvre, représente un chevalier agenouillé tendant ses mains jointes vers la mère du Christ. Il est suivi de son sergent (*serviens*), qui porte sa lance, son écu, et tient son cheval par la bride. Le palefroi avait quelques droits à figurer dans la cérémonie.

La Vierge, entourée de rayons, et portant Jésus sur ses genoux, apparaît sous une arcade plein-cintre, entre deux anges aux ailes déployées, qui se tiennent debout et lui présentent des candélabres.

C'est encore une fort curieuse production que la basilique de *Santa-Maria*, placée au bout du pont, et à laquelle adressait sa prière, ce chevalier, qui exécuta un bond si hardi, avec son cheval au jarret solide, *de muchas piernas*. Le porche est à lui seul un modèle de sculpture fantaisiste et satirique : les caricaturistes du onzième siècle, car cette œuvre est de style roman, y ont mêlé leur coup de ciseau hardi, à ceux des *imagers* sérieux qu'inspiraient les types apostoliques et célestes des vierges et des séraphins de l'école byzantine.

A côté de plusieurs statues magistrales, semblables à celles de Chartres et de Reims, vous trouvez une foule de petites compositions légères, représentant des hommes à tête de coq, renfermés dans des cages ; des avares cachant leur bourse, des gourmands portant un plat de chaque main, ou caressant avec béatitude leur ventre rebondi !... des musiciens jouant de la flûte et de la viole, des jongleurs faisant des cabrioles ou tenant des coqs qu'ils excitent à se battre. Aristote sert de monture à la maîtresse d'Alexandre, qui lui a mis la bride, et se promène à cheval sur son dos ; saint Eloi frappe sur une enclume ; d'autres individus portent des chèvres, des pots à eau, des béquilles !... Quelle macédoine ! quelle collection de rébus, écrits sur pierre, en marge de ce grand livre qu'on appelait *un porche*, et qui servait de préface à l'église... La sculpture avait alors ses *petits journaux pour rire;* elle voulait amuser les fidèles, afin de les attirer dans l'intérieur du temple, où ils devaient être instruits et édifiés.

Sanguessa, toute remplie de ces naïvetés patriotiques et religieuses, en a étendu l'usage aux choses de ce temps-ci.

La *posada* où je pris asile était aussi celle du coche de Pampelune, qui devait m'emporter le lendemain. Pendant que je dînais, un jeune homme de vingt-cinq ans, au regard candide, au visage sympathique, mais ravagé par la petite vérole, s'assit au coin de la vaste cheminée, la guitare à la main, et me régala de cette éternelle *jotta* qui vous poursuit sans relâche d'*Olite* à *Llérida*, de *Venasque* à *Saragosse*, plus monotone que le chant du coucou, plus persistante que le vent du mois de mars... Ce musicien, naïf comme un ménétrier de village, goûtait un charme inexprimable à écouter le fronfron de son instrument. On sentait qu'il se préoccupait assez peu de son auditoire, et qu'il n'avait d'autre ambition que celle de se faire plaisir à lui-même ; seule entreprise de ce monde, hélas ! dans laquelle on soit toujours sûr de réussir.

Ce mélomane navarrais devait être le lendemain mon postillon-conducteur. Autrefois simple arriero, faisant un service de mulets entre Sanguessa et Pampelune, il s'était vu privé de cette industrie, il y a dix ans, par l'établissement de la route carossable. Mais loin d'entrer en fureur contre la civilisation, il avait pris courage en homme de ressource, et saisissant à bras le corps l'innovation qui menaçait de le renverser, il s'était fait conducteur. Dans ce changement de position, il n'avait pas abandonné sa guitare ; il continuait à jouer ses vieux airs d'autrefois, sans se préoccuper des variations perfectionnées que nos compositeurs avaient ajoutées aux chansons des muletiers basques et des arrieros andalous.

On le voit ! il reste encore des guitaristes fidèles et passionnés en Espagne. Leur instrument, expulsé des grandes villes par le piano, continue à régner sans émule au village et sur les grandes routes. Les Espagnols doivent bien certains témoignages de respect à la viole à huit cordes... Jamais la lyre grecque ou la harpe israélite ne procurèrent de plus beaux avantages à ceux qui les honoraient de leur culte... Il serait superflu de rappeler que tout jeune Lindor qui veut attirer sa Rosine à la fenêtre (et il y a toujours des Lindor, en Espagne, quoiqu'il survive très-peu de Bartolo, verrouillant les portes et les jalousies), tout Lindor qui veut parler à sa Rosine, et lui dire qu'il l'aime, fait résonner sa guitare dans le silence de la nuit, et le stratagème prouve par le résultat qu'il reste digne de sa réputation première. C'est l'A B C D de l'art d'aimer. L'expérience de chaque jour ajoute à cet alphabet des exemples aussi nombreux que ceux du carnet de *Leporello*.

La guitare n'offre pas moins de ressources dans les autres embarras de la vie : un pauvre diable a-t-il eu sa maison incendiée, sa récolte détruite, san fils enlevé sous les drapeaux de la reine ; il prend son instrument, s'assied dans les carrefours, étend le *sombrero* devant lui, cela veut dire : J'ai perdu mon gagne pain, il ne me reste que ma guitare. Donnez au guitariste, s'il vous plaît... et le chapeau reçoit des *quartos* en foule, et le bon homme retrouve le combustible nécessaire à la machine du *boticario* Velasquino.

Le même pauvre diable, ou tout autre (l'Espagne possède de très-nombreuses catégories de cet état social), doit à son médecin le retour à la santé, à son avocat l'avantage de n'avoir pas été mis aux galères. N'ayant pas assez de *douros* à sa disposition pour reconnaître ces services au comptant, ou bien désirant économiser les honoraires, il prend sa guitare, va se poster sous les fenêtres de son créancier, la veille de Noël, et lui joue une *jotta* en mi bémol ; il revient le jour de saint Silvestre, et joue une autre *jotta* en ut majeur. Il réitère le jour de la fête de l'avocat ou du médecin, et joue deux *jottas* en mineur et en majeur ; après une demi douzaine de drindrin, la dette se trouve intégralement acquittée, et l'heureux débiteur peut passer à l'extinction d'une autre série d'emprunts.

Des étudiants de Saragosse ou de Salamanque ont l'ambition de courir le monde, de jouer le Gil-Blas pendant quelques semaines. L'Amérique ne leur a pas envoyé ses galions, et leur père ne leur a fait parvenir que sa bénédiction par le dernier *correo*... Loin de désespérer, ils se réunissent au nombre de cinq ou ix, et partent, sans autre valise qu'une guitare derrière le dos. Nous l'avons vu, de nos propres yeux vu. C'était en 1842. Sept étudiants de Saragosse, de figure fort distinguée vraiment, appelés à recevoir l'année suivante un brevet de lieutenant, de diacre ou de docteur, traversent l'Aragon et la Navarre, passent la frontière, visitent Bayonne, Bordeaux, Toulouse, toutes les villes intermédiaires, sans autre ressource que leur guitare et ses fronfrons. L'un d'eux tendait son chapeau. Tout le monde encourageait de quelque monnaie ce pèlerinage d'une nouvelle foi, la foi de la curiosité, le pèlerinage de la civilisation; idée fixe qui a bien sa valeur et sa force. Ces jeunes gens rentrèrent à Saragosse après avoir suffisamment étudié cette partie de la France; ils purent raconter à leurs condisciples qu'ils avaient vu un pays très-singulier, où les montagnes étaient vertes et chargées de forêts, où les torrents avaient de l'eau, et faisaient tourner des machines de toute nature; où les pâturages avaient de l'herbe, toutes les rivières des ponts, toutes les communes des chemins, toutes les villes des diligences; où les ouvriers et les laboureurs, enfin, portaient des souliers, des chapeaux, et de bons habits, sans écorchures, ce qui dut singulièrement étonner les habitants d'un pays où presque tout cela fait défaut, et pour lesquels la généralisation du bien-être a tous les caractères du paradoxe.

Mon arriero-conducteur était de cette secte de guitaristes convaincus. Payait-il l'aubergiste avec des chansons? j'ai négligé de prendre ce renseignement avant de partir de Sanguessa.

Le lendemain, au point du jour, nous entrions dans

sa voiture, un véritable omnibus à huit places ; nous étions dix ce jour-là. Comment rétablir les proportions entre le contenant et le contenu ? ce ne fut pas la voiture qu'on agrandit, mais la marchandise humaine qu'on pressa : les hommes les plus naïfs sont parfaitement au courant, à cet égard, des procédés de la civilisation la plus avancée.

A deux kilomètres de Sanguessa, l'*Iratie*, qui arrive des Pyrénées du côté de *Lumbier*, se jette dans l'Aragon par une singulière ouverture : une montagne, trois fois plus haute que celle de Montmartre, sépare Lumbier de Sanguessa et formait, bien sûr, il y a deux ou trois mille ans, un magnifique lac suisse dans les deux hautes vallées de l'*Iratie* et du *Salazar*... Un jour, cette montagne, qui retenait les eaux, se fendit du sommet à la base, comme un bâtiment qui se lézarde ; l'*Iratie* se précipita au fond de cette entaille de cent mètres d'élévation, et s'y creusa un lit d'un mètre de largeur dans le fond, et de cinq à six à la partie supérieure... Un Basque bien découplé franchirait aisément d'un bond ce pittoresque précipice. C'est un des accidents les plus remarquables de l'Espagne... A Gavarni, sur le versant français, une montagne s'est écroulée dans un désordre colossal, un *chaos* de rochers énormes a fermé le lit du Gave... Ici, par un caprice plus bienveillant, une autre montagne s'est entr'ouverte, mise en deux, pour ménager un passage aux eaux emprisonnées. La nature est capricieuse, comme les artistes ses fils ; elle procède par coups de tête ; c'est une fantaisiste, mais de la grande école. Salvator Rosa fut un des rares élèves qui lui dérobèrent ses procédés.

Le bassin de *Lumbier*, qui fut autrefois le fond d'un

lac, est maintenant l'assiette d'une ville, sœur et voisine de *Sanguessa*. Le *Salazar* et l'*Iratie* se réunissent sous ses murs, l'entourent de leurs bras et lui procurent une forte position militaire, qui rappelle celle de Constantine et de Besançon. Il ne faut pas être surpris si le roi Jean d'Albret, chassé du palais de Tafalla par les Castillans, après la bataille de Noain, chercha un refuge dans cette place avec toute sa famille... Protégé par deux rivières du côté des vainqueurs, il se ménageait une retraite assurée vers les Pyrénées et Saint-Jean-Pied-de-Port, sa dernière forteresse.

Notre omnibus était assez curieusement composé : outre l'apothicaire, fabricant de réglisse, il contenait deux jeunes officiers, un prêtre fort gras, un chanoine très-maigre, un carme à qui les lois nouvelles interdisaient de porter son habit, estimé séditieux, une *cigarrera*, fraîche et accorte, comme elles le sont toutes, car leur beauté sert d'enseigne à leur marchandise ; la mère d'un capitaine des douanes, qui allait guérir ses maux de nerfs aux eaux de *Bételu*, et un *arriero* malade, qui faisait conduire ses mulets par un enfant, en avant duquel il voyageait lui-même en omnibus.

La conversation roula quelque temps sur des lieux communs. On évitait toute parole, toute allusion politique : et cependant, il me semblait que des passions, mal contenues, s'échappaient de tous les regards.

J'étais Français, on me parlait toujours en cette langue, politesse à laquelle on ne manque jamais de l'autre côté des Pyrénées ; évidemment, ces gens-là désiraient avoir mon opinion sur les événements qui agitaient la Péninsule et l'Europe, tels que la révolte de

Saragosse, l'arrestation de la Reine Christine à Madrid, le siége de Sébastopol auquel les Espagnols prenaient une part fort ardente.

Je ne me trompais pas : nous arrivons à la côte de *Tarbar* : le conducteur nous en avertit, avec un sous-entendu qui semble dire : Vous savez, on a l'habitude de descendre... On se rend de bon cœur à cette invitation indiscrète... A peine sur pied, les voyageurs forment deux groupes : le prêtre gras, le pharmacien, les deux officiers, me font une espèce d'escorte, et nous prenons les devants. L'ancien carme, le chanoine et le muletier, restent en arrière. Ce fut le signal des interpellations politiques. Celui-ci me demande mon opinion sur Espartero et sur la Reine, sur la constitution et sur la révolte de Saragosse, en roulant une cigarette entre ses doigts noircis par ce travail quotidien. Le curé donne carrément sa manière de voir sur Pélissier et sur Canrobert, sur les Anglais et sur les Russes, en allumant aussi son *papel de cigarro*, car le prêtre espagnol ne trouve aucun mal à respirer une fumée que les apôtres ne connaissaient pas. Je compris tout alors. Notre omnibus renfermait un spécimen complet de la société espagnole : il portait des progressistes et des rétrogrades. Les premiers, pleins de sympathie pour les Français, étaient pressés de me faire connaître leur désir d'imiter nos révolutions. Ils admiraient la suppression des ordres religieux, la vente des biens de mainmorte et la guerre de Crimée. Pendant que nous traitions ces sujets, palpitants d'actualité, l'arrière-garde faisait, à coup sûr, la contre-partie. Elle rendait les Français responsables de tous les ébranlements de l'Europe, elle regrettait les insuccès du comte de Montemolin, faisait des vœux pour la victoire des

Russes et la destruction des alliés, leurs ennemis. La conversation était animée, violente, comme dans tous les pays méridionaux. Mes interlocuteurs parlèrent plus d'une fois de couper la tête à leurs adversaires : *Cortar la cabeza*, avec un geste énergiquement imitatif. Le prêtre gras, ami de la constitution et fort aimable, ne voulait tuer personne ; mais il célébrait le progrès, désirait la rapide exécution des chemins de fer, des routes ; et, satisfait du revenu de sa cure, il déclarait ne pas s'opposer à la vente des biens du clergé, attendu que la pureté de la religion n'est nullement intéressée à l'opulence de ses ministres.

Pourquoi la conversation n'avait-elle pas pris cette pente glissante, pendant que nous étions en omnibus ? par une considération que je ne pus m'empêcher d'admirer. Il y avait là un chanoine dont on connaissait les opinions ultramontaines, un religieux chassé de son couvent, une veuve aux idées d'autrefois. Les agitateurs espagnols ont conservé la galanterie qui respecte les femmes, et tout en modifiant les rapports du clergé et de l'Etat, ils ne s'amusent pas à faire les voltairiens en face de moines supprimés, et qui ne peuvent se défendre.

La côte était gravie. Nous rentrâmes en voiture ; la conversation redevint générale, et descendit au diapazon le plus inoffensif. L'animation ne tarda pas à se porter d'un autre côté, sur un terrain exclusivement navarrais, où tous les partis éprouvaient des sentiments identiques. Nous suivions une des vallées les plus fertiles en grands souvenirs et en héros populaires. Là-haut, sur une montagne, paraissait le bourg de Montréal, autrefois chef-lieu très-célèbre de tous les établissements des Templiers de Navarre ; plus près de nous était *Idoain*, bourg natal du général *Mina*, puis *Elio*, dont le nom rappelle le célèbre chef carliste. Et chaque voyageur de montrer à l'envi la maison où naquit tel général de la guerre des *fueros*, celle de sa nourrice, de son grand-père, de son meilleur ami, que sais-je? l'écurie où il acheta un bon cheval de bataille; le rocher où ses guerilleros battirent très-vigoureusement les *Christinos*, et leur prirent plusieurs prisonniers, qu'ils fusillèrent sans miséricorde.

A ces récits, je me rappelais cette plaine du Gave, où les Béarnais vous font suivre, pas à pas, tous les incidents de la jeunesse d'Henri IV : ici, ce n'était pas d'un roi qu'il s'agissait, mais des héros de l'épopée navarraise, combattant, tantôt contre les Français, tantôt contre les Castillans, mais toujours dans l'intérêt de la gloire et de l'indépendance locale.

Cette plaine de *Montréal*, qui se glisse entre deux chaînes de montagnes, depuis *Lumbier* jusqu'à *Pampelune*, est d'une grande fertilité. Le blé y est d'une rare abondance, la vigne d'une belle végétation. Ce n'en est pas moins le pays où j'ai couru le plus grand danger de mourir de soif... Etouffés par la poussière et l'échange trop immédiat de chaleur et de sueur humaine, nous sortons de notre étuve roulante, au relais de *Cabalqui*, lequel sert aussi de *posada*... Dieu veuille que les mules y soient mieux traitées que les voyageurs! nous demandons à boire, on nous apporte un liquide gluant et noir, qui semblait sortir d'un encrier. C'était du vin puant la peau de bouc, et assez épais pour être mangé en bouillie. Nous déclarons que nous avons demandé à boire et non pas à manger, et nous sollicitons un verre d'eau pure. On court en puiser dans un trou creusé dans une roche calcaire... Elle était si terreuse et si blanche, qu'on aurait dit du lait de chaux ; elle eut le même sort que le vin... Que boire? N'avez-vous pas un liquide quelconque dans la maison ? On nous offre du chocolat, et nous en sommes réduits à nous désaltérer avec cette pâte de cacao que les Espagnols assaisonnent si fortement au poivre et à la canelle. Tout cela se passait près du village d'*Uros*, en basque *la bonne eau*. Que nous sommes loin de l'époque où cette étymologie géographique était justifiée.

LA CATALOGNE

I

Province de Gironne. — Le Pertus. — Philippe-le-Hardi. — Le typhus et les Almogavares. — Figuières. — La nuit de noce de Philippe V. — Le golfe de Rosas. — Castillon. — Girone. — La vieille Espagne. — La diligence espagnole. — Divisions provinciales.

Rentré en France par Bayonne, je pénétrai de nouveau en Espagne par Perpignan... La diligence, modestement attelée à la française, c'est-à-dire à cinq chevaux, franchit le Tech, au Boulou, ancienne étape romaine (*ad stabulum*) et nous transporte, par une route sinueuse et rapide, à travers les contreforts des Pyrénées.

Ce versant français n'a pas la fraîcheur, l'abondance de verdure et d'eaux courantes des vallées basques de l'autre extrémité de la chaîne. Le Roussillon offre, au contraire, tous les caractères des pays méridionaux : dans la plaine, le cactus croît à côté de l'olivier, l'aloès à côté du laurier rose : dans la montagne, les ravins profonds, hérissés de rochers, n'ont pas de torrents ; les cimes hautes et déboisées sont tapissées de buis grisâtres et de liéges rabougris. Dans les vallées, cet arbre, quelquefois majestueux, étend ses branches robustes aux coudes du chemin, et se penche sur les abîmes, en prenant des airs de chêne... La route conduit, par des coudes brusques et nombreux, à la Basse-Cluse, où les Romains avaient établi des fortifications, une fermeture (*clausura*), puis à la *Haute-Cluse*, seconde barrière stratégique, où le moyen âge éleva aussi son château-fort; le *Castel des Maures...* Ses ruines imposantes se dressent encore entre la route et des précipices de la plus affreuse profondeur. Çà et là, s'égarent quelques modestes maisons de bûcherons et de pâtres; mais ce n'est point le bourg, c'est moins encore la Haute et Basse-Cluse qui impressionne le voyageur. Pour peu qu'il soit mélancolique, il se sent attiré vers un autre objet qui lui retrace, au milieu de ces grands ouvrages du Créateur, un souvenir de la faiblesse, de la destinée des hommes.

Un cimetière s'élève sur le point le plus sauvage de la vallée : nulle trace de maison ou d'église n'y combat la solitude de la mort. Une croix de pierre blanche, quelques tombes couvertes de schiste, restent seules le jour, au milieu des milans et des vautours, seules la nuit, sous les rayons de la lune et les yeux des hiboux.

Quel sublime théâtre pour inspirer des légendes et évoquer des fantômes; comme Ravenswood se poignarderait convenablement dans ce cimetière, au pied de ce château; comme Hamlet y consulterait bien les crânes chauves.

La diligence nous emporte, nous franchissons le *Ruisseau-de-Rome*, et nous arrivons au village du *Pertus*, moitié espagnol, moitié français, assis pittoresquement sur la crête du col.

Les Alpes les Pyrénées, toutes les grandes chaînes

de montagnes, présentent une infinité de passages d'une difficulté plus majestueuse, d'une élévation plus imposante et plus pittoresque. Le poëte et le paysagiste admirent des beautés naturelles, bien autrement saisissantes, au mont Cenis, au Splugen, au Simplon et dans les Pyrénées centrales. D'où vient donc que, nulle part, nous n'avons été aussi vivement impressionés? C'est que la route du *Pertus*, tracée, il y a plus de deux mille ans, par les sandales des Celtes, a été successivement suivie, battue, par tout ce que Rome, la France et l'Espagne produisirent de conquérants ou de peuples ravageurs... Là passèrent les éléphants carthaginois, qui allaient écraser les Romains à Cannes et à Trasymène... Là passèrent les légions de Pompée et celles de César, prêtes à se disputer l'Espagne, à peine conquise. Là, passèrent les Barbares du Nord et les Maures, dirigeant leurs courses en sens inverse. Là, passèrent enfin les Français, guidés par les Karlovingiens et les Valois, par les Bourbons et par Bonaparte. Le *Pertus* fut le vomitoire providentiel, par lequel les peuples de toutes les époques, gladiateurs de toutes les races, sortirent de l'arène qu'ils avaient ensanglantée, au sud ou au nord de ces montagnes, pour aller donner sur un autre point le spectacle de nouvelles luttes nationales.

Parmi tous ces événements célèbres, il en est un, trop oublié, peut-être, par notre amour-propre, que nous croyons utile de rappeler ; il s'agit d'un échec de nos armées, il est vrai ; mais si la France *est assez riche pour payer sa gloire*, elle doit être assez forte pour écouter le récit d'un de ses revers. Il ne faut pas traiter les grandes nations comme ces petits princes gâtés, que l'on finit par corrompre, en leur cachant des défauts qui grandissent dans l'ombre, sans qu'ils les voient eux-mêmes.... Faire connaître les désastres causés par l'imprudence, c'est rappeler aux rois que rien ne doit les dispenser d'avoir de la prévoyance et du bon sens.

Le pape Martin, désireux de se venger de Pédro d'Aragon, avait offert la Catalogne au fils de Philippe-le-Hardi. Les souvenirs des expéditions carlovingiennes avaient une grande influence sur l'esprit français au moyen âge. Le roi de France n'hésita pas à accepter. Le difficile était de prendre ce qu'on lui donait... On réunit une armée très-considérable à Narbonne ; deux cent mille hommes, assure-t-on, et l'on se prépara à franchir les Pyrénées. Philippe se mit en marche avec ses troupes ; la plus haute noblesse du royaume, le Légat, la Reine, les dames d'honneur l'accompagnèrent, prêts à installer la nouvelle cour à Barcelonne... En arrivant sur le Tech, entre Ceret et le Boulou, on trouva les Pyrénées occupées par l'armée espagnole. Le légat et Philippe-le-Hardi sommèrent le roi d'Aragon de se soumettre à l'arrêt du Souverain-Pontife, et de céder la couronne... « Mes ancêtres, répondit fièrement Pédro, l'ont conquise par le sang ; qui veut l'enlever, doit l'acheter au même prix. »

Les Français attaquent alors le col de Panissas ; les rochers roulent aussitôt de la montagne ; les agresseurs, décimés par ces masses terribles ; reculent avec rage devant une poignée de paysans qui occupent les cimes. Si des espions n'avaient pas découvert une autre route aux Français, il fallait rétrograder. On s'écarta de deux lieues à l'est, on franchit le col de la Massane, et, tandis que Pédro gardait ses positions, Philippe s'engageait dans cette gorge. Le défilé dura quatre jours. Enfin les Pyrénées sont franchies, les Français descendent dans le Lampourdan et atteignent le port de Rosas (antique Rhoda) où notre flotte les attend avec tout l'approvisionnement nécessaire à l'expédition. Maître du pays, Philippe-le-Hardi marche de succès en succès ; cependant il fallut faire le siége de Gironne, et l'armée y fut décimée par le typhus.

Aux yeux des Espagnols, ce fléau qui moissonnait leurs ennemis était un châtiment de la colère divine. Des moucherons innombrables, engendrés par la corruption de l'air, pénétraient dans la bouche, dans les yeux, dans les narines de nos soldats, y déposaient un virus pestilentiel, et rappelaient ainsi aux croyants les plaies d'Egypte. Bientôt des cadavres d'hommes et de chevaux, abandonnés par milliers sans sépulture, couvrirent la plaine. La contagion gagna la ville assiégée ; ceux qui bénissaient le ciel furent frappés à leur tour. La population, ravagée par la famine et par la peste, finit par ouvrir ses portes. Triste et singulier triomphe qui fut de courte durée ! Les vainqueurs, à peine établis dans cette vaste maladrerie, durent songer à battre en retraite : les Français furent réduits de deux cent mille à cinquante mille ; le mal, pour dernier désastre, atteignit Philippe lui-même. Le fils de saint Louis fut couché dans une litière, et, le 30 septembre 1285, les débris de nos troupes battirent en retraite vers le Roussillon, emportant leur roi prêt à rendre le dernier soupir. Si le premier passage des Pyrénées avait été difficile à une armée nombreuse et pleine de vigueur, commandée par un roi digne de porter le surnom de *Hardi*, quels dangers nouveaux ne devait pas atteindre une foule désordonnée de malades, dont le chef était étendu sur un brancard !

Pédro occupait tous les défilés avec des troupes qu'animait le désir de la vengeance. Furieuses d'avoir laissé passer une première fois les Français, elles ne respiraient que le sang. C'en était fait de l'armée, de la noblesse française et de la famille royale, si l'on n'avait imploré la générosité de Pédro. Le prince chevaleresque se laissa fléchir; il promit d'épargner le légat et le roi. « Il fit savoir par des criées, dit Muntaner, que, sous peine de mort, nul ne frappât où sa bannière ne flotterait pas et avant que les trompettes ne donnassent le signal. »

La litière royale entre dans la gorge du Pertus, accompagnée de l'oriflamme; Philippe-le-Bel, son frère Charles, expulsé d'un royaume dont il n'avait pu prendre possession, le cardinal et quelques troupes d'élite, formaient son escorte. « Toute la gent dudit seigneur, roi d'Aragon, criait : Frappons, seigneur, frappons! Mais le seigneur roi les *massait* avec une javeline de chasse pour qu'ils n'en fissent rien. Honte, seigneur! Frappons! Mais le seigneur roi tenait plus fort, jusqu'à ce que le roi de France eût passé avec ceux qui allaient avec lui près de l'oriflamme. »

Aussitôt que l'escorte royale eut disparu, Pédro ne put contenir les fureurs nationales. Les *Almogavares*, ces féroces Vascons des Pyrénées orientales, s'élancèrent comme une avalanche sur nos troupes. « Alors chacun se mit à courir sus, et vous auriez vu brisement de coffres et enlèvement de tentes et d'effets, et d'or et d'argent, et de monnaies et de vaisselle, et de tant de richesses, que chacun de ceux qui se trouvaient là fut riche. Que vous dirai-je ? que qui avait déjà passé, bien lui valut ; car des bagages et de la menue gent et des chevaliers de l'arrière-garde, il n'en passa pas un qui ne fut tué et son bagage emporté. Quand ils commencèrent à frapper, les coups furent si forts qu'on les entendait de quatre lieues, tellement que vous auriez ouï un plus grand bruit de ce bris des coffres que si vous aviez été dans une forêt où il y aurait eu mille hommes à ne faire autre chose que couper du bois. »

Le roi, ses deux fils, quelques grands seigneurs, étaient sauvés ; mais l'armée française couvrait de ses cadavres les gorges du Pertus.

Les chevaliers roussillonnais attendaient le roi de France à la Cluse, enseignes déployées ; ils lui formèrent une escorte, décidés à repousser les soldats aragonais qui pourraient l'attaquer ; mais ils ne ramenèrent à Perpignan qu'un fugitif épuisé par le typhus, et deux jours après (2 octobre), ils rendaient les honneurs funèbres à la dépouille mortelle du roi de France.

Cette scène étrange qui aurait laissé, quelques siècles plus tôt, dans l'esprit public le même souvenir que le désastre de Roncevaux, eut moins d'influence sur l'imagination des peuples que sur la politique des rois. La France songea désormais à se procurer des issues moins difficiles.

Mazarin eut l'habileté de porter nos frontières jusqu'au fort de Bellegarde ; Vauban ne craignit pas de démolir la tour de Pompée et l'autel de César, monuments sacrés du passage de ces grands hommes, pour établir au profit de Louis XIV les bastions et les demilunes du fort de Bellegarde. Aujourd'hui, ce fort domine cette position importante, ouvre un chemin à

10.

l'invasion, et le protége de ses batteries jusqu'à la Jonquières, point où la montagne cesse, et où l'ennemi ne peut se retrancher derrière aucune hauteur considérable.

Les Espagnols, voulant neutraliser les conséquences de cet état de choses, ont élevé, à la fin du dernier siècle, à Figuières, une citadelle dont la position est d'autant plus forte que les remparts et les escarpes se confondent avec les talus naturels de la colline, et n'exposent aucun ouvrage découvert aux feux de l'ennemi.

D'ailleurs, la nature générale de la contrée sert de défense aux Catalans; les montagnes qui la couvrent de leurs chaînons sans fin leur offrent un asile assuré; ils s'en servent admirablement, en temps de guerre étrangère ou de guerre civile. Ce caractère du pays imprime à la race un sentiment de fierté et d'énergie qu'elle ne perd jamais. A toutes les époques sous les flots renouvelés des plus terribles invasions, la Catalogne demeura elle-même, comme un arbre que l'avalanche ploie, sans le déraciner; elle pouvait se courber un jour : mais elle se redressait aussitôt. Tout en s'alliant à la France ou à la Castille, elle réservait soigneusement ses priviléges. Ce caractère est encore le trait le plus saillant de sa physionomie. Bien qu'aujourd'hui l'action de la civilisation, les relations industrielles et commerciales, l'ouverture prochaine des chemins de fer et des routes pyrénéennes, tout, en un mot, conspire à émousser la rudesse primitive des Catalans, néanmoins, le premier pas que vous faites sur cette terre vous rappelle qu'elle a toujours été fière et sauvage.

Arrivés au sommet des Pyrénées, les vastes horizons du paysage espagnol se déroulent sur une immense et imposante étendue... Et d'abord, même observation ici que dans la Navarre. Les montagnes sont infiniment plus hautes, plus roides, plus décharnées du côté de la France que du côté de l'Espagne. Le voyageur qui part de Perpignan doit gravir des pentes très-rudes, et atteindre d'assez grandes hauteurs avant de franchir les cols qui séparent les deux Etats. La descente vers Figuières, au contraire, est presque insensible; on a gravi 300 mètres, on n'en descend pas quatre-vingts.

Cette différence de niveau entre le plateau sous-pyrénéen français et le plateau sous-pyrénéen espagnol tient évidemment à la quantité de neige et aux masses d'eau considérables qui abondent sur le versant du nord et manquent sur le versant du midi. Les courants volumineux et rapides des gaves de la Neste, de la Garonne, de l'Ariége, de l'Aude, ont dû raviner, creuser, fouiller leur lit à de bien plus grandes profondeurs que l'Arga, l'Aragon, le Ter, la Sègre, la Tordera, torrents presque à sec, et par conséquent sans force. Les quartiers de roc, entraînés en très-grand nombre du côté de la France, et fort rares dans les vallées espagnoles, suffiraient pour le prouver.

Vue à vol d'oiseau, la belle et riche principauté de Catalogne offre une succession de plaines jaunâtres et de montagnes bleues, infiniment plus vastes, plus imposantes, plus colorées que celles de la Navarre. Leurs tons chauds, leurs lignes tranchées, font le plus vif contraste avec les paysages du nord de la France. Dans ces derniers, le gris constant des nuages, le vert uniforme de la terre, offrent une monotonie plus terne que celle des hauteurs des pays méridionaux, toujours rehaussées, malgré le feuillage gris perle des oliviers, par un soleil clair et les reflets d'un ciel bleu, et de nuages rouges.

Les sierras secondaires de la Catalogne se groupent autour du mont Ceni, placé à peu près au milieu de la principauté, entre Gironne et Cardonne. De ce point central, les diverses ramifications rayonnent vers tous les points du territoire, se rattachent aux Pyrénées, atteignent l'Ebre au sud et la Méditerranée à l'orient. De nombreuses rivières, que l'été laisse presque sans eau, suivent paisiblement les vallées, sur de vastes lits de cailloux et de sable, et vont se perdre dans l'Ebre ou dans la mer. Ces ceintures de rochers sont arides, mais les vallées sont d'une fertilité rare : la plupart des arbres et des buissons portent des fruits, les fleurs naissent sans culture, sous la main qui vient les cueillir.

L'homme que le sort fait naître dans cette province, plus grand, moins bronzé que le Valencien, le Castillan et l'Andalou, porte sur son visage allongé, dans les saillies de ses traits, dans sa constitution osseuse, le souvenir des races visigothes réfugiées en Catalogne, et l'expression d'une force capable de vaincre l'âpreté naturelle d'un pays tourmenté. Il est, à la vérité, moins agile, moins bien fait que l'Espagnol du sud ou du centre; mais cet homme musculeux, aussi prêt à l'action que facile au plaisir, se montre ardent comme le soleil qui l'éclaire, et, en même temps, rêveur, amoureux du plaisir et du *far niente* comme un Napolitain.

Impétueux d'instinct et sentant mieux qu'il ne juge, il n'étudie guère les méthodes agricoles et ne vous dira rien de remarquable sur les arts : s'il devient paresseux quand il est mollement assis au bord de la mer, il meurt en héros dès qu'il faut s'exposer sur la brèche de ses places fortes.

Dans les hautes vallées, il lutte contre la nature avec une énergie de persévérance que peu d'autres peuples égalent, et qui se développe dans cet exercice continuel autant que sur le champ de bataille. Les guerres nationales et les guerres civiles n'ont pas cessé d'agiter cette contrée depuis le moyen âge jusqu'à l'insurrection de Don Carlos. Si l'on ajoute à cet élément d'activité forcée la jalousie que la Catalogne a toujours nourrie contre la Castille, on concevra comment s'est entretenue jusqu'à nos jours cette opiniâtreté de résolution qui ne recule devant aucun danger, ne fléchit devant aucun obstacle.

L'opinion, chez nous chose éphémère, objet de mode, reste chez le Catalan une table de bronze, cachée dans le sanctuaire de sa foi. Politique, religion, agriculture, mœurs, usages, tout est formé du même principe, tout est coulé dans le même creuset. Faut-il s'étonner si cet homme regarde un étranger comme suspect, une nouveauté comme une hérésie? Les conséquences de cet état de choses se manifestent dans les usages les plus intimes, comme dans les actes les plus éclatants : nationalité, fidélité opiniâtre aux anciennes idées, voilà le fond de l'esprit catalan; hors de là, tout n'est que l'incident vulgaire ou l'intermède rapide d'un drame sérieux.

Ainsi constitués, les Catalans sont naturellement soldats, et exellents soldats; le jour où nous passâmes à Figuières, deux jeunes époux, deux Altesses, venaient de donner à cette petite ville un mouvement de fête inusité.

Le duc et la duchesse de Montpensier en étaient

partis le matin pour aller s'embarquer à Rosas, sur le vapeur qui devait les transporter à Barcelone... Le régiment qui venait de les accompagner rentrait à Figuières au pas gymnastique. Ces soldats, chaussés de sandales, le pantalon blanc rentré dans la guêtre, nous rappelaient, par la rapidité de leur marche, la crânerie de leur maintien, nos fiers tirailleurs de Vincennes. Certes, s'il est un pays où les nouvelles manœuvres inventées en Afrique soient appropriées à la constitution des hommes, à la disposition d'un sol montueux, c'est l'Espagne... Chez nous, l'exercice, le travail parviennent à former d'excellents voltigeurs; chez eux c'est la nature qui les crée. L'Espagnol, leste, agile, comme la chèvre qu'il garde dans les rochers, comme la mule qu'il suit à la course sur les routes, est né pour former les premiers tirailleurs du monde. Ses hardis guerillas l'ont suffisamment prouvé...

Cependant, les mouvements lents et compassés des Allemands et des Anglais avaient été imposés à ces corps agiles, à ces imaginations impatientes, par les lois d'une tactique mal conçue. Il a fallu les prodiges de nos zouaves à l'Alma, à Palestro, sur tous les points où ils ont lutté contre les soldats du Nord, pour faire comprendre aux Espagnols les avantages qu'ils trouveraient à rester ce que Dieu les a faits : de légers et impétueux montagnards.

Afin de favoriser chez eux les nouvelles manœuvres de nos troupes, ils ont adopté, à la place des clairons, de petits tambours plats, moins bruyants que les nôtres, mais incontestablement mieux appropriés aux manœuvres rapides. J'avais déjà remarqué cet instrument de guerre, ainsi modifié, sur les bords du Rhin, dans l'armée prussienne. Voilà les Allemands eux-mêmes qui s'occupent de devenir légers. Je crains bien que la légèreté de leurs tambours ne soit la seule qu'ils parviennent à introduire dans leur tactique.

L'armée de la Péninsule fait de l'éclectisme sans s'en douter : elle emprunte le pas gymnastique à nos soldats, le tambour aux Allemands, et la musique aux Italiens. Quand la nuit fut tombée, et la vaste place de Figuières absolument obscure, je vis tout à coup, dans l'angle de deux hôtels mal alignés, jaillir une lumière inattendue. Une couronne de torches dessina un cercle de schakos et de tuniques ; vous eussiez dit un de ces effets de clair-obscur, si merveilleusement exécutés par les peintres hollandais : le *Miserere du Trovator* retentissait dans le calme du soir. Cette sérénade aux flambeaux, dans la calme cité de Figuières, me rappela une autre cérémonie, où les torches et l'obscurité jouèrent certain rôle ; il y a près de deux siècles de cela : il s'agissait de princes aussi. Figuières avait alors l'honneur d'être le rendez-vous de deux fiancés royaux, Philippe V et Marie-Louise de Savoie.

Leur rencontre amena des incidents tellement étranges et graves que je ne puis résister au désir de vous les rappeler.

Saint-Simon, ce profond historien, qui met si bien les grands seigneurs en déshabillé, qui écrit si admirablement la grande histoire, du fond d'un boudoir ou d'une antichambre, raconte la première entrevue des deux époux dans une de ses pages les plus malignes et les plus profondes.

« En arrivant à Figuières, le Roi, impatient de voir la jeune Reine (il avait dix-huit ans), alla à cheval au devant d'elle, et revint de même à sa portière, où, dans ce premier embarras, madame des Ursins leur fut d'un grand secours, quoique tout à fait inconnue au roi, et fort peu connue de la reine.

« A peine descendus de litière, l'évêque diocésain les maria de nouveau avec peu de cérémonie, et bientôt après ils se mirent à table pour souper. »

S'il est une opération qui possède le privilége d'éteindre momentanément les jalousies, d'apaiser les mécontentements, c'est assurément un somptueux festin ; toutes les diplomaties du monde ont l'habitude de faire trève à leurs querelles, dans ces circonstances solennelles. Il en fut tout différemment à Figuières. La salle à manger devint le théâtre de la plus étrange conspiration.

« Les époux étaient servis par la princesse des Ursins et par les dames du palais, moitié de mets à l'Espagnol, moitié à la française, »

Afin de calmer les susceptibilités nationales sans doute, et d'inaugurer la fusion politique des deux peuples : mais les Espagnols montrèrent bien qu'en dépit du mot de Louis XIV, il y avait encore des Pyrénées.

« Ce mélange de mets, dit Saint-Simon, déplut à ces dames, et à plusieurs seigneurs espagnols, avec qui elles avaient comploté de le marquer avec éclat ; en effet, il fut scandaleux. Sous un prétexte ou un autre, de la pesanteur ou de la chaleur des plats, ou du peu d'adresse avec laquelle ils étaient présentés aux dames, aucun plat français ne put arriver sur la table, et tous furent renversés, au contraire des mets espagnols qui y furent tous servis sans malencontre. L'affectation et l'air chagrin, pour ne pas dire plus, des dames du palais étaient trop visible pour n'être pas aperçus. Le Roi et la Reine eurent la sagesse de n'en faire aucun semblant, et madame des Ursins, fort étonnée, ne dit pas un mot. » Mais tout n'était pas terminé.

« Après ce long et fâcheux repas, » poursuit le malin chroniqueur, « le Roi et la Reine se retirèrent ; alors, ce qui avait été retenu pendant le souper débanda. La Reine se mit à pleurer ses Piémontaises comme un enfant qu'elle était. »

Louis XIV, toujours pour calmer les suceptibilités nationales, ce qui ne lui réussissait guère, avait défendu aux dames italiennes de dépasser Perpignan, afin que le service de la jeune Reine appartînt tout entier à des dames espagnoles.

« Marie-Louise, qui n'avait que quatorze ans, se crut perdue entre les mains de dames si insolentes, et quand il fut question de se coucher, elle dit tout net qu'elle n'en ferait rien, et qu'elle voulait s'en retourner... On lui dit ce qu'on put pour la remettre, mais l'étonnement et l'embarras furent grands, quand on vit qu'on n'en pouvait venir à bout. Le Roi déshabillé attendait toujours. Enfin la princesse des Ursins, à bout de raison et d'éloquence, fut obligée d'aller avouer au Roi et à Marsin tout ce qui se passait. Le Roi en fut piqué, et encore plus fâché. Il avait jusques-là vécu dans la plus entière retenue, cela même avait aidé à lui faire trouver la princesse plus à son gré. Il fut donc sensible à cette fantaisie, et par même raison aisément persuadé qu'elle ne se pousserait pas au-delà de cette première nuit. Ils ne se virent donc que le lendemain et après qu'ils furent habillés. Ce fut un bonheur que la coutume d'Espagne ne permette pas d'assister au coucher d'aucuns mariés, non pas même les plus proches, en sorte que ce qui aurait fait un très-fâcheux éclat demeura étouffé entre les deux époux, madame des Ursins, une ou deux caméristes et deux ou trois domestiques, François, Louville et Marsin.

« Ces deux-ci cependant se mirent à consulter avec madame des Ursins comment on pourrait s'y prendre pour venir à bout d'un enfant dont les résolutions s'exprimaient avec tant de force et de retenue. La nuit se passa en exhortations, et en promesses aussi, sur ce qui était arrivé au souper, et la Reine enfin consentit à demeurer reine..... Pardons, craintes, promesses, tout fut mis en règle et en respect, et le troisième jour fut tranquille, et la troisième nuit encore plus agréable aux jeunes époux. La quatrième, comme tout se trouva dans l'ordre où il devait être, ils retournèrent tous à Barcelone, où il ne fut plus question que d'entrées, de fêtes et de plaisirs. »

Quelle délicieuse mise en scène ! A travers ce joli récit historique, où les courtisans espagnols suppriment si adroitement les mets français pour conserver intact l'honneur national, on voit l'horizon se charger de nuages, et la vanité aristocratique préparer ces révolutions de palais qui allaient mettre l'Espagne en feu.

Les hommes n'ont pas le privilége exclusif des révolutions et des colères ; la nature a les siens, elle transforme la surface du sol tout aussi profondément que les guerres changent l'état moral et politique des peuples : la plaine de Figuières en est un exemple.

Le temps a ravi à cette ville sa plus belle parure, la mer ; oui, la mer ! Pendant bien des siècles, les montagnes au pied desquelles la ville est assise virent leurs pieds baignés dans les flots du golfe de Rosas. Les Pyrénées formaient la ceinture de cette baie ; à l'époque d'Annibal et peut-être encore de César. La position était digne de rivaliser avec celle de Naples et de Constantinople; mais les terres des montagnes, entraînées par des torrents sans nombre, descendirent et refoulèrent la mer : ainsi fut comblée la moitié d'une rade, qui n'en reste pas moins aussi vaste que celle de Toulon.

Aujourd'hui, les martins-pêcheurs, les grues et les sarcelles nagent à travers les joncs et les grandes herbes, à l'endroit même où les galères des Phéniciens et des Grecs couraient à pleines voiles, et venaient s'amarrer.

Ces fondateurs de notre civilisation, que l'instinct poussait vers la beauté des sites, comme vers toutes les beautés de la nature et de l'art, surent apprécier le golfe de Rosas. Ils construisirent à son entrée deux villes qui en tenaient la clé, Rhoda et Emporia (*Ampurias*). La première, fondée quatre ou cinq cents ans avant Jésus-Christ, longtemps riche, opulente, mais détruite vingt fois peut-être, par des conquérants envieux de ses richesses, n'est aujourd'hui qu'un village de huit cents âmes. Ses maisonnettes blanches tournent leurs façades au midi, afin de voir en même temps et le soleil et la mer qui vient baigner le quai. Ce lieu, si fréquemment cité dans nos expéditions de la Catalogne, entrepôt de nos vivres, port de nos flottes, dans les guerres de Philippe-le-Hardi, de Louis XIII, de Napoléon, partagea bien souvent nos succès et nos revers. Tombeau de plusieurs milliers de nos compatriotes, il a droit à toute notre affection, à tous nos respects. Mais abandonné par le commerce, même par la garnison espagnole, qui n'occupe plus les belles ruines de sa citadelle, il semble soupirer et rêver dans la paresse et le calme d'une cité d'Orient ; pas un touriste ne vient dessiner ses remparts détruits, pas un voyageur de commerce ne vient y déployer son carnet.

Fatigués par un soleil brûlant, au milieu d'octobre, nous nous réfugiâmes sous la treille d'une *posada*.

Trois belles jeunes filles, trois sœurs, qui paraissaient avoir le même âge, se présentèrent à la fois... Le regard curieux, l'attitude calme, la chevelure noire, éclatantes de fraîcheur et de santé, elles nous considéraient comme les habitants d'un pays lointain. La mère, encore jeune et tenant un enfant dans ses bras, vint compléter ce tableau de famille. Une table de sapin était devant nous, un plateau de fer-blanc peint supportait les verres, des grappes de raisins dorés tremblaient au vent au-dessus de nos têtes ; la mer bleue murmurait à nos pieds, le soleil éclatait autour de nous à travers les feuilles du pampre ; la belle mise en scène pour une ode d'Horace !... Ce souvenir nous transporta dans la *villa* du poëte de Tibur, et nous respirâmes longtemps un parfum d'antiquité, sous ce berceau de vignes, planté sur les ruines d'une cité grecque.

Ampurias, près de l'embouchure de la Fluvia, à l'autre bout de la rade, a complétement disparu... Sans les poteries et les médailles phéniciennes, journellement retrouvées par les laboureurs, les savants pourraient bien étendre jusqu'à elle les incertitudes que leur inspire la situation d'*Alesia*.

Ampurias ne méritait pas cette injure du temps et des hommes. Elle fut un des modèles les plus intéressants de ces comptoirs phéniciens et grecs, sur lesquels tant de choses restent à écrire. Croirait-on que ces marchands, d'il y a trente siècles, avaient un tel respect des nationalités qu'ils construisirent leur cité contre les remparts d'une ville ibérienne du même nom, sans troubler son organisation et ses lois... Chacune eut ses murailles particulières, ses magistrats, ses codes, et toutes les deux justifièrent par la bonne harmonie de leurs relations le nom de double ville (*Dipolis*) qu'elles portaient à l'arrivée des Romains.

Il est difficile de traverser la plaine de Rosas sans faire halte à Castillon. On y est attiré par une église colossale, qui s'élève au dessus de ce bourg de quatre cents âmes, comme un monument égyptien au milieu d'un village des Felhas.

On pénètre dans le temple chrétien par un porche de la plus belle dimension, orné de magnifiques statues en marbre blanc, représentant les douze apôtres. Nous en reparlerons en nous occupant de celles de Tarragone. La vue d'une vaste église à trois nefs, d'une véritable cathédrale, dans une localité de si médiocre importance, vous étonne. Une visite à la chapelle du chevet ne tarde pas à vous expliquer ce mystère : Castillon ne fut rien moins que la capitale des comtes d'Ampurias dans le quatorzième siècle. L'église, fondée par eux, a conservé leurs cendres, renfermées dans les tombeaux gothiques, où leurs statues se montrent encore couchées dans leurs costumes de guerre ou leurs vêtements sacerdotaux.

Le retable du maître-autel, en beau marbre blanc, est une œuvre considérable. Il est composé d'une douzaine de grands bas-reliefs, représentant les épisodes de la Passion... Par malheur, les statuettes ont été gravement mutilées par des iconoclastes, et vous apprenez, avec douleur, que ces destructeurs furent des soldats français du dix-huitième siècle.

Nos troupes républicaines, admirables sur le champ de bataille, étaient élevées à l'école philosophique et artistique des Conventionnels et de David. Elles ne se recommandent pas aux amis des arts par leur respect pour les merveilles gothiques. Les Académies les flétrissaient du nom d'*œuvres barbares* ; ils croyaient faire preuve de bon goût en les renversant. Leurs descendants, grâces à Dieu, savent réparer leurs erreurs : nos officiers ne s'arrêtent devant les monuments de tous les pays, de tous les âges, que pour les dessiner et enseigner à leurs soldats à les comprendre.

A qui remonte la gloire de cette heureuse révolution ?... A la littérature romantique, à cette réaction de l'esprit chrétien, contre une prétendue renaissance qui ne cessa, depuis François Ier jusqu'à Louis XVIII, de couvrir l'Europe, avec une passion beaucoup trop exclusive, de la contrefaçon de l'art et de l'esprit païen...

La forme littéraire, révélée par Walter-Scott, Châteaubriand, Victor-Hugo, peut être modifiée ; leurs pensées, leur philosophie restauratrice, resteront impérissables.

Une plaine, aussi fertile que monotone, s'étend de Figuières à Bascara. Les champs de blé, de maïs et de trèfle sont parsemés d'oliviers noueux et vénérables ; des aloès, mêlés à des amandiers, à des jujubiers taillés en haie, dessinent les chemins et les lisières des enclos.

L'heureux propriétaire, qui n'a gratté son champ qu'une fois avant la semence, se promène nonchalamment, les mains dans ses poches, la cigarette à la bouche, au milieu de sa double récolte, ayant les olives sur sa tête, les céréales à ses pieds... La route est belle, large, très-roulante, et ne rencontre d'autre accident de terrain que le passage à gué de la Fluvia.

Après avoir suivi son lit peu profond pendant un demi kilomètre, à travers les peupliers, les saussaies et les saules, comme si l'on exécutait une course au clocher en voiture, les huit mules traînent la diligence sur l'autre bord, et l'on voit Bascara, véritable bourg moyen âge, entouré de remparts, flanqué de tours rondes, assis sur la rive, au sommet d'un socle de rochers. On salue, sans la traverser, cette bicoque aux maisons noires et sombres, labourées par plus d'un boulet pendant les dernières guerres civiles de Cabrera.

Bientôt des collines s'élèvent, se rapprochent et s'échappent à travers la plaine moins uniforme. Le vieux donjon gothique de Montagut apparaît à droite, sur la croupe d'une montagne; la chaussée longe, à gauche, le Ter, majestueusement encaissé dans un lit profond et rocheux. On laisse à gauche la route qui conduit à *Palamos-sur-Mer*, à droite celle qui remonte vers *Olot*; on traverse le Ter sur le pont de *Soria*, et l'on entre dans Girone.

Là commence véritablement la vieille Espagne religieuse et civile.

Au seul aspect de cette ville, on devine que l'on entre dans un passé qui se conserve et se perpétue dans le présent. Les habitants sont restés fidèles au système de construction d'autrefois. Ils bâtissent et ils pensent comme bâtissaient et pensaient leurs ancêtres.

Girone se dresse sur une colline escarpée, et de cette hauteur descend presque à pic sur les bords de l'*Oña* encaissée entre deux rangs de maisons bizarres et inégales. Les rues étroites, tortueuses, courent au caprice de tous les mouvements de terrain; les maisons hautes se prêtent un appui mutuel, au moyen d'arcs-boutants ménagés au second étage. Dans la basse ville, les places sont entourées d'arcades lourdes, nullement élégantes, mais très-pittoresques, et qui vous protégent contre les rayons du soleil. Une visite à Girone est une véritable ascension. On a garni quelques rues de marches indispensables; plus d'une est un véritable escalier, à l'extrémité duquel vous attendent les églises et les monuments. Cent degrés conduisent au porche de Saint-Martin, cent soixante au parvis de la cathédrale. Cet escalier spacieux, tournant majestueusement autour de larges piliers, avec de belles rampes renaissance, produit un effet saisissant. C'est ici qu'on est admirablement placé pour étudier l'histoire de l'art et de l'Église en Espagne. Le quinzième et le seizième siècles vivent encore tout entiers dans la **cathédrale de Saint-Narcisse.**

Quand vous avez gravi ce somptueux perron, fait pour la pompe au grand jour, pour la lumière, la bénédiction *urbi et orbi*, une surprise extrême vous attend à la dernière marche. L'église où vous pénétrez renferme ses autels dans une obscurité terrible; elle fait penser au tribunal secret qui terrifia l'Espagne. Jamais, peut-être, monument religieux n'offrit un aspect plus frappant. L'étranger qui entre dans ce temple se souvient des Catacombes; quand le soleil est voilé, on peut à peine distinguer les piliers et les chapelles; ce n'est qu'au moment où il introduit ses rayons par les imperceptibles lucarnes des travées qu'on peut discerner quelques détails; mais on ne saurait déchiffrer une inscription ou lire son paroissien sans le secours des cierges. Le cloître même, situé au nord comme dans tous les pays chauds, où l'on recherche naturellement l'ombre et la fraîcheur, a un caractère étrange; il est à fausse équerre, et beaucoup plus long d'un côté que de l'autre. La forme un peu lourde de ses arcades plein-cintre est imposante et sévère. Ce *campo-santo* (car tous les cloîtres étaient destinés à recevoir les morts), est élevé sur les escarpements de la montagne, et plus inabordable que la cathédrale; il semble, dans la majesté funèbre de son isolement, vouloir cacher aux yeux profanes ses richesses sculpturales et funéraires.

Pas un coin, pas un pan de mur, pas un fragment de carrelage qui n'ait reçu des inscriptions obituaires, de vieilles dalles de tombeau ou des écussons. Ces inscriptions n'ont d'autre intérêt, d'ailleurs, que de rappeler la date de la mort, les titres personnels et les legs pies des membres du chapitre de Girone.

Ce qui n'est gravé sur aucun mur, et qui partout est imprimé sous les voûtes de cette cathédrale et de ce cloître, en caractères mystérieux, c'est la trace impérissable de la foi espagnole, le cachet profond de l'Eglise et du clergé de la Péninsule.

La cathédrale de Saint-Narcisse, construite en 1415 par l'architecte Guillermo Boffiu, était déjà, avec sa large nef sans bas-côtés, une des églises gothiques les plus imposantes de l'Espagne. Le clergé du seizième siècle fit murer les fenêtres, et, plongeant ce temple dans les ténèbres, il voulut en faire le sanctuaire de l'ascétisme, du soupçon et de la menace.

Le catholicisme espagnol, développé sous l'empire de la haine des Maures, de la crainte de tous les schismes, n'a rien de commun avec celui de l'Italie et de la France; il s'est fait des lois à lui, un art à lui; art étrange, qui aime les représentations] des tortures et des martyres. Le mysticisme le plus exagéré s'y mêle au réalisme le plus matérialiste ; la transfiguration des âmes de sainte Thérèse et de saint François y est confondue avec les supplices de saints qui se hachent les muscles et se dévident les entrailles. Cette religion substitue aux préceptes chrétiens les intérêts politiques, elle a pour cérémonies les auto-da-fé, pour diacres les familiers du saint-office, pour souverain-pontife Torquemada. J'imagine que les architectes de la cathédrale de Girone portaient un cilice et couchaient dans une bière, comme le peintre du seizième siècle Vargas de Séville.

Autrefois tout cela était grand et redouté, aujourd'hui la population ignore le sens de ces tombeaux et de ces chiffres, que rencontrent partout ses yeux. Les chanoines mêmes passent dédaigneusement à côté des inscriptions du quatorzième siècle et du quinzième ; ils traînent leurs gros souliers sur les écussons des archidiacres et des abbés, ils les écorchent, les effacent avec l'indifférence de l'Arabe couché sur les hiéroglyphes de Denderah et de Memphis. Les caractères gothiques sont devenus illisibles pour leur ignorance. Un vieux abbé nous a demandé si les lettres que nous transcrivions étaient grecques. A côté de ce prêtre moderne, chez qui la vie intellectuelle paraissait éteinte, nous apercevions la figure d'un prélat, image de marbre plus vivante cent fois, et qui frémissait encore de passion. Cet évêque, couché sur son tombeau, était né de race noble, dit l'inscription, dans le doux royaume de Valence, et mort en 1532. N'imaginez pas un de ces cadavres qui dorment, étendus sur le dos, immobiles, sans autre expression qu'un simulacre de prière.

Couché sur le côté gauche, il appuie dans sa main une tête tourmentée par les douleurs de l'agonie ; la contraction de son visage montre la lutte suprême de la mort et de la vie ; l'évêque n'est pas mort : il meurt... 1532 ; c'était l'époque où le clergé de la Péninsule conservait encore, mais allait bientôt perdre l'héroïsme du moyen âge. Rien de plus courageux que ce corps depuis l'établissement du christianisme jusqu'au quatorzième siècle ; évêques et moines, chanoines et curés, sacrifièrent généreusement leurs revenus, versèrent leur sang dans la guerre de sept siècles dirigée contre les Maures. Mais quand la lutte eut cessé, il passa de l'ère des dangers et des fatigues à celle de la domination, et si le courage lui valut le pouvoir, le pouvoir prépara sa perte. Libérateur du sol de l'Espagne, il voulut en devenir le conquérant, et dans cette œuvre il rencontra pour auxiliaires naturels la vanité du caractère espagnol et l'exaltation religieuse de la nation. Les rois et les princes du moyen âge, désirant s'assurer les prières quotidiennes des religieux, c'est-à-dire le repos éternel dans les cieux et la perpétuité de leur nom sur la terre, fondèrent des abbayes, construisirent des chapelles, achetèrent une tombe dans un cloître et s'attachèrent un chapelain particulier. Les bourgeois imitèrent les gentilshommes ; à la campagne, comme à la ville, il n'y eut si mince propriétaire qui ne cédât à la vanité pieuse de créer une chapellenie, et en même temps un bénéfice en faveur d'un ecclésiatique, témoins les Callar dont l'abbé Gorriburu nous a conté l'histoire.

De là cette multiplicité de prêtres sans cures qui couvre le sol de l'Espagne. Ces petits bénéficiers consacrent une moitié de leurs nombreux loisirs à seconder le desservant de la paroisse ; ils emploient l'autre à recevoir les dons volontaires de leurs pénitents, toujours trop disposés à donner.

On connaît l'excessive prospérité de l'Espagne au dix-septième siècle et la décadence rapide de son clergé. C'est l'histoire universelle de tout ce qui réussit trop rapidement. Le nôtre lui-même, si distingué aujourd'hui et si supérieur à celui de la Péninsule, n'at-il pas puisé dans la terrible épreuve de la Révolution une partie de sa grandeur et de son amour des lumières ? Le prêtre espagnol devrait comprendre cet exemple honorable et se mettre au courant des devoirs nouveaux que lui impose la civilisation. Notre littérature, il est vrai, n'est pas à l'abri de tout reproche à son égard ; elle a voulu l'isoler du mouvement des esprits au dix-huitième siècle, plutôt que de le convier fraternellement à la rénovation générale. Elle introduisit, en effet, sur la scène une silhouette odieuse de l'ecclésiastique espagnol sous le costume de Basile : ce chapeau si long, ce manteau agrafé sur la soutane, cette ceinture de cuir, ces gros souliers à courroies, forment, des pieds à la tête, le signalement exact du prêtre, très-souvent conseiller des familles et professeur de musique, tout comme le confident de Bartholo.

Nous étions plongé dans ces réflexions, en redescendant les rues bizarres de Girone, lorsqu'au pied de la cathédrale nous trouvâmes le café chantant ; c'est par là que pénètre l'esprit français. Sous les arcades obscures, où les promeneurs circulent d'un air presque aussi important que s'ils étaient au *Prado*, une petite porte et un escalier malpropre vous conduisent dans une salle où un musicien, flanqué de deux pauvres chanteuses maigres et fanées, exécute sur un clavecin sans pareil les chansonnettes de M. Abadie ou de M. Panseron, arrangées à l'andalouse. Au dehors, un accompagnement sourd, mais continuel, de conversations, de bruit de chevaux, ferait croire que Girone possède une grande circulation ; elle offre du moins une agitation assez soutenue.

Une sortie de Girone ressemble à une évasion ; on ne part pas, on s'échappe. Nous nous étions installés dans le coupé de la voiture qui va rejoindre le chemin de fer de Barcelone ; à peine assis, nous fûmes ahuris de cahots, de jurons, de bruits de toutes sortes qui semblaient assaillir notre pauvre boîte roulante. Devant nous, sur une banquette, deux hommes se livraient à des contorsions rapides et singulières, maniant à qui mieux mieux les rênes, la mécanique, le fouet, le bâton, surtout l'injure. Les mules, attelées deux à deux sur une longue file, paraissent d'abord se confondre violemment dans un réseau inexplicable de harnais sales. C'est une cohue de bêtes têtues, quinteuses, qui se jettent à droite, ruent à gauche, se cabrent, et mordent leur conducteur ; il ne faut rien moins que des coups pour faire abaisser les têtes altières et les croupes en révolte ; refusent-elles de se ranger au bout du timon, le palefrenier se pend avec les dents à l'oreille de celle-ci, saisit celle-là par les jambes de derrière, et les porte à leur place. L'attelage s'élance enfin sur la route. Alors un nouveau spectacle vous attend. Assez loin devant la diligence brille un point de feu, fantastique, mobile, qu'on n'atteint jamais, qu'on voit toujours ; ce feu follet, traçant dans l'espace la route de la voiture, c'est la cigarette du postillon, laquelle est sans commencement et sans fin. Le malheureux *delantero*, ou, pour parler plus exactement, le condamné à mort, a dix-sept ou dix-huit ans. Jusqu'à quel âge vivra-t-il? jusqu'au jour où il roulera dans un précipice ou sous les roues; la fatigue peut-être le tuera. Son métier, à lui, c'est de courir à cheval sur la première mule et de fumer sans relâche. Il vous conduit à votre but, et tandis que vous secouez la poussière de vos pieds, heureux de retrouver le repos, la nuit, sur une couche quelconque, il remonte en selle et continue de courir en avant. Le condamné à mort a une gaieté grave; il porte le nez au vent, le bonnet à poil sur l'oreille, un mouchoir noué sous le bonnet; il fait claquer son fouet et vous salue sans mot dire, en prenant congé de vous, comme un stoïcien qui demanderait un pour-boire.

Derrière lui, de l'autre côté de cette procession de mules, le conducteur est assis tenant les rênes, veillant à la mécanique, réglant, gouvernant tout avec majesté. Le *mayoral* est à la fois le maître de chacun, le comptable et l'intelligence souveraine qui dirige l'attelage et la voiture sur ces routes périlleuses. Sept à huit cents cigares, quelques tasses de chocolat, quelques bouchées de *puchero* l'aident à combattre la fatigue et le sommeil..... Entre le delantero et le mayoral, tous deux rivés à leur poste, un homme s'agite, saute, bondit, escalade le siége, enfourche une mule, suit l'attelage à la course, c'est le *zagal*..... Qu'importent les angles des routes, les coudes violents de la corniche et le désarroi accidentel de ce long équipage? Le zagal veille, regarde, et, sans arrêter un instant ce véhicule fantastique, rattache les harnais, gronde une mule, flatte l'autre et fait sentir le bâton à la troisième.

Toutefois, il faut rendre justice aux Espagnols; ils frappent leurs bêtes de somme, mais ils n'en exigent pas un travail au-dessus de leurs forces; ils ne les font pas expirer sous les coups de cette brutalité que la loi *Grammont* a dû poursuivre et flétrir... Au moindre obstacle, on double, on triple le nombre des colliers, et le fouet ne demande pas à la douleur ces contractions surnaturelles qui n'obtiennent un effort passager qu'en forçant les muscles, et souvent en hâtant la mort.

Si la beauté de nos routes n'explique jamais la cruauté de certains de nos rouliers, le mauvais état de celles de l'Espagne offrirait des circonstances atténuantes à l'impatience des conducteurs de la Péninsule. La diligence espagnole n'est pas un élégant et léger véhicule, qui n'a qu'à glisser régulièrement sur une surface unie, balayée, arrosée par des cantonniers, comme l'allée d'un parc anglais; c'est une solide machine, construite en vue d'obstacles à briser, de rochers à détourner, de rivières à passer à gué : nous ne tarderons pas de la voir à l'œuvre.

A quelques lieues au sud de Girone, une chaîne de montagnes qui descend de Puycerda vers la Ségré, tourne à gauche, va joindre la mer à Blanes et à Palamos, et sépare la province de Girone de celle de Barcelone. Une *posada*, un poste de douaniers, une chaîne de fer, marquent cette séparation.

La principauté de Catalogne n'a pas moins de quatre provinces; car il faut ajouter aux deux précédentes celle de Tarragone et celle de Llérida. Toutes ces divisions administratives sont justifiées dans la Péninsule entière par la configuration des lieux et la direction des bassins. Chacun de ces cercles forme un petit État à part, entouré, non de collines, comme la butte Montmartre, mais de véritables sierras, qui rendent le passage de l'un à l'autre très-facile à défendre en temps de guerre. Quel pays favorable aux jalousies, aux divisions provinciales, à la guerre civile... Et l'on est étonné que les Espagnes aient donné si longtemps un produit que le sol porte dans ses flancs ?...

II

Province de Barcelone. — Les insurgés. — Le mont Ceni. — Paysage. — Gendarmes et bandits. — Rivières sans ponts. — Agriculture. — Les bords de la mer. — Chemin de fer sur la plage.

La route suivait autrefois la belle vallée d'Ostalric; mais le désir d'éviter le voisinage *des mauvaises gens* qui, à chaque mouvement politique, se réfugient dans le mont Ceni, celui de joindre la mer à Calella, afin de desservir les villages industriels, échelonnés sur les bords de la mer, ont fait adopter aux diligences la voie qui traverse les montagnes. Ce mont Ceni est l'expression la plus énergique de la tenacité, de la fermeté du Catalan dans ses opinions. Il fut l'asile de tous les hommes battus dans la plaine, qui restèrent inébranlables dans leur amour de l'indépendance, soit pendant les guerres de la Succession et de Napoléon, soit durant la dernière guerre de Don Carlos. Les *Cabreristes* ne purent jamais être délogés de ces retraites par les troupes de la Reine et longtemps après le traité de Vergara, le drapeau de Charles V y flottait encore. La mer et les montagnes sont les fidèles auxiliaires des hommes énergiques, résolus à ne jamais transiger avec leur conscience.

La religion de la liberté créa Venise, et cette république batave dont les citoyens reproduisirent sous un climat opposé, avec des mœurs toutes différentes, les traits les plus saillants du caractère espagnol. Ce peuple de marins trouva dans ses canaux, dans ses rivières, dans ses plaines inondées, le boulevard que les habitants de la Péninsule cherchaient dans leurs rochers.

Les nations établies dans des pays plats n'ont que deux alternatives après la défaite; se soumettre ou périr. Celles que protégent les mers ou les monts peuvent braver plus longtemps leurs ennemis victorieux.

Le paysage du mont Ceni et d'Ostalric joint à ce fier caractère une harmonie virgilienne. Rien de gracieux comme ces ondulations de terrain, tapissées de bruyères en fleur, qui leur donnent une teinte rose. De petits arbres verts, au feuillage rond, des touffes d'arbousiers aux fruits rouges varient doucement ce spectacle. Çà et là se dressent des pointes de rochers et de majestueux bouquets de pins parasols. A droite, à 10 ou 12 kilomètres, paraît la petite ville d'Ostalric, plaquée sur le flanc d'une montagne, et surmontée d'une citadelle à la Vauban. Au delà s'élèvent des sommets où la neige séjourne une grande partie de l'année, et dont les étages bleu d'azur s'étalent à l'horizon avec une richesse de tons, une majesté de formes saisissantes.

Le jour où nous admirions ce panorama, l'atmosphère n'avait pas la pureté ordinaire aux pays méridionaux. Les vapeurs émanées des gorges du mont Ceni formaient des nuages légers et onduleux, à travers lesquels le soleil dispersait sa lumière avec la majesté la plus capricieuse. Chaque bourrelet semblait se refléter et se peindre, sur les parois des rochers gris, en teintes bleues, jaunes et roses. Çà et là, les nues entr'ouvertes laissaient les rayons tomber, par plaques pourprées, sur les vallées comme le feu d'une fournaise; le regard plongeait dans les profondeurs du ciel par ces larges brèches ; un tableau de Martyn n'est pas plus immense ; une toile de Rubens est moins colorée.

Ce fut assurément en présence de quelque spectacle de la même nature, dans un de ses voyages en Espagne ou en Italie, que le peintre d'Anvers trouva le secret de son coloris audacieux et splendide. Les plaines vertes, le ciel constamment gris de la Flandre ne lui auraient jamais révélé des tons qui leur sont inconnus.

Notre diligence montait et descendait à travers ces montagnes de verdure et de fleurs, au milieu du silence : pas un arriero, pas un char à bœufs. Parfois nous dépassions quelque chose de vague et de mouvant qui s'avançait sur la route ; c'était un voyageur enveloppé d'un nuage, et qui traînait ses espadrilles dans un bain de poussière.

L'Espagnol s'est fait auprès des habitants du Nord une belle réputation de malpropreté. Il serait juste de lui accorder des circonstances atténuantes : le moyen que votre linge ou votre corps ne laisse pas quelque chose à désirer, dans un pays où l'on marche dans un tourbillon constant de poudre, alors que les rivières ont à peine assez d'eau pour fournir à boire aux habitants.

Çà et là des gendarmes apparaissent au détour des chemins, toujours deux à deux, et donnent un caractère officiel à la sécurité dont on jouit dans ces forêts inhabitées. Le jour, ils parcourent la route ; la nuit, ils s'embusquent dans de petits pavillons crénelés, placés aux coins des bois ou des ravins les plus suspects. Si les voitures publiques ne sont pas complétemeut occupées, ils montent sur l'impériale, et la diligence devient une espèce de petite forterese roulante, prête à faire feu sur tout *trabucaire* qui se serait attardé dans les bruyères.

Les voleurs catalans ont beaucoup de prudence ; ils recherchent peu les aventures qui offrent quelque mauvaise chance. Aussi la présence de l'uniforme à buffleterie jaune a-t-elle suffi pour les éloigner de toutes les lignes surveillées par des patrouilles. Les touristes amis du drame apprendront avec regret que, depuis l'organisation de la gendarmerie, il y a dix ou quinze ans, les routes de la Catalogne et de l'Espagne entière jouissent d'une sécurité à peu près égale à celle de la France. Il a suffi de quelque latitude laissée à ce corps, de tirer sur tout larron qui tenterait de résister, pour inspirer aux écumeurs de grands chemins le plus vif empressement à s'éloigner.

L'impunité fit longtemps toute la force du banditisme espagnol ; le juge, menacé d'assassinat sur sa femme, sur ses enfants, se laissait aller à une clémence qui augmentait le danger public... Le gendarme, plus habitué au péril, toujours armé et se tenant sur ses gardes, est moins accessible à la crainte... A la première rencontre d'un coupe-jarret en flagrant délit, il termine son procès par un coup de carabine. La concession de ce droit de vie et de mort a plus contribué à 'extinction des brigands que les articles du code pénal le plus logique. Protégés par la terreur qu'ils inspirent, deux gendarmes n'hésitent pas à conduire plusieurs bandits mal enchaînés. Nous avons vu près du mont Serrat, sur la route de Llérida, huit prisonniers de la tournure la plus patibulaire marcher avec la docilité de conscrits conduits au corps devant deux simples gendarmes.

Encore quelques années, le *trabucaire* espagnol, le *bravo* italien seront des mythes relégués parmi les curiosités de l'histoire ; le brigandage n'existera plus que dans nos capitales où il a déjà l'avantage d'être exercé avec une audace et une habileté dignes d'inspirer les plus beaux mélodrames.

Nous traversâmes rapidement le plateau d'Ostalric. Au pied de la montagne, la Tordera coule majestueusement sur un sable fin, où les roues de la voiture devaient s'engager inévitablement. Nous y arrivons avec le même sang-froid que si un pont eût été jeté sur la rivière. On ajoute quatre colliers de renfort, on entre dans l'eau, qui monte jusqu'au plancher du coupé. On arrive, Dieu sait avec quels efforts, jusqu'au milieu du gué... Là, on s'arrête ; les fouets claquent inutilement, les cris redoublent : *Coulobre !* s'écrie le mayoral en avisant la troisième mule... *Alegre !* (c'est le nom de la seconde), *Courrou ! Courrou !* Car toute bête a son nom propre en Espagne, comme les chevaux en Arabie. La mule n'est pas un simple numéro, une force motrice, mais une individualité de certaine importance avec laquelle il faut compter. A mesure qu'elles sont interpellées directement, elles répondent par un effort vigoureux, et cependant nous n'avançons guère. *Carbonera*, ajoute le zagal, qui ôte ses espadrilles, retrousse son pantalon et saute à genoux d'une mule à l'autre.

Corso ! Bollou ! Gaillardo, dit plus doucement, et comme en confidence, le delantero lui-même qui daigne se retourner. *'Bouraste*, vocifère enfin le mayoral, qui montre le sourcil courroucé de Jupiter. Alors tout l'attelage s'élance, les roues franchissent en grinçant les cailloux qui les arrêtaient sous l'eau. Nous entrons à grand bruit dans le village de Tordera, caché, sur l'autre rive, derrière un rideau de peupliers, et nous achetons, pour nous rafraîchir, des *uvas* (raisins) qui nous paraissent délicieux.

Ces fleuves sans ponts, cette dépense de force et cette imprévoyance apparente des Espagnols donnent toujours lieu à des méprises ou à des réflexions plus ou moins exagérées. Quand on regarde ces rivières aux eaux vagabondes qui roulent à leur caprice sur un lit de six cents mètres de largeur; quand on aperçoit ces étranges passerelles faites de plusieurs bancs attachés à la file et destinées à servir de jouet aux premières crues du torrent, on croit avoir saisi sur le fait la paresse espagnole. Il y a mieux : Castillon, que nous venons de traverser, possède un pont de six arches, sur le Lez. En été, la rivière est un ruisseau auquel une seule arche suffit ; son lit est immense, et le pont n'en franchit que la moitié. Le torrent a enlevé la chaussée qui y conduisait, et rien n'est plus bizarre que cette construction tantôt inutile, tantôt insuffisante, et sur laquelle on ne peut hisser les voitures qu'en prenant du renfort, tant les abords en sont rapides. Assurément, le commerce et l'industrie restent en souffrance avec ce système de communications tronquées ; mais il faut faire la part de tout le monde dans cet état de choses, et ne pas rejeter la faute exclusivement sur l'ouvrier espagnol, qui est peut-être le plus actif, le plus robuste, le plus sobre de l'Europe.

Ouvrez des chantiers et des routes, vous verrez ces hommes qui demeurent assis au soleil ou se promènent la cigarette à la bouche, qui mendient ou font la sieste, secouer tout à coup l'apathie qui semblait les énerver ; vous verrez se repeupler en un quart de siècle cette Espagne qui, après avoir accompli jadis, dans la guerre, dans l'agriculture, dans l'architecture, tant de merveilles, n'a plus, aujourd'hui, que 13,000,000 d'âmes sans occupation.

Quand la récolte est bonne en Espagne, et que les propriétaires font appel aux bras, les montagnes de la Catalogne et de l'Aragon leur envoient des manouvriers qui font des prodiges de force et de persévérance. Attachés pendant seize heures au fauchage du blé ou au battage de la gerbe, par 32 ou 35 degrés de chaleur, ces hommes, dont la peau noircie par le soleil ruisselle de sueur, deviennent des machines humaines, avec lesquelles nos batteuses à vapeur auraient de la peine à lutter.

Les Espagnols qui prennent part, dans le midi de la France, aux travaux agricoles les plus pénibles, l'emportent toujours en résistance, en sobriété, sur l'agriculteur français, moins solidement constitué.

Nous avons vu un Aragonais faire la gageure de tenir tête à lui seul, par un jour de chaleur étouffante, à quatre ouvriers à la fois... Pour entretenir sa force, il buvait de l'eau glacée dans un puits voisin, comme un cheval à l'abreuvoir. Ces hommes ne trouvent pas l'emploi de leur énergie dans un pays où la routine agricole et les sécheresses annuelles qui dévorent les récoltes sont accompagnées de mille obstacles naturels que la civilisation détruit ailleurs. L'aspect des campagnes catalanes laisse une impression double : on sent à la fois la fertilité de la terre et la présence continuelle de forces perdues. Au sortir de

Girone, les coteaux et les collines sont jonchés de citrouilles dorées qui pourrissent dans les champs ; des grappes de maïs roux, tressées en guirlandes, sont étendues aux balcons des maisons, sur les arbres et les barres horizontales des vergers ; ces épis opulents, livrés au maraudage des poules et des oiseaux du ciel, dès le 1er septembre, ont considérablement perdu de leur poids quand on les rentre au grenier, au commencement de l'hiver. Mais l'Espagnol donne volontiers leur pâture aux petits des oiseaux. Cela le rapproche du bon Dieu et des anciennes coutumes. En toutes choses, il conserve la même fidélité aux vieux principes. Si l'ombre de Sertorius revenait, elle retrouverait les mêmes moulins à huile, la même façon de garder à l'olive écrasée son goût vierge et sa couleur verte. La charrue que nous voyons figurer dans les bas-reliefs romains est encore en usage : des bœufs aux grossiers colliers de bois, ayant le front libre et le regard effaré, la traînent lentement comme à l'époque de Curius Dentatus.

On comprend que la chaleur artificielle du fumier est inutile à cette terre pierreuse et calcaire ; pour produire, ce n'est pas des engrais qu'elle réclame, mais de l'eau. Les Arabes s'en procuraient à force de travail et d'industrie, leurs successeurs n'ont pas la même habileté.

Comment se fait-il néanmoins que l'agriculture catalane soit de beaucoup supérieure à celle des autres provinces? C'est que dans l'Aragon et la Navarre, les populations se sont groupées dans les villes et les villages, afin de résister aux bandes des guérillas ; elles ne cultivent que le terrain nécessaire à l'alimentation de chaque *pueblo* ; tout le reste de la contrée reste en friche. Dans la Catalogne, au contraire, les maisons, disséminées sur tous les points, font rayonner la culture et le travail. Mais, hélas! cette différence n'existe plus quand il s'agit des traditions et des systèmes de moisson ou de vendange. J'en appelle au souvenir de quiconque a touché des lèvres les vins communs de l'Espagne. On se demande par quel secret les hommes tirent d'un raisin délicieux une liqueur pareille. Les silènes et les bacchantes de l'antiquité, qui pressaient une grappe et versaient eux-mêmes dans leur coupe le vin improvisé, réussissaient infailliblement beaucoup mieux. Les Espagnols écrasent le raisin sous les pieds et le jettent dans la cuve comme les Français, mais ils ne pensent pas à le décuver quinze jours plus tard. Les grappes et les peaux nagent toute l'année dans le jus noir, qui se macère, se charge de débris ligneux et devient une bouillie indescriptible... C'est là que la ménagère va puiser, chaque matin, avec la gourde ou le *cantaro*, un vin changeant qui, potable en novembre, épais en décembre, très-dense en janvier, devient marécageux en février. L'été venu, ce n'est plus du vin, c'est un raisiné pourri, et le voyageur français qui parcourt à certaines époques l'Aragon, la Navarre ou la Catalogne, est obligé de boire de l'eau au milieu des plus belles vignes de l'Europe.

Il y a d'autres moyens encore de gâter et de perdre le vin. Celui qu'on destine à l'exportation est enfermé dans des peaux de bouc qui font l'effet de gourdes à quatre pattes ou de brebis mortes dans l'eau et tuméfiées. Dieu sait quel bouquet, quelle saveur de goudron gâté cela donne au produit!... Mais dans un pays qui ne voiture pas aisément ses richesses, ces peaux sont aussi précieuses qu'elles répugnent à voir. Le roulier vous dira qu'une quarantaine d'outres empilées dans une tartane, collées les unes aux autres, souples, dociles, forment un matelas moelleux pour sa femme et ses enfants. Quand le chemin se rétrécit, le matelas se dédouble; les outres sont distribuées à une armée de petits ânes, et le vin traverse aussi bien les montagnes qu'il a traversé la plaine. Nous avons rencontré à Lumbier, dans la haute Navarre, un cortége de ce genre: cent trente-deux ânesses grises, grandes comme des chiens de berger, et accompagnées de trois conducteurs, portaient toutes la charge d'une charrette à trois chevaux. On ne fait guère, par ce procédé, que trente lieues en huit jours, mais le vin arrive sans frais: les hommes se nourrissent d'un peu de pain; les animaux, de l'herbe de la montagnes.

Rentrons dans notre diligence, qui s'éloigne de plus en plus de la ligne pyrénéenne.

A mesure qu'on approche de la mer, l'horizon se dégage; on aperçoit les belles ruines du château de Pelafoy, puis les petits ports de Palamos et de Blanes (*blanda*). Ils sont dominés par deux montagnes coniques en pain de sucre, plus régulières, plus coquettes que les ifs les mieux taillés des jardins de Lenôtre.

Dans une atmosphère calme et tiède, qui vaudrait certainement pour les malades celle de Nice; au pied de petites collines que couvrent la vigne, le figuier, l'amandier, l'oranger et le jujubier; au bout d'une sorte d'avenue formée d'aloès qui épanouissent leurs feuilles en fers de lance et fleurissent en étendant leurs bras comme les branches d'un candélabre, se trouve le port de Calella. Il est éclatant de blancheur et propre comme une ville hollandaise... Je ne parle pas, bien entendu, de la *posada*, qui, là autant qu'ailleurs, est imprégnée d'une affreuse odeur d'huile espagnole, et vous offre autant de nausées que de plats. Le village est posté à merveille ; il travaille au bord de la mer en paix et avec ordre. Dès qu'on a touché du pied les flots de cette plage, on ne veut plus la quitter... Comme si un heureux génie venait accomplir vos souhaits, la route s'engage dans les rochers battus par les flots et forme, pendant deux lieues, une corniche tortueuse, en longeant une foule de petits promontoires en dents de scie fort escarpés. La diligence suit tous leurs contours, s'enfonce dans les anses creusées par les vagues, grimpe sur les caps, du haut desquels le moindre accident la ferait rouler dans la mer. Ces ascensions, exécutées à travers les rochers énormes et les fondrières inquiétantes, au grand trot des mules, nous conduisent à Arenis de Mar, et nous prenons le chemin de fer... Rien n'est monotone en Espagne, excepté l'existence des Espagnols.

Le voyage en wagon, si uniforme chez nous, conserve dans la Catalogne toutes les particularités pittoresques d'une route accidentée... La locomotive lance ses premiers coups de sifflet sous un tunnel taillé dans le roc, au bout duquel les flots l'attendent et semblent prêts à l'engloutir ; mais elle glisse au niveau du sable, comme une gabarre traînée hors de l'eau ; le voyageur, qui tourne le dos à la terre, peut se croire sur un bateau à vapeur, car les vagues viennent baigner les rails.

Quel panorama !... A gauche, des paquebots passent fièrement ; des bricks offrent aux vents leurs voiles coquettement disposées ; à droite, une suite non interrompue de petites villes industrielles et délicieuses tournent du côté de la mer leurs longues façades blanches et jaunes, et dressent vers le ciel leurs cheminées de machines à vapeur comme des villes flamandes.

Ces villages, exposés autrefois aux attaques des corsaires maures et barbaresques, conservent les grosses tours rondes dans lesquelles la population se réfugiait à la première alerte. Les collines du rivage sont couronnées d'une foule de petits donjons à signaux, établis dans le même but.

La nuit arrive, la mer reflète les lanternes des wagons et rougit au feu de la locomotive, comme si le tender traçait son sillage sur les flots; la campagne se couvre de milliers de lumières, et l'on entre dans cette Barcelone que son industrie, sa richesse, sa situation, sa population de 200,000 habitants, placent au nombre des capitales du commerce et des reines de la mer.

III

Barcelone. — Les églises. — Les tombeaux. — Le vieux palais royal | — Les archives. — Les miracles. — *Santa-Maria-del-Mar*. — L'art nouveau. — Le port. — Invention de la vapeur. — Les palais. — La Rambla. — La nouvelle ville. — Les théâtres. — La musique et la politique. — Les plagiats littéraires. — Un cimetière modèle. — La citadelle et Philippe V.

Barcelone est, par excellence, la ville du dix-neuvième siècle. Au premier coup d'œil, on reconnaît une capitale moderne. L'homme qui débarque à neuf heures du soir, au milieu de mille lumières, sur ses vastes places, aperçoit le square Medina-Cœli, orné de siéges de marbre blanc, planté d'orangers et de fleurs; il **voit** la Rambla, promenade favorite et bruyante de toute la population, et se croit sorti absolument de l'Espagne proprement dite. Le lendemain, au grand jour, cet aspect moderne change un peu ; il se mêle à des souvenirs d'antiquités. Des traces du moyen âge donnent à la ville la physionomie d'une république hanséatique, qui se gouvernerait très-bien elle-même, si le gouvernement de Madrid ne la tenait sous les canons du mont Jouy et de la citadelle.

Barcelone est née sous les Romains, au sommet d'un monticule qui domine la rade, et autour duquel la ville nouvelle s'est étendue en enveloppant la cité primitive dans ses inondations de maisons et de rues... Çà et là l'archéologue découvre de curieux témoignages des siècles écoulés.

Dans une maison de la rue de Paradis, les planchers et les chambres sont traversés par trois colonnes de sept mètres de hauteur, cannelées et couronnées de chapiteaux : ce sont les restes d'un temple romain. A côté des entrepôts se cachent les couvents du moyen âge. La Rambla, véritable boulevard, aussi animé que celui des Italiens, s'étend à la place des anciens fossés et des remparts (*Rambla*, de *Rambula*, torrent, ruisseau). Pour peu que vous vous écartiez des grandes voies, les temps qui ne sont plus se dressent sous vos yeux, avec l'apparence extraordinaire de leur vétusté barbare ; telle l'église de Saint-Michel ! Quel architecte a pu construire ce triste édifice ? Un ange, répond la tradition, un ange dirigé par le Christ, un homme de petite taille, à la figure radieuse (*alegro y hermoso*).

Si les Espagnols emploient les esprits célestes à la construction de leurs édifices, ils devraient leur faire bâtir quelque chose de moins affreux que le vieux Saint-

Michel : ce serait à dégoûter les chrétiens d'invoquer de pareils architectes. A l'époque où les anges construisaient si mal les églises, de simples moines bâtissaient beaucoup mieux leurs monastères. Au pied du mont Jouy, hors des murs de la ville, loin de la population bruyante, s'élève encore le vieux cloître de Saint-Paul, enfant du neuvième siècle, qui n'est plus de nos jours qu'une caserne.

Le visiteur y est accueilli par les soldats avec un silence, par les officiers avec une politesse hospitalière qui feraient croire au maintien de l'ancienne règle monastique. Le *patio* entouré d'arcades à plein cintre, grand comme un salon, se plonge, s'enfonce entre des bâtiments très-élevés, et forme la miniature la plus curieusement sévère qu'ait jamais enfantée la vie contemplative. Aucun bas-relief, aucune inscription funéraire ne consolent la tristesse de cette retraite qui semble créée pour conduire la résignation humaine du martyre à la mort.

Cette empreinte de l'ascétisme espagnol s'est conservée même dans le monument central, qui est encore aujourd'hui le cœur de la ville, le Capitole de la cité catholique : je veux parler de la cathédrale de Sainte-Eulalie et de Sainte-Croix, bâtie au quatorzième siècle. Après celle de Burgos, c'est la plus belle église gothique de l'Espagne : non pas que les statues et les tableaux y soient de grandes œuvres d'art; mais le temple, construit sur des dimensions aussi vastes que celles de Notre-Dame de Paris, saisit par sa majesté sombre et laisse une impression ineffaçable. La nef est à peine éclairée par la lumière qui descend des lucarnes ouvertes à la naissance des ogives;... comme si ce demi-jour ne satisfaisait pas les âmes rêveuses qui aiment à s'oublier en Dieu, le chapitre a ménagé, sous le maître-autel, une retraite ténébreuse qui rappelle la grotte où les saintes femmes déposèrent le corps de Jésus. Cette crypte, où l'on descend par un très-large escalier, ne laisse voir qu'à la lueur d'une lampe les reliquaines et les images des saints.

L'obscurité de cette cathédrale se dissipa toutefois dans quelques occasions solennelles. En 1339, la translation des reliques de sainte Eulalie, pieuse jeune fille, modeste et douce comme la patronne de Paris, réunit autour de la châsse autant de prélats et de princes que l'avénement d'un empereur d'Allemagne. A la tête de la noblesse et du clergé marchaient un cardinal, sept évêques, douze abbés mitrés, le roi d'Aragon, Pédro V, le roi de Majorque Jayme II, les infants des deux royaumes et quatre reines... Sainte Eulalie n'était pas seulement la patronne de Barcelone, elle en était le saint Georges et le dieu Mars. Sur les tours du château royal flottait sa bannière, étendard national, oriflamme de la Catalogne ; dans les moments critiques, les rois la prenaient en signe de déclaration de guerre, et l'arboraient à la tête de leurs armées.

Devant l'autel de sainte Eulalie les monarques juraient l'observation des fueros en présence de l'aristocratie, du clergé et du peuple. Dans le chœur, Charles-Quint présida le chapitre général de la Toison d'or, le 5 mars 1516. Les armes qui décorent les hauts dossiers des stalles retracent encore le souvenir de cette grande cérémonie ; elles sont restées intactes et représentent celles des membres de cette illustre assemblée. D'obscurs et modestes chanoines occupent aujourd'hui les siéges où s'assit un instant l'élite de la chevalerie européenne, en présence du plus puissant des empereurs.

Des souvenirs moins pompeux, mais en plus grand nombre, nous accueillent à l'entrée du cloître qui fut construit de 1442 à 1448 par Gual et Escuder : c'est une œuvre élégante qui manque d'étendue si on la compare à l'église colossale dont elle est le complément ; mais elle offre des proportions irréprochables et unit toute la légèreté des détails gothiques à l'harmonie de l'ensemble. Par une particularité fort rare, ce cloître est entouré de chapelles d'une grande richesse, fermées par des grilles et ornées d'autels, de retables, de statues et de tableaux peints sur bois et datant de l'époque de Pérugin et de Van-Eyck. Les rares tombeaux placés du côté du nord méritent moins d'attention que les inscriptions et les dalles tombales qui racontent en quelque sorte les mœurs et la vie civile d'autrefois. Ces inscriptions, incrustées dans les murs en assez grand nombre, sont de véritables testaments écrits sur pierre. Les pieux bénéficiers des treizième et quatorzième siècles, voulant transmettre leur volonté dernière à la postérité la plus reculée, gravèrent sur le granit, comme s'il eût été question des articles d'une religion éternelle, les détails de leur testament ; énumérant combien de messes ils fondaient à l'autel de leur patron, combien d'huile ils léguaient pour l'alimentation de la lampe de telle madone, combien de maravédis pour l'éducation et l'entretien de plusieurs prêtres, pour l'aumône perpétuelle de chaque vendredi, et la distribution de vêtements aux pauvres. Quelles précautions louables ! Ces titres indestructibles, même par l'incendie, restaient constamment sous les yeux des intéressés, et les mettaient à même de réclamer l'exécution fidèle des legs : les constitutions politiques de l'Espagne sont moins immuables.

Rien ne donne mieux l'idée de l'industrie catalane que l'examen du cloître. Les artisans qui avaient des places marquées dans la nef, à côté des évêques, des moines, des comtes et des ducs, occupaient après leur mort les caveaux des galeries, parmi les tombes des gentilshommes et des prélats, timbrées d'écussons et couvertes de devises. Vous croiriez, à voir les insignes profondément gravés sur ces pierres, que les Catalans comme les Basques avaient tous part au privilége du blason. Toutefois ces reliefs n'ont rien d'héraldique.

Au lieu d'écharpes, de pals, de fasces et de chevrons, ils représentent simplement des outils ou des objets de commerce.

La dalle de la confrérie des chapeliers est ornée d'un chapeau ;

Celle des charpentiers d'une scie ;
Celle des menuisiers d'un rabot ;
Celle des forgerons d'une enclume ;
Celle des tisserants d'une navette ;
Celle des orfèvres d'un vase ciselé ;
Celle des pêcheurs d'un poisson ;
Celle des tonneliers d'une hache ;
Celle des revendeurs d'une balance ;
Celle des mariniers d'un bateau ;
Celle des pâtissiers d'un gâteau ;
Celle des boulangers d'une pelle à pain ;
Celle des cordonniers d'un pied nu, ou d'une bottine ;
Celle des tailleurs de ciseaux.

Nous n'y avons pas découvert de *mausolée* d'apothicaire : les *Fleurant* des seizième et dix-septième siècles étaient toutefois fort honorablement enterrés, et nous avons vu dans la cathédrale de Lescar les tombeaux de deux de ces personnages où s'étaient majestueusement des écus ornés de casques, d'épées, de levriers et de chênes.

Ces tombes, ces insignes de noblesse industrielle, qui n'étaient pas une faveur mais un droit, doivent arrêter la pensée de l'historien. Certes, les comtes et les rois de Barcelone ont fait bonne figure dans l'histoire ; mais on voit que, de tout temps, les bourgeois et les marchands de cette Tyr occidentale ont marqué leur place chez eux et sont restés relativement leurs maîtres. La bourgeoisie catalane se fit des *sépultures*, des palais, des lois religieuses d'une manière toute locale. Si elle n'éleva pas des hôtels de ville comparables à ceux de Gand ou de Bruxelles, on n'en doit pas moins admirer le palais du conseil et celui de la députation. Le premier est une construction du seizième siècle, ornée d'arcs ogivaux, sillonnée de nervures légères ; les fenêtres, trilobées dans le goût arabe, les galeries, les cloîtres, les gargouilles chimériques sont du plus grand effet. Sur les portes principales, les armes de la Catalogne, formées des pals d'Aragon sans mélange de Castilles, sont accompagnées d'une devise municipale caractéristique : S. P. Q. B. (le sénat et le peuple de Barcelone). Il est malheureux qu'une façade gréco-romaine gâte ce monument. Il en est de même du palais de la députation, qui s'élève de l'autre côté de la place ; l'architecture du dix-huitième siècle s'y ajoute lourdement au style gothique, qui domine dans les salles, les fenêtres et les galeries.

Si la bourgeoisie catalane a les vertus de la nation, elle en eut autrefois les préjugés. Dans la *Vieille-Rue*, une inscription hébraïque vous rappelle qu'au septième siècle les Juifs, gouvernés par le rabbin Samuel Hasareri, habitaient dans ce quartier autour du

Castillo nuevo ; mais le peuple les détestait et les magistrats ne les protégeaient pas. Un jour de l'année 1391, ouvriers et marins exterminèrent les chefs de famille israélite, improvisèrent un tribunal, y firent comparaître les enfants et les veuves des victimes, et les forcèrent, en présence de trois cents cadavres, à abjurer leur religion et à recevoir le baptême : « le sacrement qui purifie fut mêlé à l'assassinat qui ensanglante, » s'écrie l'historien Bofarull, dans un élan de légitime indignation.

Près de la cathédrale, s'élève le vieux palais des comtes de Barcelone et des rois d'Aragon. Ce monument, considérable et solide, véritable forteresse destinée à lutter contre les séditions populaires et les attaques extérieures, est flanqué d'un donjon qui rappelle les larges clochers italiens et les baptistères formant des édifices indépendants des églises. Tout à côté paraît la chapelle palatine, œuvre délicieuse du quinzième siècle ; l'édilité barcelonaise, dirigée par quelques archéologues de bon goût, la fait restaurer dans son style primitif... Barcelone ne se contente pas d'être la première ville manufacturière et commerçante de l'Espagne, elle est encore le centre du mouvement artistique et intellectuel du nord ; pendant que ses capitalistes entreprennent des chemins de fer qui doivent la relier à Valence, à Saragosse, à Perpignan, ses savants, à la tête desquels se fait distinguer M. Bofarull, son archiviste, organisent la conservation des monuments historiques, et publient, avec l'encouragement de l'État, les pièces les plus importantes des archives du royaume d'Aragon-Catalogne.

Ces archives constituent la richesse scientifique d'une

ancienne capitale qui n'a pas de cabinet d'histoire naturelle, pas de musée, pas même d'académie... On avait eu l'idée malheureuse, en 1770, de transporter ces titres précieux dans l'hôtel de la députation. La Reine et les députés provinciaux les ont fait rétablir récemment dans le monastère *Santa-Clara*, qui fait corps avec le vieux palais. On est heureux de retrouver les lois et les chartes, qui ont survécu aux dynasties, près des lieux mêmes où elles ont été écrites et promulguées.

Quelques mots suffiront pour faire comprendre toute l'importance de cette collection... Les plus anciennes pièces remontent à l'année 874, sous le règne de Wifred-le-Velu. La salle du premier étage ne renferme pas moins de 6,417 volumes. Celles du second étage 18,475 parchemins, et 800 bulles pontificales, plus les registres de la députation, ceux des Cortès catalanes, le dossier des procès, les codes, les chartes royales..... Les titres concernant les ambassades et les rapports avec les puissances étrangères, notamment du temps de la guerre de Louis XI, et de celle de l'Indépendance, ne sont pas les moins complets et les moins intéressants.

Il est difficile de comprendre, même après avoir visité nos bibliothèques, l'ordre admirable que le persévérant et consciencieux M. Bofarull est parvenu à mettre dans ces milliers de registres et de manuscrits. Chaque bulle, chaque charte, testament, décret royal, est roulé séparément, et placé dans un casier où il peut être consulté sans qu'on ait à déranger ceux qui l'entourent.

Le savant archiviste apporte à la conservation de ce dépôt le zèle d'un fonctionnaire qui croit remplir un sacerdoce... La Hollande, elle-même, n'offre pas de collection de coquillages, de tableaux ou de fleurs d'une classification plus méthodique.

Respectons cette vénération des Barcelonais ; ces parchemins sont tout ce qui reste de leur ancienne indépendance. Leur cœur catalan n'oubliera jamais la longue série de princes indigènes qui ont si vaillamment formé et consolidé leur nation, depuis les comtes du neuvième siècle jusqu'à Ferdinand-le-Catholique... Grâce à l'appui des Carlovingiens, la Catalogne fut la première province qui secoua le joug des Maures ; elle les expulsa de Barcelone en 798, de Tarragone en 1118. Bientôt ses rois régnèrent dans les îles Baléares et dans la Sicile ; ses flottes couvrirent les mers, ses poëtes marchèrent à la tête de la littérature romane, ses nombreux troubadours en révélèrent les beautés à différentes cours de l'Europe, ses princes placèrent leurs filles sur les trônes d'Angleterre et de France.

Les fortes nationalités qui sont plus qu'une individualité, qui sont un flambeau de civilisation, ne peuvent tomber sans provoquer des regrets amers, des douleurs profondes ; lorsque Ferdinand-le-Catholique visita Barcelone, après la réunion de la Catalogue à la Castille, il fut assailli, dans la cour même du palais, par Juan Camañas qui le frappa d'un coup de couteau à la gorge. Camañas n'était pas habile à manier une arme dont les Catalans se servent si bien : il sut à peine blesser le Roi. Celui-ci n'en fut pas moins furieux, et voulut rendre la municipalité responsable de cet attentat, en supprimant les libertés publiques. Que de fois ces pauvres libertés ont payé pour les coupables !... Le conseiller Pedro Bussot parvint heureusement à calmer la colère royale par une réponse qui ne manquait ni de présence d'esprit, ni de fierté. « Pardonnez au criminel, Sire ; les attentats que les infants et les frères de Roi commettent dans le pays d'où vous venez (la Castille) ne sont tentés ici que par des fous, et la Catalogne est heureuse de cette différence. » Bussot faisait allusion à certains crimes de la Cour de Madrid : à l'assassinat de Pierre-le-Cruel par Henri de Transtamarre par exemple... Ferdinand se laissa calmer ; on fit passer Camanas pour insensé, et l'accident n'eut pas de suites... Il serait à peu près oublié, si les cicéroni n'avaient soin de montrer les pavés qui portent encore, assurent-ils, quelques traces de sang royal.

La chapelle palatine fut témoin d'événements plus conformes à la sainteté de ce lieu et à la dévotion enthousiaste des Catalans. Ce fut là que le roi Jayme I*er* fit célébrer en 1258 une fête solennelle d'actions de grâces, à l'occasion d'une apparition de la Vierge, à la suite de laquelle il fonda l'ordre des *Frères-de-la-Merci* ; ce fut là que Jayme II créa l'ordre militaire de *Montessa* (1319)... là qu'on remercia Dieu solennellement d'avoir changé en sang et en boue le pain que les Frères de la Merci avaient osé recueillir, le jour de la Conception. Nous n'en finirions pas, si nous voulions rappeler tous les prodiges dont retentit l'écho de ces voûtes vénérées...

Après avoir été innocemment superstitieuse, la foi espagnole devint la complice d'un grand méfait ; elle concourut à la fondation du Saint-Office. Mais, hâtons-nous d'ajouter, à la gloire des Aragonais et des Catalans, qu'ils ne cessèrent de repousser cette institution d'origine castillane. En vain les rois de Madrid installèrent l'Inquisition dans le palais royal de Barcelone...

afin qu'elle empruntât le prestige de ce vieux sanctuaire de la monarchie nationale ; l'antagonisme fut permanent entre la population et les inquisiteurs. En 1608, il éclate si violent, que ces derniers sont expulsés par un décret de la principauté. Il ne suffisait pas de prononcer la sentence, il fallait la faire exécuter, et l'on n'ignore pas que l'obstination fit toujours la force des Jésuites. Au lieu de se diriger vers le port et de s'embarquer, conformément à l'arrêt, les révérends Pères se réfugient dans la cathédrale, tendent la façade de velours noir, et exposent le crucifix du consistoire secret sur ce drap mortuaire, sans l'entourer de cierges (*sin luz*). A la vue de cette profanation (un Christ plongé dans les ténèbres), la ville s'émeut, le conseil se réunit et décide qu'une centaine de cierges seront portés devant la cathédrale, afin que le Christ ne reste pas plus longtemps exposé à cette ignominie... Le Saint-Office tient bon : on le menace d'allumer des cierges, il déclare qu'il soufflera dessus ; il y aura lutte d'allumettes et d'éteignoirs. Qu'allait-il arriver ? bon Dieu ! Durant cette querelle sérieuse, digne du chantre du *Lutrin!* tous les esprits sages étaient dans les transes... le chapitre de la cathédrale, tout le premier ; il offrit sa médiation ; elle fut acceptée, et la paix fut enfin rétablie entre une ville qui osait expulser les inquisiteurs, et des prêtres qui osaient exposer le Christ sans lumière. Le Saint-Office rentra dans son cloître, et le crucifix dans la salle du consistoire.

Les palais seront toujours des lieux d'agitation et de tumulte ; on n'y peut pas dormir plus tranquille que sur le cratère d'un volcan : madame des Ursins, déjà si vivement inquiétée pendant son séjour à Figuières, pourrait nous en dire quelque chose. A peine arrivée dans le palais de Barcelone, avec Philippe V et Marie-Louise de Savoie (1701), la camarera mayor est exposée aux tribulations les plus singulières ; mais comme elle trouve le secret de rire de tout, comme elle se montre aimable et véritablement française dans le récit des petites misères de sa grandeur !

« Dans quel emploi, bon Dieu ! m'avez-vous mise, Madame, écrivait-elle de cette ville à madame de Noailles. Je n'ai pas le moindre repos, et je ne trouve pas même le temps de parler à mon secrétaire. Il n'est plus question de me reposer après le dîner, ou de manger quand j'ai faim ; je suis trop heureuse de pouvoir faire un mauvais repas en courant, et encore est-il bien rare qu'on ne m'appelle pas dans le moment que je me mets à table. En vérité, madame de Maintenon rirait bien, si elle savait tous les détails de ma charge. Dites-lui, je vous supplie, que c'est moi qui ai l'honneur de prendre la robe de chambre du roi d'Espagne, lorsqu'il se met au lit, et de la lui donner avec ses pantoufles quand il se lève. — Jusque-là, je prendrais patience. — Mais que, tous les soirs, quand le Roi entre chez la Reine pour se coucher, le comte de Bénévent me charge de l'épée de Sa Majesté, d'un pot de chambre et d'une lampe que je renverse ordinairement sur mes habits, cela est trop grotesque. Jamais le Roi ne se lèverait si je n'allais tirer son rideau, et ce serait un sacrilége si une autre que moi entrait dans la chambre de la Reine, lorsqu'ils sont au lit. Dernièrement, la lampe s'était éteinte, parce que j'en avais répandu la moitié : je ne savais où étaient les fenêtres, que je n'avais point vues ouvertes, parce que nous étions arrivés de nuit dans ce lieu-là. Je pensai me casser le nez contre la muraille, et nous fûmes, le roi d'Espagne et moi, près d'un quart d'heure à nous heurter en les cherchant. »

La camarera mayor avait donc eu mille fois raison d'écrire à M. de Torcy (20 juin 1701) : « Je crois qu'il ne m'arrivera pas moins d'aventures qu'à Don Quichotte dans l'entreprise que vous me donnez... »

Six jours après son entrée en Espagne, elle en avait eu déjà assez pour ajouter un chapitre fort étendu à l'histoire du héros de Cervantes.

Quand la ville du moyen âge, qui vient de se montrer à nous avec ses massacres de Juifs et ses miracles, se fut largement développée sur la colline et qu'elle atteignit la mer, le premier soin d'un de ses rois fut de prendre officiellement possession du rivage au nom de la Vierge. Jayme II construisit *Santa-Maria-del-Mar*, en 1329 : cette église, la seconde de Barcelone, mais non pas la moins imposante, est animée d'un souffle divin. La lumière n'y pénètre que par la rosace du fond, et par les petites fenêtres des travées. Dans la demi-obscurité du temple, l'âme, sous l'impression d'une rêverie qui l'isole du monde réel, doit être facilement entraînée à donner aux formes flottantes des objets tous les signes d'une apparition mystérieuse. Aussi là, tout autant qu'à Sainte-Marie de Girone, vous vous sentez inspiré vous-même du mysticisme de Molinos, ou de l'ascétisme de sainte Thérèse : vous comprenez ces visionnaires espagnols du seizième siècle, qui complotent de déposséder saint Jacques du patronage de leur nation, en faveur de la célèbre réformatrice du Carmel. La proposition était très-sérieusement discutée dans les synodes, et peu s'en fallut que saint Jacques ne fût précipité à bas du cheval de guerre où il se tenait si vaillamment durant la guerre des Maures, et remplacé par sainte Thérèse, portant le casque sur la tête, l'épée à la ceinture, comme notre Jeanne d'Arc, ou la Marie de Médicis de Rubens.

Ce n'était pas le seul élément de discorde qui troublât l'église espagnole : l'art ancien, le grand art de Moralès et de Murillo devait subir, au dix-septième siècle, l'injure dont saint Jacques avait été menacé dans le seizième, et ici la révolte triompha. Portés à l'admiration de la couleur par les peintres flamands, et par leurs propres artistes, coloristes remarquables, les prêtres et les religieux voulurent peupler leurs églises de statues peintes et dorées ; mais les maîtres de la grande époque étaient morts, et cette innovation fut dirigée par des ouvriers d'un goût détestable, qui encombrèrent les temples d'une foule d'images grossières qui étonnent et choquent nos regards. Cette mode nouvelle, adoptée avec une sorte de fureur, nécessita un changement complet dans l'éclairage des nefs ; on avait muré les fenêtres des cathédrales dans les quatorzième, quinzième et seizième siècles. Les églises du dix-septième et du dix-huitième furent plus largement éclairées, et reçurent des tableaux, des retables chamarrés d'or, mille décorations à grands effets de couleur et de forme. Les christs portèrent des tuniques brodées, des chevelures prétentieuses ; ils marchèrent entourés de saintes femmes tout aussi coquettes, dans leurs vêtements de brocart, que les courtisanes de Venise. Les Saint-François martyrs furent de gros moines réjouis, frisés, huppés, enveloppés de douillettes de soie, ceints de cordons dorés, dont ils lançaient les glands aux âmes du Purgatoire, en manière de bouées de sauvetage. La Vierge fut une reine de théâtre, qui semblait jouer, sous sa mantille, certaines minauderies suspectes : la *Mater Dolorosa* fut percée avec des glaives d'or, afin que sa douleur eût un caractère plus honorable... Le Christ enfin mourut sur la croix avec l'élégance d'un gladiateur qui prend bien son attitude et son temps.

Barcelone est fière de son port, et c'est justice : elle lui doit sa puissance et sa richesse. Ce vaste bassin, creusé par les flots au nord du mont Jouy, qui le domine de son ombre et de ses canons, est l'organe vital de la capitale de la Catalogne : les Barcelonais rappellent avec orgueil les luttes que les flottes sorties de ses chantiers soutinrent contre Venise et contre Gênes, contre Naples et contre les Turcs. L'histoire ne cite pas moins de quarante-deux expéditions de guerre entreprises dans la Méditerranée, depuis l'an 1149 jusqu'à la fin du quatorzième siècle.

Mais nos contemporains prendraient peu d'intérêt aux récits de ces croisades d'un autre âge. Nous préférons leur raconter une tentative mieux appropriée aux idées modernes, et qui, si elle était établie sur des preuves incontestables, ferait remonter la découverte de la vapeur au seizième siècle, et réduirait Papin, Worcester et Fulton à n'être que les plagiaires d'un ingénieur catalan.

En 1543, disent les chroniques de la ville, Blasco de Garay, capitaine de mer, offrit à Charles-Quint une machine destinée à remplacer les rames et les voiles, *dans toutes sortes de navires*. L'empereur ordonna de faire des expériences dans le port de Barcelone. Garay accepta l'épreuve, mais il refusa d'expliquer à fond le secret de sa découverte. Toutefois les examinateurs officiels reconnurent « qu'il consistait en une chaudière d'eau bouillante, qui faisait tourner deux roues placées sur les flancs du vaisseau. » L'expérience eut lieu sur la *Trinité*, brick de deux cents tonneaux. Les hauts fonctionnaires de la province donnèrent leur approbation « à cette invention ingénieuse, » et malgré l'opposition du trésorier Ravago, « qui trouvait le mécanisme embarrassant et trop compliqué, ils la recommandèrent vivement à l'attention de l'empereur. »

Les événements de la fin de ce règne agité ne permirent pas de continuer les expériences ; on se contenta de rembourser à l'inventeur toutes les dépenses occasionnées par la création de sa machine, et de lui accorder deux cent mille maravédis de récompense. Garay, moins opiniâtre que Christophe Colomb, donna à ses détracteurs le temps de triompher... « Deux cents ans plus tard, dit la chronique de Bofarull, d'autres recueillaient son héritage. »

Autour du port, espèce de ville mouvante, s'étendent ou viennent aboutir les grandes voies de Barcelone. La muraille de mer, rempart colossal, forme une terrasse semblable à celle de Gênes et de Nice ; à ses flancs viennent s'amarrer gabarres et vaisseaux : elle touche d'un côté à la Rambla, de l'autre à la magnifique place du Gouvernement, où s'élèvent la douane, le palais de la reine, et quelques grands édifices plus modernes. La douane, œuvre très-élégante du dix-septième siècle, construite en marbre, entièrement et d'un seul jet, éblouit par sa blancheur. Elle brûlerait les yeux qui oseraient la regarder en face, quand le soleil se reflète sur ses murs blancs, polis comme des miroirs.

Le palais de la reine étonne par la violente réaction gothique qui a présidé à sa restauration ; les rosaces et les pyramides, les ogives et les croisillons ont été plaqués sur ses façades sans discernement et sans goût. Le palais Chiffrey et la Bourse appartiennent au style des arcades de la rue de Rivoli, et satisfont davantage les esprits positifs, peu difficiles en matière d'art, et habitués aux constructions habilement industrielles. Ce palais, élevé par le commerçant le plus riche de Barcelone, répond admirablement à la destination d'une maison à louer; il abrite sous ses galeries les plus beaux cafés de la ville.

Les Barcelonais, avides de bâtiments confortables, n'ont épargné qu'un bien petit nombre de maisons anciennes et curieuses. Cependant quelques habitations des seizième et dix-septième siècles représentent encore ce style lourd mais imposant adopté par les architectes de Philippe II et de Charles IV, qui bâtissaient les palais de l'aristocratie pour l'éternité, comme les Romains construisaient leurs capitoles et leurs temples.

L'habitation d'un grand d'Espagne de première classe, celle de Medina-Cœli, conserve sous un vestibule un meuble plus curieux qu'un monument : nous voulons parler d'un carrosse du temps de Louis XIV. Les cours de l'Europe ne possèdent guère d'édifice de carrosserie plus imposant et plus fastueux : bois, cuir, fer, tout est couvert d'or, les moyeux comme le timon, les rayons comme les jantes. Les portières sont ornées de belles peintures représentant des Grecs et des Romains en costume léger, mais aux traits fermes et cornéliens; on dirait des héros de Lebrun. Ils se livrent, au milieu des nuages et des forges de Vulcain, à des distractions mythologiques qui devaient faire pâmer d'aise les admirateurs du poëte barcelonais Boscan Almogaver. En revanche, on n'y voit pas d'armes. « La noblesse espagnole, dit Saint-Simon, ne daigne pas peindre ses armoiries sur ses voitures. » La pierre et le bronze seuls lui paraissent dignes de conserver ces monuments de l'orgueil aristocratique.

Le quartier privilégié, la Rambla, est véritablement le cœur de la ville moderne : de là part la vie ; là s'agitent les passions de la mode ou les révolutions de la politique. La Rambla est à Barcelone ce que la *Puerta del Sol* est à Madrid, la rue de Tolède à Naples, le boulevard à Paris. Elle est formée d'une grande allée centrale, bordée d'arbres et réservée aux promeneurs ; les voitures passent sur les bas-côtés, garnis de belles maisons et de brillants étalages. Un immense bourdonnement court d'un bout à l'autre de la promenade ; tout le monde parle haut ; on ne fait pas un secret de ses compliments ou de ses reproches, des nouvelles du jour ou de ses affaires personnelles ; on dit ce que l'on pense et ce que l'on sent ; on juge la pièce nouvelle tout aussi haut que le ministère, après avoir annoncé l'arrivage du sucre et de l'indigo. Les paroles sont libres comme les gestes, les regards comme les éventails... Ces éventails sont très-nombreux, car les femmes circulent en foule plus grande sur la Rambla que sur le boulevart des Italiens. Ces *abanicos*, qu'elles agitent avec une habileté nonchalante entre leurs doigts mignons, ont trois ou quatre utilités principales : ils permettent d'étaler une blanche et petite main, ils occupent et donnent une contenance, ils cachent à demi un visage qui veut être regardé, et donnent discrètement un signal télégraphique.

Ce que Barcelone renferme de vraiment espagnol, c'est ce mouvement des rues, cette conversation sous le ciel, cet air de fête, ces éclats de rire, et surtout la physionomie des femmes.

La population est très-belle; Alfred de Musset fut heureusement inspiré en plaçant là sa fameuse *Marquesa Amareguy*. Plus d'une ménagère d'ouvrier qui se promène dans les quartiers populaires de Saint-Paul, la taille fine, les hanches fortes, admirablement serrée dans son corsage de velours noir, rappelle l'ampleur et l'élégance de la Vénus de Milo : cette harmonie des formes vous frappe jusque chez les petites filles de six à sept ans. L'Espagnole vient au monde avec la grâce naturelle que la Française acquiert avec l'âge et par beaucoup d'art. Le dur travail des champs, la misère, les haillons ne lui donnent jamais, dans les plus pauvres vallées des montagnes, cette tournure de magot que nos malheureuses paysannes n'offrent que trop souvent... Les dames qui encombrent les trottoirs de la rue Saint-Ferdinand, de dix heures du matin à dix heures du soir, courent et regardent avec une liberté qui ne serait pas permise à Londres. Leurs cils noirs et longs, le feu de leurs regards, la finesse de leur taille, la fermeté de leur démarche, l'élégance extrême de leurs cheveux ondulés, leurs pieds furtifs, leurs épaules d'aplomb, font penser tantôt aux femmes des bords du Gange, tantôt aux héroïnes aventureuses de l'Arioste. Mais si la personne est espagnole, le vêtement qu'elle porte ne l'est pas. A l'exception de quelques soieries lourdes et solides, de dentelles imitant nos anciennes blondes, mais que les marchands n'étalent guère à leurs vitrines, les magasins ne renferment que des objets pris à Paris. Une robe, un châle, un éventail, que vous achetez dans la capitale de la Catalogne, arrive de la rue Saint-Denis; une carte de Barcelone est gravée rue Saint-Jacques, sur le dessin de M. Dufour. La guitare et la mandoline n'occupent plus la jeune génération : on joue du piano. La mule, décorée de passementerie, ne traverse pas cette ville civilisée ; elle a cédé le pas au fiacre. Que dis-je ? le Catalan ne répond pas en espagnol à vos questions. Il parle français ; il reçoit le *Journal des modes* et le *Musée des familles* ; il connaît le répertoire de l'Opéra-Comique ; il sait que M. Barrière réussit et que M. Alexandre Dumas fils obtient de beaux succès. « Ah ! monsieur, c'est une ville délicieuse, me disait le mécanicien lyonnais qui avait conduit notre convoi... C'est la plus belle ville de France après Paris. »

Ce culte des habitudes françaises, cet usage général nous gâte singulièrement, et nous fait négliger l'étude de l'espagnol et des autres littératures étrangères : notre ignorance à cet égard nous conduit quelquefois à des méprises singulières.

Deux de nos compatriotes voyageaient en Espagne : monsieur B*** savait assez bien l'espagnol ; mais son ami, monsieur L***, connaissait à peine les locutions incomplètes réunies à la suite des *Guides*. Ce dernier, allant seul un jour à la recherche d'un Figaro, lit sur une belle enseigne : *Barberia brillante : Mallorquino, barbero y comadron ;* ce dernier mot le déroute un peu : il ne figurait pas dans son vocabulaire de voyage. Mais le Français a l'esprit subtil, et une assurance qui va parfois jusqu'à la témérité..... J'y suis, pense monsieur L***, et je tiens mon affaire : *barbero*, barbier : *y comadron*, et coiffeur ; le complément est logique. Il entre résolument dans la boutique, et demande un *comadron*.

— *Por que, señor ?...* répond le coiffeur fort empressé, *por la señora de usted ?*

— *No! no!* dit monsieur L***, pour moi-même.
— *Para usted!...* ajoute le garçon tout ahuri.
— Mais sans doute, pour moi.

A ce mot, le garçon part d'un éclat de rire strident, appuie ses deux mains sur ses hanches, et passe dans l'arrière-boutique en appelant son maître.

L'artiste capillaire accourt, et apprenant de son aide que l'étranger réclame les soins d'un *comadron*, il lance un éclat de rire plus bruyant encore, et voilà les deux coiffeurs se tordant sur leurs hanches et se roulant sur les meubles, à rendre jalouse de leur hilarité la soubrette du *Malade imaginaire*... Monsieur L*** était furieux. Il ne pouvait s'expliquer cette insolente outrecuidance, et aurait volontiers brisé sa canne sur le dos de ces *imbéciles*. Monsieur B*** passe heureusement dans la rue pendant cet étrange débat ; il vient au secours de monsieur L***, et lui demande la cause de cette scène de comédie burlesque.

— C'est à toi que je dois la demander !... Connaissant à fond la langue du pays, tu pourras m'expliquer la sottise de ceux qui l'habitent... Comprends-tu deux nigauds qui me rient au nez, depuis dix minutes, parce que je leur demande un *comadron?*

— Un *comadron* pour toi, reprend monsieur B***?

— Sans doute, vas-tu jouer la surprise à ton tour?

Monsieur B*** jette un éclat de rire digne de celui des deux Espagnols, et passe quelques instants sans pouvoir reprendre haleine. Monsieur L***, furieux, pendant ce trio, menace d'étendre sa colère jusqu'à son compagnon de voyage, qui semble conspirer avec les rieurs.

— Tu ne veux pas que je rie de ta méprise, et de l'assurance avec laquelle tu oses parler une langue que tu n'as pas apprise... Mallorquino n'est pas barbier et coiffeur, mais barbier et accoucheur ; et tu viens de réclamer pour ta personne les soins d'un praticien qui n'est pas habitué à soulager les maux de ton sexe.

Monsieur L*** baissa la tête, un peu honteux de son erreur. Il se hâta d'acheter un dictionnaire d'*Ochoa*, une grammaire de *Sotos-Ochando*, et promit bien de chercher la traduction des mots espagnols ailleurs que dans son imagination.

Barcelone ne se contente pas d'être une ville élégante et civilisée, elle est une des plus propres de l'Europe. Les trottoirs et les chaussées ne cessent d'être balayés par des escouades de galériens. Ces pensionnaires des présides ne portent pas l'ignoble costume aux couleurs criardes de nos forçats ; leur veste et leur pantalon de toile grise, leur sombrero de feutre noir, permettraient de les prendre pour d'honnêtes ouvriers, s'ils ne traînaient la chaîne fatale à leur jambe. La Rambla est, d'ailleurs, une sorte de vaste bazar qui renferme autre chose que des forçats balayeurs et des flâneurs fashionables. Au milieu de la promenade est un rond-point où stationnent les artisans de toute classe qui désirent louer leurs bras : portefaix et jardiniers, cochers et frotteurs, vignerons et boulangers sont là, pêle-mêle, confondus dans la grande confrérie des journaliers, et attendent patiemment le maître qui veut acheter leurs services.

C'est un vieil usage, et rien n'est plus conforme à l'ordre général, que cet établissement d'un marché de travailleurs ; mais le hasard n'est pas moins capricieux que la nature humaine, il s'amuse parfois à faire sortir le tumulte des précautions mêmes qui sont destinées à le prévenir. Un jour, le 7 juin 1640, un moissonneur se prend de querelle avec un alguazil. Une lutte s'engage ; ouvriers et soldats forment deux camps ; un paysan tombe frappé à mort. Aussitôt une foule immense se rue vers le palais du vice-roi : *Au feu le palais!* On entasse du bois autour de l'édifice. Les moines de Saint-François, logés en face, interviennent, et plantent une croix sur le bûcher. On arrache la croix, les moines la remplacent par l'ostensoir. Alors la foule s'arrête ; mais elle tourne sa fureur contre l'hôtel Ferandina, où tous les domestiques sont massacrés ; après cet exploit, l'hôtel du conseil royal est assailli et livré aux flammes. Ainsi commença la révolution des moissonneurs (*segadores*). La Castille envoya des troupes afin de la comprimer ; les Cortès catalanes invoquèrent l'appui de Richelieu, et Louis XIII reçut la couronne de Catalogne.

Comme toutes les villes civilisées, Barcelone consacre la matinée à faire sa longue toilette, à conclure ses marchés domestiques ; puis la vie élégante s'empare des jardins, des spectacles et des promenades. Je ne parlerai pas des *Campos-Eliseos*, réunion un peu mesquine de lacs et de rivières, de bosquets de myrtes, de jasmins et de lauriers-roses, ni des marionnettes, ni de tous les plaisirs espagnols qui, à l'exception des combats de taureaux, imitent ceux du parc d'Asnières. Ce qui intéresse plus vivement, et les habitants de la ville et les voyageurs, c'est la représentation des chefs-d'œuvre dramatiques, pour laquelle Barcelone a trois salles de spectacle.

Deux troupes italiennes fort bonnes donnent leurs représentations sur les théâtres *del Príncipe* et *del Lyceo*. La première salle, aussi grande que celle des Français, et de la même forme, paraît devoir à son ancienneté une vogue qu'une entreprise rivale n'a pas encore ébranlée. Le jour où j'entendis la quatre ou cinq centième représentation du *Trovatore*, la salle était comble, et ne laissait pas aux abonnés retardataires une seule place à l'entrée des corridors.

Cette musique inspirée, bruyante, si vigoureusement méridionale, faite par un Italien de génie, fut exécutée d'une manière assez convenable ; toutefois, l'exagération des instruments de cuivre doublait inutilement la violence des effets d'orchestre, et détruisait le peu de nuances marquées dans cette partition. Mais, loin d'en être choqués, les auditeurs étaient dans les transports. Un ténor, qui poussait à l'excès le talent et défauts, l'audace de certaines intonnations et la timidité de quelques autres, traversa cette soirée comme on affronte un orage.

Le public barcelonais est assurément le plus bruyant, le plus impressionnable, le plus impatient des rives de la Méditerranée. A la première note douteuse, au moindre geste maladroit, le malheureux ténor entendait des chuchotements suivis d'une décharge de sifflets : atteignait-il à pleine voix les notes les plus élevées ; osait-il, par l'audace de son jeu et de ses cris, doubler la passion du compositeur, des salves d'applaudissements faisaient résonner la salle entière.

Le caractère espagnol éclatait tout entier dans ces brusques passages de la colère à l'enthousiasme. Au théâtre, comme dans l'arène politique, il existe une guerre permanente. Les ministres et les acteurs y sont accoutumés. On les renverse, on les exalte, on les vilipende, comme on fait pour les constitutions ; mais, à travers ces chutes des interprètes et des conseillers, deux choses restent immuables : la gloire de Verdi, et le trône royal. Cette gloire du *maëstro*, vous la retrouvez dans tout le Midi. Quand je passai à Toulouse, la musique d'un régiment d'artillerie jouait l'air d'*Azucena* du *Trovatore*; à Perpignan, un chœur d'ouvriers essayait le commencement du même opéra. A Figuières, je l'ai déjà dit, la musique militaire jouait le *Miserere*; à Barcelone, on représentait l'opéra tout entier.

Plus récemment, j'étais dans les solitudes du lac des Quatre-Cantons. Deux musiciens ambulants paraissent sur le bateau à vapeur: que chantent-ils? Le duo du deuxième acte..... Arrivé à Gênes, j'entendis, par une belle nuit de mai, sur le jardin public de la ville des doges, la romance et le final du premier acte. J'aurais été de Paris à Palerme, de Constantinople à Cadix; partout, le chef-d'œuvre du même compositeur se serait fait entendre.

Cette popularité de Verdi me fit songer à l'influence que la musique a exercée sur notre siècle : je me rappelai la révolution belge de 1830, commencée à l'issue d'une représentation de la *Muette*, aux cris de :

> Tombe le joug qui nous accable.

Alors, repassant dans mes souvenirs la marche de l'art musical, et celle des événements du dix-neuvième siècle, je retrouvai dans l'histoire des maîtres qui ont régné sur le théâtre italien, et par conséquent sur le nôtre, un résumé d'histoire morale et politique digne d'être examiné.

S'il est des peuples pour lesquels la musique est une simple distraction, et non point un art, un exercice qui se borne à chatouiller la fibre acoustique, sans pénétrer plus avant, il en est d'autres pour lesquels elle est une puissance qui atteint le cœur, pénètre l'âme avec autant de force que la poésie dans l'antiquité.

Peu appréciée en Angleterre et en Russie, où elle n'est guère qu'un objet de mode pour les classes élevées, peu populaire dans le centre de l'Espagne, la musique n'exerce toute son autorité qu'en Allemagne, en Italie, et sur les rives de la Méditerranée... Si la France possède une musique nationale qui a sa grâce, sa beauté, ses mélodies faciles et légères ne cèdent pas moins le pas, même chez nous, aux œuvres puissantes des deux nations voisines ; notre plus grande gloire musicale est de savoir les accueillir sur nos théâtres, de leur donner, par nos ovations, le droit de cité universelle.

Tout le temps que l'art français fut réduit à ces sources indigènes, il se borna à exprimer les fantaisies joyeuses, ou tendrement sentimentales, des buveurs en train et des bergers langoureux. Il donna à l'opéra les allures sans façon du vaudeville. Plus tard, quand la nation se fut pénétrée du génie de l'Italie et de l'Allemagne, Boïeldieu, Hérold lui prêtèrent des sentiments passionnés et mélancoliques, qui rappelaient la grâce, l'harmonie du génie grec ; Aubert lui-même mêla quelques accents profonds à la gaîté sautillante d'un peuple qui, si l'on en jugeait par le répertoire de l'*Opéra-Comique*, passerait sa vie à danser au son du fifre et du tambourin.

En Allemagne, la musique calme, méditative, empreinte du plus grand sentiment religieux, fut l'expression saisissante du caractère national..... Certes, il n'est pas de poëte ou de philosophe qui ait traduit le génie germanique avec l'éloquence de Weber, de Beethoven et de Mozart. L'expression du patriotisme belliqueux laisse à désirer peut-être, et nous ne pouvons guère, nous, Français, toujours violents dans nos transports, découvrir des accents guerriers au milieu de ces mélodies presque toujours dans le rêve ou dans les larmes ; mais la tendresse, la pensée surnaturelle s'y élèvent à de telles hauteurs, qu'on ne saurait concevoir le progrès nouveau que l'homme pourrait atteindre dans ce cercle.

L'Italie, plus heureusement dotée par le génie du beau, a traduit toutes les impressions humaines ; elle a parcouru leur échelle entière, depuis les plus matérialistes jusqu'aux plus épurées. On peut dire que la musique italienne résume, depuis un siècle, toutes les forces, toutes les gloires de cette contrée.....

Cette noble et malheureuse patrie n'a été une nation, n'a joué son rôle dans la civilisation européenne, depuis le dix-septième siècle jusqu'à nos jours, que par cet art ; elle a vécu par ses maëstri, elle a jeté des éclairs de lumière par ses opéras. Le mouvement historique-philosophique de la Péninsule, quelque grand qu'il ait été comme impulsion des idées, comme initiation des âmes aux événements qui viennent d'éclater et qui se poursuivent, était resté une sorte de secret, d'aspiration intime des classes élevées et moyennes. Il était peu connu à l'étranger ; on peut même ajouter qu'en Italie la masse de la population s'en doutait faiblement, et voilà l'explication de la surprise où nous plongent maintenant la puissance, l'universalité de l'esprit unitaire qui souffle et se déchaîne des Alpes au détroit de Messine. A défaut de presse libre et de tribune, l'Italie eut l'art le plus national, le plus subjuguant qu'un peuple puisse cultiver. C'est la musique qui a plongé la population entière dans cette communauté d'idées et de penchants, dans cette fièvre passionnée de race dont nous voyons aujourd'hui les prodigieux résultats.

Cimarosa et ses contemporains parurent à une époque où les Italiens, insouciants et relativement heureux, bornaient leur ambition à couler doucement une existence agréable et sans trouble, sous le sceptre paternel de rois faibles, mais bons, qui n'avaient pas soulevé contre eux de sérieuses animosités. On se passait volontiers de gloire, de puissance, sous ce beau ciel que l'Europe entière envie. Les échos de la Révolution française, nos invasions elles-mêmes, assez froidement accueillies, ne soulevaient dans les âmes aucune tempête nationale. En 1800, le carnaval de Venise était encore une des grandes préoccupations de l'Italie. Rossini voyait, en 1813, les Vénitiens accourir à son opéra de *Tancredi* plus ardemment que sur le passage de Napoléon Ier. Naples, enivrée de son beau ciel, avait pour suprême devise : *Veder Napoli et poi mori !*

Enfant d'une époque de prospérité calme, Rossini servit à ses compatriotes une musique à leur convenance..... Aussi insouciant du sujet traité que des paroles, il jetait d'admirables mélodies, un peu à tort et à travers ; les joies vulgaires, l'amour du plaisir continu circulèrent, dans ses opéras faciles, avec la grâce, l'harmonie inépuisable qui caractérisent le *Barbier* et l'*Italienne*.

Plus tard, à la fin de la Restauration, l'Italie comprit le froissement du sentiment national ; elle sentit la pesanteur du joug de l'étranger..... D'illustres victimes gémissaient dans les prisons de Spielberg et de Capri, le grand mouvement philosophique et historique, accompli dans les âmes d'élite, avait relevé les caractères, Hugo Foscolo, Silvio Pellico et tant d'autres formaient une école qui ne s'attachait plus exclusivement au *bien vivre*; elle donnait à ses pensées de plus nobles ambitions.

Rossini, cédant à l'influence de cette nouvelle atmosphère nationale, s'éleva tout à coup à des hauteurs inconnues ; il produisit *Moïse*, le plus éloquent des oratorios dramatiques. En 1829, enfin, il donna le chef-d'œuvre du lyrisme patriotique, *Guillaume Tell*.

En songeant aux souffrances que l'Italie endurait à cette époque, en étudiant les vives aspirations qui la poussaient vers cette autonomie qu'elle travaille si ardemment à conquérir, il est impossible de ne pas découvrir dans *Guillaume-Tell* une des plus nobles expressions du sentiment italien. Rossini aura la gloire impérissable d'avoir fait parler à l'amour de la patrie le plus puissant, le plus sublime langage que l'homme ait jamais exprimé.

Si nous jugions par nos sensations personnelles de l'impression qu'a dû produire sur l'Europe entière ce chef-d'œuvre des chefs-d'œuvre, nous ne saurions croire qu'un seul homme, quelle que soit sa nation, ait pu entendre les accents de Guillaume ou d'Arnold sans comprendre la douleur d'un peuple qui n'est pas libre, sans reconnaître la justice des efforts qu'il consacre à le devenir... Rossini, qui se montre quelquefois Allemand par la profondeur de la pensée, ne cesse jamais d'être Italien par la grâce inimitable de son style. Sa phrase a des reflets de Phidias et de Raphaël, on sent que le même souffle d'harmonie est passé, à plusieurs siècles de distance, sur ces âmes privilégiées.

Quelque sujet qu'il traite, qu'il soit grand ou vulgaire, profond ou religieux, il n'abandonne jamais le style élevé de la haute mélodie ; il fait parler à l'amour du plaisir comme à la douleur de l'oppression un langage poétique, suave ; plus propre il est vrai à subjuguer les intelligences d'élite que la foule insulte, toujours violente dans ses passions. Rossini fut le musicien de l'aristocratie et des artistes, comme Dante, le Tasse et Pétrarque avaient été les poëtes de la haute société de leur temps.

Mais le caractère de la musique italienne devait éprouver des modifications.

Les souffrances de la grande victime de la diplomatie ne cessaient de s'aggraver. Cette terre malheureuse trouvait l'allégorie sublime de ses douleurs dans les *Pêcheurs de Léopold Robert* ; si tristes sous le ciel le plus pur, si accablés devant la mer la plus calme. Les *Mie Prigioni* de Silvio Pellico étaient encore une école de résignation chrétienne pour le vaincu qui a brisé ses armes... Le désespoir et les larmes étaient devenus l'état permanent de la Péninsule.

Deux musiciens de génie parurent alors ; on pourrait les appeler les chantres de l'accablement sans colère, les apôtres de l'élégie. Bellini et Donizetti, plus émouvants dans la généralité de leurs œuvres que Rossini dans les productions de sa jeunesse, ne poussèrent en quelque sorte qu'une longue plainte depuis leur début jusqu'à la mort ; ils vécurent comme vivait leur patrie, dans les pleurs ; ils disparurent dans des catastrophes que chacun connaît, comme l'Italie elle-même semblait se préparer à s'éteindre dans le désespoir et l'impuissance ; telle était du moins la pensée de l'Europe, mais l'Europe se trompait... Le peuple le plus malheureux a son heure de réveil et d'espérance ; l'Italie eut la sienne : de sombres colères bouillonnèrent en elle ; cet état d'exaspération nationale trouva un interprète fidèle dans l'énergique Verdi. Le maëstro saisit d'une main vigoureuse le sceptre que les autres laissaient tomber de lassitude... Il avait respiré, dès le berceau, un air chargé de ressentiments et d'inquiétudes. Il commença son œuvre au milieu de la lutte de l'esprit ancien et de l'esprit nouveau ; lorsque l'exaspération des deux partis étouffait les folles joies de Venise, plongeait dans les cachots des milliers de Napolitains et de Milanais, égorgeait notre ambassadeur Rossi, et chassait le Pape de Rome. L'âme de Verdi, chargée de cette atmosphère d'orages et de colère, fit gronder tous ces éléments dans ses drames lyriques ; ses chants d'amour eurent l'exaltation d'un cri national ; ses plaintes et ses romances, l'enthousisme d'un appel aux armes ; la plupart de ses phrases furent des déchirements.

Bellini, Donizetti pleuraient ou se réfugiaient dans la mort, avec la résignation mélancolique de Silvio Pellico... Verdi pleure, mais avec imprécations, il sanglote en foudroyant. Qu'avait à faire des modulations toujours harmonieuses de Rossini cette âme irritée, qui résumait en elle toutes les passions de la jeune Italie? Brisant avec les traditions, il donna à sa phrase des élans entrecoupés comme les sanglots de sa nation ; ce style nouveau étonna d'abord les peuples d'Occident, ils ne purent comprendre qu'on aimât avec cette violence, qu'on chantât avec cette fureur ; ils ne savaient pas qu'une révolution politique se cachait sous cette simple révolution de notes et de points d'orgue.

Le maëstro eut peu de succès en Allemagne et en Angleterre ; les races méridionales des bords de la Méditerranée, au contraire, mieux initiées aux douleurs de l'Italie, saisirent la portée de la musique nouvelle ; ses chants, plus menaçants que plaintifs, devinrent partout des échos populaires.

Cette transformation musicale affaiblit le prestige de Rossini : Verdi régna sans partage chez tous les peuples voisins de la Méditerranée ; maintenant encore, partout où existe un théâtre, des troupes italiennes débarquent, s'installent, chantent, *crient* du Verdi devant une foule exaltée.

Verdi n'a pas écrit de pièce politique ; aucun de ses opéras n'a la signification directe, et surtout l'élévation de *Guillaume Tell* ; mais il a eu le merveilleux talent d'imposer à des paroles, à des actions de la vie ordinaire les accents de la passion nationale ; il a créé l'art politique, l'art du ralliement, en dépit d'une police déroutée, qui ne pouvait saisir la pensée séditieuse sous la forme du drame biblique ou féodal. Les Italiens ont admirablement deviné sa pensée ; cette communauté de sentiments entre le maëstro et ses auditeurs explique l'immense popularité de son nom, et les ovations dont il a été l'objet durant les derniers événements.

Toutefois, rien n'est éternel ici-bas ; l'indifférence peut succéder à l'admiration ; le rôle de Verdi peut finir avec les passions violentes qui agitent aujourd'hui la Péninsule ; quand l'Italie sera revenue à l'état normal d'une nation heureuse, consolidée dans son indépendance, les brusqueries, la colère du rhythme perdront leur popularité peut-être... La phrase harmonieuse, le lyrisme sublime de Rossini reprendront possession de la scène. Mais Verdi n'en aura pas moins joué un rôle considérable dans la conquête de l'indépendance italienne, et l'histoire de l'art et de la politique du dix-neuvième siècle pourront se résumer en ces termes : de 1800 à 1820, insouciance et joie : Rossini jeune... — De 1820 à 1832, aspiration philosophique et poétique vers l'indépendance : *Guillaume Tell*... — De 1830 à 1848, désespoir et résignation : Bellini et Donizetti (ajoutons, dans d'autres genres, Léopold Robert et Silvio Pellico). — De 1848 à 1860, réveil énergique, irrésistible, résolu jusqu'à la violence... Verdi !

Cette influence de la politique sur l'art musical a eu des conséquences fâcheuses... le chanteur a dû suivre le compositeur... les gosiers les plus heureusement doués ont perdu leur souplesse, leur velouté, à travers les sentiers rocailleux où les pousse Verdi; l'école des Malibran et des Rubini s'est totalement perdue...

La facilité de façonner une voix naturellement puissante aux éclats simples et criards de la musique nouvelle, de former un chanteur passable en quelques mois, a fait courir sur les planches une foule d'ouvriers, fiers de pouvoir chanter *Nabuco* ou *Hernani* sans avoir appris le solfége..... Il faut reconnaître que l'Espagne a eu particulièrement à souffrir de ces excès. Quand des troupes ainsi improvisées occupent les théâtres de toutes les villes des bords de la Méditerranée, soyez surpris que les œuvres de Rossini soient abandonnées, que des sifflets accueillent quelquefois le *comte Almaviva* ou le *Papatatchi*. Ce n'est pas l'immortel maëstro que l'on outrage, c'est l'interprète incapable que l'on punit.

Barcelone a fait récemment une grande perte : un incendie a détruit la vaste salle du Lycée ; elle était aussi large que celle de notre Opéra, et la dépassait d'un tiers en profondeur. Plus grand que *San-Carlo* et que la *Scala*, ce théâtre n'en offrait pas moins une sonorité irréprochable. Le lustre était remplacé par des candélabres disposés en avant des loges. Ce genre d'éclairage a l'avantage de ne pas aveugler les spectateurs et de leur épargner ce soleil de gaz et de verroterie qui, dans nos théâtres, cache la scène à un tiers de la salle. Un cercle d'amateurs (*aficionados*) l'avait fait construire à ses frais ; des salons de jeux, des salles de bal et de conversation de la plus grande élégance, complétaient cet établissement, un des plus remarquables de l'Europe.

Nous avons entendu les Italiens du Lycée jouer avec assez d'ensemble *Baudelmonte*, opéra de Pacini, à grands effets de voix et tout à fait dans le style de Verdi. Décidément ce maëstro fait école, mais l'Espagne se contente de l'applaudir. Privée de musique nationale, elle n'alimente son répertoire qu'avec des opéras étrangers. Les maëstri indigènes ne s'élèvent pas au-dessus d'opérettes, connues sous le nom étrange de *sarcuela*, et presque toujours écrites sur des libretti de M. Scribe.

L'auteur des paroles est seul pillé ; on ne prend rien à nos musiciens : les motifs sont tous espagnols. Nous connaissons un *Señor don Simon*, traduction de *Monsieur Pantalon*, dans lequel le compositeur a placé une musique vive, piquante, que M. Grisar lui-même pourrait envier.

Barcelone a produit un des meilleurs compositeurs modernes, Soriano Fuentes, auteur de *Jio-Canigitas*, partition très-originale que la Péninsule a couverte d'applaudissements. Mais ces petits opéras, formés de chansons andalouses, de ritournelles populaires et de quelques airs de danse, ne sauraient constituer une école nationale. Peut-être cette tentative, qui prépare les voies à un Dalayrac, mettra-t-elle un jour la musique espagnole au-dessus de la musique anglaise et à la hauteur de la nôtre. Quant à l'art dramatique littéraire, il ne grandit pas en Espagne ; il descend, au contraire, des hauteurs où le conduisirent Calderon et Lopez de Vega, comme la peinture s'éloigne de Murillo et de Velasquez. Au lieu de sculpter des statues de pierre, on fabrique des images de bois ; au lieu de peindre des toiles importantes, on enlumine des images ; au lieu de continuer le théâtre national, on traduit des vaudevilles français.

Les Espagnols ne commettent pas ces plagiats sans reconnaître leur faute : ils cherchent à la déguiser. Le moyen adopté est-il de nature à satisfaire pleinement tous les intérêts ?... Qu'on en juge.

On traduit une pièce française mot à mot, en conservant jusqu'au nom des personnages ; on ne supprime que deux choses : le titre de la pièce et le nom de l'auteur, sous le bénéfice de la phrase consacrée : *Pièce en ... actes, arrangée par M****; ici le nom du traducteur espagnol en toutes lettres.

L'affiche du théâtre du Lycée annonçait : *Los dos Artistas.* Je vais prendre place à l'orchestre, heureux de voir une comédie indigène : on lève le rideau, et je reconnais des phrases, des noms de personnages qu'il me semble avoir entendus ailleurs, dans une autre langue : une actrice paraît, chacun la salue du nom de *Fiammina*... J'assistais à la représentation de la pièce de Mario Uchard. Ceci n'est pas un fait isolé. Le lendemain, on jouait, au théâtre du Cirque, *los Pobres de Madrid,* c'est-à-dire *les Pauvres de Paris,* arrangés à l'espagnole, et l'on annonçait la représentation prochaîne de *el Cámino de los Presidios*, très-probablement *la Route de Brest*.

Si la vie s'écoule vite et agréablement à Barcelone, elle finit aussi d'une manière moins lugubre que chez nous... Les morts ne vont pas *s'emparer tristement de leur dernier gîte,* dans d'horribles corbillards, sous l'escorte de croque-morts au costume hideux, qui donneraient le frisson aux défunts s'ils pouvaient les apercevoir. Les Barcelonais portent les bières sur de petits *chars* élégants, escortés de deux valets de pied, à la livrée sévère mais propre. Bien plus, les morts ne s'en vont pas sous terre; ils changent d'habitation, de cité, voilà tout. Les cimetières catalans sont de véritables villes, formant des rues, coupées très-régulièrement à angles droits, et garnies de constructions à sept étages. Une des façades est tournée vers ces rues, et l'autre vers un jardin intérieur; chaque étage, ayant à loger un mort couché et non un vivant debout, a 80 centimètres de hauteur, au lieu de 3 mètres; si bien que ces maisons de morts s'élèvent à 5 mètres seulement, et montrent, à la place des fenêtres, de petites bouches de four superposées et hermétiquement fermées par une plaque qui porte une inscription funéraire. Vous diriez une ruche en repos. Cette forme de ville, cette position de bières élevées au-dessus du sol, placées sous vos yeux, sur vos têtes, et non sous vos pieds, au fond d'une terre humide, d'une boue froide, a quelque chose de consolant et de respectueux qui manque complétement aux rangées de fosses où nous envoyons pourrir ceux qui nous ont mis au monde, ceux qui nous ont nourris, instruits, aimés.

Un travail intitulé *De l'influence des diverses sépultures sur les mœurs et sur les lois*, serait digne assurément d'occuper l'attention de l'Académie des Sciences Morales et Politiques. Il existe une liaison si intime entre le respect des vivants pour les morts, et l'état du pouvoir paternel, que c'est en quelque sorte dans les tombeaux qu'il faut chercher la constitution de la famille. Comparez les lois civiles et les usages funéraires ; vous verrez que plus les morts restent près des vivants, plus ils demeurent avec eux en communication fréquente, intime, et plus le pouvoir paternel conserve son caractère auguste et sa force.

Les Egyptiens, les Grecs, les Romains, tous les grands peuples de l'antiquité manifestèrent leur vénération envers leurs ancêtres, en cherchant à dérober leurs restes à l'horrible destruction, en conservant leurs cendres auprès de la famille ; les premiers chrétiens respectèrent cet usage. Le corps de Lazare que Jésus-Christ ressuscita, devait être embaumé, car il était debout dans une niche, et entouré de bandelettes. Le Sauveur, lui-même, fut placé dans une grotte, et la gloire de Madeleine est d'avoir porté la boîte aux parfums dans cette cérémonie.

Les apôtres et leurs successeurs déposaient les restes des martyrs dans des niches, le long des parois des Catacombes. L'embaumement des corps, leur déposition dans des cases murées recut donc la consécration des fondateurs de notre religion. Malheureusement, vers le troisième siècle, des idées nouvelles saisirent les esprits exaltés, on crut trouver dans la pourriture des corps une sorte d'expiation des souillures de la vie ; on vit une leçon morale dans *ce quelque chose qui n'a plus de nom dans aucune langue*, selon l'expression de Bossuet. L'arrivée des Barbares, qui laissait si peu de temps aux populations chrétiennes pour ensevelir leurs morts, acheva de faire renoncer aux anciens usages : dès que l'homme eut fermé les yeux, on le descendit dans une fosse qui, toutefois, était à couvert, dans un lieu consacré, sous les dalles de l'église, sous les pas des fidèles; plus tard, ce dernier témoignage de respect a disparu. Maintenant, tous les peuples de l'Europe jettent les cadavres, comme des animaux immondes, loin de toute habitation, dans une sorte de voirie, qu'on appelle cimetière, où ils sont exposés à toutes les intempéries des saisons, et à quelque chose de plus rigoureux que la neige et la glace, à l'oubli des vivants.

Qu'on ne s'y trompe pas, dans de semblables conditions, l'inhumation est un acte injurieux, qui porte un contre-coup funeste à la constitution de la famille et à l'autorité paternelle. Que dis-je? elle ébranle le dogme de l'immortalité. Les fils perdant la trace de ceux qui les ont précédés, ne voyant plus l'urne cinéraire présider à leurs actions, surveiller leur conduite, s'habituent bien vite à s'isoler de la pensée de leurs aïeux. Le sceptique voyant la même putréfaction atteindre la bête et l'homme, l'enveloppe de l'instinct périr comme celle de l'âme immortelle, est porté à les confondre complétement... La résurrection que vous refusez à la bête, pourquoi l'accorder au mortel, puisqu'ils traversent tous les deux la même épreuve dernière, et qu'une origine divine n'assure pas à cet homme des conditions visibles de supériorité.

Les sépultures catalanes, plus convenables, mieux entendues, sont un premier pas vers l'embaumement et la crémation de l'antiquité. Elles sont en usage dans le plus modeste village comme dans les grandes villes. Profitons des pieux exemples donnés par des populations dont on ne contestera pas l'orthodoxie chrétienne ; protestons énergiquement contre nos inhumations barbares, qui sont un véritable outrage à la dignité humaine. Si nous n'osons pas encore brûler les morts, comme les Romains, embaumons-les du moins, plaçons-les religieusement dans des niches élevées, saines, convenables, comme le faisaient les Chrétiens des Catacombes, comme le font nos voisins de la catholique Espagne.

Barcelone, ville de plaisir, d'affaires, mais qui sait fort bien se mettre en révolte contre le gouvernement de Madrid, aussitôt que ses prétentions nationales lui paraissent froissées, est comme gardée à vue par le mont Jouy, placé sur une montagne, au midi de la ville, et par la citadelle construite sous Philippe V, en 1715. Ces deux forteresses ont joué un rôle fort important dans des circonstances qui touchent de très-près à l'histoire de France ; on nous permettra de rappeler avec quelle énergie les citoyens de la cité opulente, de la ville du travail et de la joie, savaient mourir il y a cent cinquante ans, pour une indépendance que Saragosse, Tarragone et Girone devaient défendre en 1808 avec tant d'héroïsme.

Barcelone, qui avait généreusement offert 4,500,000 livres de don gratuit à Philippe V, à l'époque de son mariage avec Marie-Louise, n'avait pas tardé à regretter son argent. Ce prince avait de grands torts aux yeux d'un peuple fier et jaloux à l'excès de son antique nationalité ; il s'était fait couronner roi à Madrid, et non pas à Barcelone ; et l'histoire constate peu d'antagonismes aussi profonds que celui des Catalans et des Castillans.

Le petit-fils de Louis XIV aurait dû s'occuper plus

soigneusement de conquérir l'affection des peuples riverains de la Méditerranée : Barcelone conservait pieusement le souvenir de Louis XIII. Elle aurait accueilli son descendant avec amour, s'il avait su invoquer les bonnes relations qui n'avaient cessé d'unir la France à cette partie de la Péninsule depuis les Carlovingiens. Loin d'adopter cette politique, il devint Castillan tout aussi exclusif que les rois qui l'avaient précédé. Les Barcelonais lui rendirent la pareille, et se firent impériaux... En 1706, ils reçurent dans leurs murs son terrible compétiteur, l'archiduc Charles. Aussitôt une armée franco-castillane courut faire le siége de la place : mais on débuta par des opérations fort maladroites.

« On fit une grande faute, dit Saint-Simon, d'avoir attaqué par le mont Jouy ; cette fortification, séparée de la ville, serait tombée avec la ville, au lieu que sa prise n'influait point sur celle de la place. Quoiqu'il en soit, ce mont Jouy dura le double de ce qu'on avait cru, consuma beaucoup de munitions, et coûta bien d'honnêtes gens. »

Laparat y perdit la vie et fut fort mal remplacé : les troupes assiégeantes, trop peu nombreuses, succombaient à la fatigue ; les soldats n'avaient pas une nuit de repos sur trois ; constamment harcelés par les miquelets, ils se trouvaient en quelque sorte assiégés eux-mêmes, étaient troublés par des alertes continuelles, et obligés de repousser incessamment les habitants de Barcelone, réunis à la garnison, et commandés par des moines qui nous combattaient avec l'acharnement qu'ils auraient pu montrer contre des Turcs.

Toutefois les Espagnols évacuèrent le mont Jouy le 25 avril, et rentrèrent dans Barcelone, crânement, au grand jour, à travers notre armée, qui ne put leur faire essuyer de pertes sensibles ; ce qui n'empêcha pas Philippe V de nommer maréchal le fils de Tessé, pour le récompenser *de lui avoir apporté cette bonne nouvelle.*

Les Français, maîtres du mont Jouy, n'en furent guère plus avancés à l'égard de Barcelone; car ils durent en commencer le siége et l'investissement régulier.

L'inexplicable départ de la flotte française le 11 mai, et l'arrivée immédiate de celle des Anglais aggrava singulièrement notre situation, en ranimant la confiance des assiégés. «Nos ingénieurs étaient si lents et si ignorants, dit Saint-Simon, qu'il n'y avait aucun fond à faire sur eux, et que, par la vénalité que le roi avait mise dans l'artillerie, depuis quelque temps, non-seulement ces officiers vénaux n'y entendaient rien du tout, mais perdaient tout leur temps à remuer inutilement leur artillerie et à placer mal leurs batteries, pour se mettre dans la nécessité de les changer, parce que de ces mouvements de canon résultait un droit pécuniaire qu'ils étaient bien aise de multiplier. » Les plans des officiers supérieurs venaient donc se briser contre de misérables questions de roulage... On ne peut comprendre qu'un pareil état de choses se soit perpétué à travers le règne de Louis XIV, et que Bonaparte ait dû, le premier, à la campagne de Marengo, substituer le *train d'artillerie* à ces entrepreneurs de transports, qui abandonnaient, à la première alerte, charriots et canons, pour prendre la fuite avec leurs chevaux.

La difficulté de se procurer des vivres, depuis l'occupation du port par les Anglais, contraignit enfin Philippe V à lever le siége ; et n'osant regagner la Castille à travers la Catalogne ou le royaume de Valence en pleine révolte, il fut obligé de faire une sorte de traité de paix avec les montagnards de la province de Girone (Ostalric et mont Ceni), en vertu duquel ils renoncèrent à harceler nos troupes, à condition qu'on respecterait leurs personnes et leurs habitations.

Barcelone resta au pouvoir des ennemis de Philippe V pendant sept ans ; mais, en 1714, le duc de Berwick en recommença le siége. L'attaque et la défense furent des plus acharnées. Après mille tentatives d'assauts et mille sorties, dit Bofarull : « Les Français qui avaient déjà lancé 15,000 bombes dans la place, dressèrent une batterie de 94 canons devant le *Portal nou*, et le *Boulevard du Levant*. Bientôt sept brèches furent ouvertes Le premier conseiller fit publier qu'au premier signal donné par la *tomasa* (grosse cloche de la cathédrale), tous les citoyens devraient courir aux remparts... Le 6 août, le maréchal de Berwick recommença l'attaque ; le 11, il fit sauter une mine à l'angle des boulevards Sainte-Claire, ce qui n'empêcha pas nos troupes d'être repoussées par quelques compagnies de la *colonelle*. La résistance fut partout vigoureuse, opiniâtre. Les Barcelonais, espérant recevoir des renforts que le marquis de Poal devait leur conduire, repoussèrent obstinément tout projet de capitulation.... Mais le secours n'arriva pas, et le gentilhomme fut accusé de les avoir trahis.

« Le 11 septembre, jour fatal pour Barcelone, pour la Catalogne, pour l'Espagne entière, dit Bofarull, l'héroïque milice reçut d'un traître, vendu aux Français, l'ordre étrange de retirer les sentinelles de la brèche *del carnalatje* : c'était livrer la ville aux assiégeants... Au même instant, le duc de Berwick fait donner l'assaut sur tous les points démantelés.

Lorsque la cloche donna aux miliciens l'ordre de se porter sur les brèches, elles étaient déjà au pouvoir des Français... Le second conseiller, Salvador Féliu de la Peña, prend la bannière nationale de Sainte-Eulalie. Il appelle la milice, et la conduit contre les assiégeants. Dès la première charge, le conseiller Casanova tombe mortellement frappé, et le général Villarroël éprouve le même sort. Chassé des remparts, le peuple court vers le port, barricade les rues, dirige contre l'ennemi toutes les pièces qu'il peut réunir, et transforme la place du Palais (aujourd'hui du Gouvernement) en place d'armes... Les Français attaquent ce dernier boulevard de la résistance, et ce n'est qu'après un affreux carnage, dans lequel les femmes et les enfants périrent le mousquet à la main, à côté de moines pointant le canon, que les magistrats consentirent à capituler.

La lutte terminée, Philippe V, que les Catalans ont surnommé *Animoso*, voulut prévenir toute nouvelle révolte... Il chargea le marquis de Castel Rodrigue d'élever une citadelle sur l'emplacement du faubourg et du couvent de *Santa-Clara*, près du lieu où la résistance avait été la plus vive. Les maisons de quinze rues tombèrent sous la pioche, on déblaya le sol, et les Catalans furent contraints de travailler eux-mêmes à la construction de la bastille qui devait porter le coup de grâce à leurs prétentions indépendantes. Commencée le 1er mars 1716, par l'ingénieur flamand Werboom, la forteresse fut complétée à la fin du siècle, sous la direction de Roncali, qui construisit les dernières casemates.

IV

Villafranca. — Tarragone. — Aqueduc. — Monuments romains. — Tombeau à hiéroglyphes. — La cathédrale et le cloître. — L'art de la renaissance. — Martorell. — Bains de la *Puda*. — Grottes de Colbeto.

La Catalogne eut pour mère et pour civilisatrice Tarragone la romaine. Ce fut dans son port et sur l'admirable promontoire qui le domine que brilla, durant plus de huit siècles, la lumière de la civilisation; ce fut de là qu'elle se répandit dans la province, dans la Péninsule entière.

Exécutons, pieux historien, cet imposant pèlerinage.

On part la nuit de Barcelone pour Tarragone. La route, une des plus pittoresques de la Péninsule, vous laisse entrevoir à droite et à gauche de nombreux villages éclatants de blancheur, qui s'étendent en longues rues. Dans le lointain s'élèvent les belles montagnes de Panadès. Tout à coup ces montagnes se rapprochent, se resserrent; on entre dans un défilé que nos armées ont souvent disputé aux Espagnols. Cette clef du passage, cette gorge, c'est Villafranca.

Tandis qu'on relayait et que les voyageurs prenaient le *refresco de media noche*, je parcourus, sans autre cicerone que les rayons de la lune, cette ville du moyen âge que les antiquaires placent sur les ruines de *Carthago vetus*: la ville moderne ne remonte pas au delà du treizième siècle, époque où les populations arrachaient à la féodalité des chartes et des concessions. Son nom le dit assez. La vieille et sévère église que j'apercevais dans un angle de la place indiquait la même date par la forme aiguë de ses arcs ogivaux et de ses fenêtres, par la masse de ses murailles et de ses contre-forts. Là, me disais-je, fut célébré l'affranchissement; c'est le sanctuaire dans lequel le sénat, le seigneur et le clergé se réunirent pour signer le concordat en présence de Dieu. Les habitants ne doivent y entrer qu'avec le recueillement des grands souvenirs... J'y pénétrai; il était minuit. Les hautes fenêtres laissaient échapper une lumière douteuse, semblable à celle de la lampe mystérieuse qui ne s'éteint jamais. J'entendis du bruit ; sans doute, le prêtre préparait avec le sacristain la solennité du dimanche. Bientôt deux hommes passèrent devant moi comme des ombres, mais ils ne portaient pas le costume ecclésiastique. Tout à coup, un grognement sourd et menaçant résonne sous la nef : quel fantôme mécontent ou quelle âme errante gémissait dans l'église? Mes yeux, accoutumés peu à peu au crépuscule, distinguent dans le temple des cordes, une échelle, de grandes caisses, une cage à claire-voie de barres de fer, et, derrière ces barres, deux petites lumières qui vont et viennent. Ces lumières sont des yeux, les oreilles apparaissent, puis un corps velu. C'est une hyène de belle taille, qui se promène majestueusement dans sa prison. Ainsi, la cité du moyen âge avait loué son antique église à des montreurs de bêtes. Il faut se méfier des graves impressions historiques.

Cependant on appelle au dehors; le mayoral s'impatiente; je regagne la voiture, qui m'emporte rapidement, et j'attends que le jour, le paysage, le changement de lieu dissipent cette vision d'Hoffmann ou de Goya.

Quiconque aime la variété est servi à souhait dans la Catalogne. En s'éloignant de Villefranche, on gagne les bords de la mer, puis une avenue de deux lieues, une voie *Appienne* s'ouvre devant nous. On se sent en pays romain, dans le voisinage d'une capitale. Voici un tombeau considérable ; le socle, de trois mètres de hauteur, est orné de statues assez grossières ; l'inscription a été enlevée par un évêque, un peu trop archéologue en cette circonstance : on y lisait, dit-on, le nom de Scipion. Jamais, certainement, les cendres de ce grand homme ne reposèrent en ce lieu ; mais on aime ce souvenir guerrier ; l'imagination y était préparée par l'arc de triomphe d'en Barra, qui forme l'entrée de l'avenue. Encore quelques tours de roues, entre deux haies d'aloès, d'oliviers, de grenadiers, et nous entrerons dans la cité romaine, dans Tarragone.

Le peuple-roi, quand il fondait une capitale, savait choisir le lieu. Cette nation belliqueuse, pour qui les intérêts du commerce restaient toujours soumis aux nécessités militaires et politiques, aimait à poser sur des hauteurs et des rochers ses citadelles et ses temples. Tarragone offrait une situation admirable pour établir sur un point culminant le quartier général, le centre de la province. Les Romains l'adoptèrent, et bientôt deux millions d'hommes la remplirent d'agitation et de bruit. Aujourd'hui, tout ce mouvement a cessé. Prise, reprise, saccagée par les Visigoths et les Maures, par les Espagnols et les Français, Tarragone n'est plus qu'une ville de 15,000 âmes, sans commerce et sans vie. Toutefois son aspect et ses ruines ont conservé de la grandeur. Lorsqu'on arrive par la route de Barcelone, on est vivement frappé : à gauche, la montagne descend par une pente très-rapide vers le rivage, et baigne ses pieds dans la mer... A sa base, les flots ont creusé un port dans le rocher... Au sommet, les hommes ont construit une des plus majestueuses cathédrales des Espagnes. Dans les rues étroites, on a ménagé des escaliers. La population est belle encore; des femmes grandes, vigoureuses, vous rappellent cette héroïque *Calessina* qui, en 1808, lutta si vaillamment contre nos troupes.

Mais ce qu'il y a d'actif dans ce peuple s'en va travailler à Barcelone ou à Valence, et le port est presque abandonné. Assez spacieux pour les galères romaines, insuffisant pour nos grands vaisseaux, d'ailleurs mal abrité du vent et serré par les rochers à pic qui gênent le chargement et le déchargement des navires, aussi bien que la construction des entrepôts, il regarde tristement la Méditerranée, son ancienne tributaire. Les habitants oisifs bâillent tranquillement dans les rues, cherchant l'ombre l'été, le soleil l'hiver, portant en toute saison l'inséparable manteau couleur de muraille.

Tarragone semble aujourd'hui réservée aux promenades des archéologues; les traces du passé y sont innombrables : c'est d'abord le palais d'Auguste, dont les ruines imposantes couronnent la haute cité et rappellent la position du Capitole à Rome. Les grandes proportions de l'amphithéâtre de *la Puerta Santa-Clara*, celles du Cirque, entre les bastions de *San-Carlos* et *San-Domingo*, le nombre et la beauté des statues et des bas-reliefs retirés des décombres et recueillis dans le musée, prouvent avec quel soin les empereurs et l'aristocratie avaient doté cette ville préférée de tous les embellissements de la civilisation romaine. Un aqueduc majestueux, colossal, auquel l'étonnement populaire a donné le nom de *Pont du Diable*, franchit la plaine qui s'étend au sud-ouest, et met par ses arcades superposées le haut de la ville à niveau d'eau avec les montagnes voisines. Mais rien ne retrace le séjour des Romains comme les milliers d'inscriptions et de bas-reliefs que les maçons modernes ont arrachés aux monuments anciens et qu'ils ont enchâssés dans les murailles des maisons particulières. Grâce à cette attention, Tarragone est un des musées paléographiques les plus complets de l'Europe. L'intimité de la vie romaine se trahit sur ces pages de pierre, formées de quatre-vingt-onze inscriptions : une mère dit adieu à son fils; un époux nous apprend que sa femme était très-douce; les citoyens remercient l'empereur ou les édiles de quelques bienfaits publics; les amis se font d'éternels et touchants adieux.

Si les Romains avaient créé la grandeur de Tarragone, ils n'étaient pas à vrai dire les fondateurs de la ville; ils avaient appuyé leurs remparts sur les débris d'une enceinte primitive qu'un autre peuple avait tracée. Les plus belles murailles ibériennes de l'Espagne sont là; on en trouve des fragments considérables au *Quartel de Pilatos*; les assises en sont formées de quartiers de rochers frustes, superposés, et garnis dans les intervalles de pierres de toutes les dimensions. Ces constructions grossières rappellent les murs dits en pierre sèche, à l'aide desquels nos ingénieurs soutiennent les chaussées des routes sur les flancs des montagnes; leur solidité est singulière et pleine d'art. L'existence de ces murs ibériens est une rareté et nous annonçait d'autres surprises. Les antiquaires qui font métier de fouiller les couches de cendres laissées sur le sol par les révolutions humaines et de ressusciter les témoins du passé pour obtenir la succession chronologique des événements, ont quelquefois des bonnes fortunes embarrassantes. En 1850, des forçats trouvèrent près du port, sous une mosaïque romaine, un tombeau qu'ils brisèrent en le découvrant. Ce tombeau, de forme égyptienne, appartenait évidemment à une ville primitive. La nouvelle en courut aussitôt dans le monde savant; elle parut assez extraordinaire pour qu'on la contestât. M. Hermandez, qui possède cette pièce, fut accusé de supercherie. Cependant M. Mérimée, qui vit au musée de Madrid quatre fragments du tombeau, leur trouva un caractère de vérité très-éloigné de toute contrefaçon, et consacra à la description de l'œuvre entière cette exactitude de détails et cette sûreté d'induction qui lui sont habituelles. J'ai examiné de près ce tombeau, et je crois, avec M. Delgado de Madrid, que tout concourt à lui assigner la plus haute antiquité.

Il est formé de plaques de marbre blanc, d'un pouce d'épaisseur. Ces plaques sont couvertes de figurines dessinées en creux et remplies d'un stuc noir, destiné à les faire nettement ressortir. Quelques images sont faites de pièces de marbre de diverses couleurs. Chose étrange! les scènes représentées par ces personnages n'ont aucun rapport avec celles des hiéroglyphes égyptiens. Elles se rapprocheraient plutôt, par certains détails, des bas-reliefs assyriens conservés au Louvre, et qui retracent des combats, des sacrifices, des expéditions maritimes, non point allégoriques, mais réels, exacts. Dans les uns et dans les autres, mêmes particularités : des rois ont la haute mitre orientale, des populations vaincues sont entraînées par des soldats, des hommes portent sur leurs épaules des ballots, des amphores et des sacs, des femmes portent des enfants dans leurs bras ou derrière leur dos.

Le plus important de ces travaux retrace, avec une intention très-évidente, l'ouverture du détroit de Gibraltar. Les rochers sont séparés par un géant placé dans l'attitude du colosse de Rhodes ; au-dessus s'étend, en forme de gloire, l'arc du zodiaque qui repose sur les deux continents.

La terre d'Afrique est caractérisée par les palmiers et les crocodiles. Parmi les habitants, tous vêtus du sagum, les uns sont montés sur des chameaux, les autres à pied et armés de flèches. La terre d'Espagne produit le pin-parasol ; elle est habitée par des hommes nus, dressant des chevaux, et portant des massues.

La civilisation de l'Orient et l'état sauvage de la Péninsule sont donc nettement représentés. L'artiste, après avoir mis ces deux populations en présence, les met aux prises.

Les Orientaux, guidés par les hirondelles, s'embarquent sur des bateaux et descendent un fleuve qui sort de la gueule d'un crocodile (le Nil évidemment) ; ils abordent sur le continent européen, tenant un rameau d'olivier en signe de paix. Les hommes nus les repoussent à coups de massues et de pierres, soit du rivage, soit du haut de remparts, entièrement semblables aux murs ibériens de Tarragone. Mais les Orientaux restent victorieux ; ils tranchent la tête à quelques indigènes, obligent ceux qui survivent à porter sur leurs épaules leur chef triomphant ; la paix est enfin jurée par les deux peuples sur l'autel des sacrifices. Les Orientaux, sous la forme d'abeilles laborieuses, construisent la ruche de la civilisation, plus loin ils domptent les bœufs sauvages, plantent des oliviers, construisent des villes. La religion, l'agriculture, le culte du bœuf Apis sont établis en Espagne.

On le voit, c'est la genèse de la première civilisation, très-nette, très-précise. Les caractères encore inexpliqués qui servent de légendes à ces tableaux appartiennent à l'alphabet ibérien, qu'un numismate, M. Boudard, travaille à reconstituer; ils remontent, en partie du moins, aux Phéniciens, car plusieurs de ces lettres se retrouvent sur l'inscription du magnifique tombeau de Munasar, au musée du Louvre.

A travers ces signes alphabétiques paraissent des images d'hommes et de quadrupèdes, des lézards, des plantes, des oiseaux d'une grossièreté inimaginable, et qui pourraient bien être les premiers essais des hiéroglyphes.

On peut donc croire que le tombeau trouvé à Tarragone fut celui du premier navigateur qui partit d'Orient, aborda en Espagne et y fonda une colonie. Ce navigateur vint-il d'Égypte antérieurement à l'époque où la langue hiéroglyphique fut adoptée? On n'oserait donner au monument de Tarragone une antiquité aussi haute. N'arrivait-il pas plutôt de la Phénicie, ou d'une des contrées voisines dont les langues sont encore peu connues, témoin l'écriture cunéiforme? Les caractères à la fois ibériens et phéniciens que l'on retrouve sur ce tombeau furent-ils apportés en Espagne par ce colonisateur?... Questions ardues, impossibles à résoudre aujourd'hui, mais que la science, il faut l'espérer, finira par éclaircir...

Tarragone, qui porte écrite sur tant de reliques l'histoire des Ibères, des Phéniciens et des Romains, ne parle guère du moyen âge arabe. Cette période n'y a laissé, je crois, qu'une petite fenêtre géminée, ornée d'inscriptions sur les archivoltes. Le moyen âge chrétien, au contraire, y éleva deux monuments du plus grand style : la cathédrale (colosse situé au-dessus du palais d'Auguste), et le cloître. La cathédrale, d'une grandeur et d'une beauté solennelles, offre, au haut du large escalier qui la précède, un aspect très-imposant ; ses trois nefs, toutes en marbre blanc et d'une harmonie irréprochable, appartiennent à ce style lombardo-saxon, pompeux, magistral, parfaitement approprié à la majesté céleste. Tous les ornements des fenêtres et des galeries, des tombeaux et des autels, se détachent très-nettement, grâce à la grande lumière qui descend des rosaces ouvertes sous les voûtes. Ce n'est pas le sanctuaire d'un Dieu terrible et qui se cache comme les oracles de l'antiquité, c'est le temple d'un Créateur qui aime à voir la terre inondée de soleil, la mer reflétant l'azur du ciel, tout ce qui respire élevant vers lui des regards de reconnaissance. Cette église, par ses grandes proportions, semble regretter le million d'hommes qu'a perdu Tarragone et attendre son retour. Une élégante coupole octogone s'élève au centre du transept et verse la lumière par de nombreuses fenêtres ogivales. La chapelle de *Santa-Tecla*, construite tout entière en marbre blanc, éblouit par la beauté de ses ornements, de ses bas-reliefs et de ses statues.

Les richesses mobilières de cette église sont considérables. A l'entrée du chœur, et au-dehors, paraît le magnifique mausolée de Jacques II, roi de Majorque : la cuve est en marbre blanc, et s'élève au-dessus d'un entablement flanqué de quatre cariatides : un homme et trois femmes en pleurs, d'un très-beau travail. Tout appartient à cet art mythologique de la Renaissance, où les hercules et les muses représentent la force et les vertus, où les griffons et les femmes-oiseaux tiennent la place des sujets de la Bible. Ce tombeau, fait longtemps après la mort de Jacques, ne remonte qu'au dix-septième siècle; il trouve un pendant assez digne dans le mausolée du roi Jayme, œuvre du seizième siècle, apporté récemment du monastère de Poblet, où des Barbares l'avaient fortement endommagé. Il est maintenant recueilli dans le musée de Tarragone.

Le cloître, un des plus beaux de la chrétienté, s'étend au nord de la cathédrale. Six grandes arcades ogivales forment chacune de ses galeries; elles sont subdivisées en plusieurs baies séparées par des colonnettes, et possèdent une riche collection de chapiteaux représentant les scènes principales de l'Ancien et du Nouveau-Testament.

Malgré la hauteur et la largeur de ses galeries, malgré la grande lumière qui se joue à travers les roses et les ogives, ce *patio*, privé de dalles tumulaires, peu riche en inscriptions et en tombeaux, intéresse moins que le *Campo-Santo* de Girone; néanmoins, il est impossible de traverser ce monument religieux sans emporter une impression grave et saisissante. Revenons à la cathédrale; plaçons-nous en face du porche, et nous aurons l'idée la plus haute de l'art chrétien : l'œil ne s'y égare pas, comme sur les portes de nos églises gothiques, au milieu d'une surabondance de colonnettes, de chapiteaux et de bas-reliefs confusément entassés; il embrasse tout d'abord une baie ogivale spacieuse, élevée comme un arc de triomphe. Autour de cette baie règnent les grandes statues en marbre des douze apôtres, présidées par celle du Christ. Les pensées qu'elles nous inspirent s'appliquent également à celles de l'église de Castillon, qui semblent faites sur le même modèle.

Cet imposant synode, sculpté par le Catalan Jayme Catayls, en 1376, prouve visiblement, comme les statues de Chartres, de Reims et les autres chefs-d'œuvre du style gothique, combien à la fin du moyen âge les véritables artistes étaient à la veille d'atteindre le beau vrai, le beau spiritualiste. De même qu'autrefois, au siècle de Périclès, les Grecs avaient réalisé la plus noble expression de l'harmonie terrestre, l'art chrétien des Giotto, des Cimabué, des Pérugin, s'inspirant de l'amour religieux, allait exprimer dans un idéal nouveau la transfiguration de l'homme, devenu enfant de Dieu. On n'avait qu'à laisser faire, l'art était dans la grande voie du beau et du vrai.

Mais tout à coup l'antiquité se réveille ; l'esprit païen s'échappe du tombeau où le christianisme pensait l'avoir scellé ; artistes et littérateurs perdent le sens moral chrétien, ils ne se bornent pas à prendre à la Grèce et à Rome son style, sa connaissance de la beauté terrestre, ils lui empruntent son esprit matérialiste, épicurien. Rubens, Jules Romain, Michel-Ange et bien d'autres commettent l'erreur de remplir les églises de tritons, de géants, de mille dieux païens, mal déguisés sous la toge des apôtres et le sagum des martyrs. D'autres peintres, il est vrai, savent résister à l'entraînement : Raphaël, Léonard de Vinci, le Dominicain, Andrea del Sarte, persistent à faire palpiter des âmes croyantes dans les corps vigoureux, élégants de leurs saintes et de leurs confesseurs ; mais les sculpteurs répudient complétement la tradition chrétienne, ils tombent dans le matérialisme antique, et s'efforcent même de l'exagérer.

Au dix-septième siècle enfin, peintres et statuaires ne gardent plus de mesure : pour dessiner des vierges et des anges, ils s'inspirent d'une ode de Catulle ou des fresques antiques. Examinez les œuvres qui prétendent exprimer l'extase, l'ascétisme, vous sentez la Vénus frémir sous le voile de Marie; Antinoüs montre son torse sous la robe déchirée des martyrs; l'Apollon du Belvédère développe sa jambe arrondie sous les robes retroussées des anges coquets et prétentieux. Le seizième siècle pour la sculpture religieuse, le dix-septième siècle pour la peinture, loin d'être une ère de rénovation, furent donc une époque de décadence bien caractérisée. L'art chrétien perdit tout le terrain qu'il avait précédemment conquis sur le paganisme. Les artistes ne se bornèrent pas à modeler la nouvelle société civile sur les formes de la Grèce et de Rome, à construire des palais grecs et romains, ils profanèrent les sanctuaires, et leur audace ne s'arrêta pas devant la mort... Germain Pilon condamna la chaste Geneviève à être portée dans sa châsse par quatre Aspasies cambrées, agaçantes, qui oublient complétement qu'elles soutiennent un tombeau. Il chargea les mêmes divinités, les trois Grâces probablement, de supporter le monument funèbre de Henri II. La mode se généralisa. Chaque grand seigneur se fit garder dans son mausolée par une belle courtisane échevelée, représentant la Justice ou la Force, la Foi ou la Charité. En plein dix-huitième siècle enfin, Marie Leczinska elle-même fut protégée dans son suaire par une folle bergère de Watteau, qui, loin d'aspirer au ciel de saint Louis, semble respirer à pleine gorge toutes les voluptés du règne de Louis XV.

Tel est l'oubli de toutes les convenances chrétiennes, telle est la décadence morale que nous avons toujours reprochés à la Renaissance.

Rassurons-nous, cependant, une réaction salutaire commence à se faire sentir; plusieurs de nos artistes ne demandent plus les modèles de leurs vierges et de leurs apôtres à l'antiquité profane, mais aux statues byzantines des vieilles basiliques. Le nouvel art chrétien se dégage peu à peu des chaînes de l'art idolâtre.

Une statue placée récemment dans une niche de la cour du Louvre représente l'art du Pérugin sous les traits d'un ange modestement vêtu, et contemplant le ciel... C'est avec bonheur que nous retrouvons sous le porche de Sainte-Clotilde la reproduction des plus beaux types des saints des treizième et quatorzième siècles.

Revenons autant qu'il est en nous à la grande époque gothique, qui reste le point culminant de l'art religieux. Le temple chrétien joue un rôle immense dans l'histoire morale et artistique de l'Europe. La cathédrale fut pendant le moyen âge tout entier, comme nous l'écrivions ailleurs, le grand registre incessamment ouvert, où les populations venaient inscrire année par année, tous les faits, toutes les préoccupations notables, toutes les biographies importantes. Ce livre-journal, fermé depuis le dix-huitième siècle, nous essayons de le rouvrir aujourd'hui, d'en lire les passages confus, d'en réunir les fragments dispersés, d'en pénétrer les allégories et les symboles... Guidé par cette curiosité respectueuse, un poëte moderne rencontra sur sa route une grande vérité qu'il résuma dans cette phrase, aussi juste que peu harmonieuse : *Ceci tuera cela.* — *Ceci*, c'est-à-dire l'imprimerie, cette immense et puissante machine de la civilisation moderne, *tuera cela*, c'est-à-dire supprimera l'architecture, la sculpture, la peinture, tous les beaux-arts en un mot, dont la cathédrale fut le musée et le tabernacle. Le moyen âge et l'époque moderne ont donc mis en présence deux grands moyens de tradition et d'instruction : les beaux-arts dans les églises, l'imprimerie dans les bibliothèques ; mais il faut le reconnaître, ces deux éléments ont procédé par des moyens différents, et ont obtenu des résultats presque opposés.

Les cathédrales, par la solidité et l'éternité de leurs feuillets iconographiques ; les beaux-arts, par la puissance saisissante et instantanée de leur expression, eurent l'immense avantage de formuler les dogmes de la foi, de les mettre à la portée de toutes les intelligences, de les graver dans la mémoire des plus humbles, d'une manière ineffaçable.

Ici point de controverse, point de publication opposée, point d'interprétation contraire, point de réfutation possible. Il n'était pas de chrétien qui, dès l'âge le plus tendre, ne connût toutes les saintes images de son église ; qui n'eût appris par elles la création du monde, celle d'Adam, le péché du premier homme ; et de bas-relief en bas-relief, de vitrail en vitrail, de stalle en stalle, tous les épisodes de la Bible. Il n'était pas de jeune fille qui n'eût contemplé la naissance du Sauveur, l'adoration des Mages, le crucifiement de Jésus-Christ, sa résurrection, la descente du Saint-Esprit, le pèsement des âmes ; pas de chrétien qui n'eût frémi d'une horreur salutaire en présence des fourches des démons tourmentant les damnés, et qui ne fût décidé à faire tous ses efforts afin de rendre le plateau de sa balance très-léger, et pouvoir s'élever dans la région des anges auprès du Sauveur et de la Reine des cieux.

Avec un tel livre, il devenait superflu d'apprendre à lire les caractères écrits, qui étaient bien plus rares alors que les sculptures éloquentes de pierre et de marbre, de cuivre et de bois... Le chrétien ne lisant que dans la bible iconographique, et y lisant toujours, se pénétrait des vérités éternelles au point de ne pouvoir laisser errer ses doutes ni au-delà ni à côté.

De là cette solidité de la foi, cette immobilité de la croyance qui, à de bien rares exceptions près, gouverna le monde, depuis le cinquième jusqu'au dix-septième siècle. Nous disons jusqu'au dix-septième siècle, et non jusqu'au treizième ou au quinzième : car n'oublions pas de remarquer que les Albigeois, et plus tard les Protestants, tout en se révoltant contre l'Eglise catholique, restèrent sous l'empire des traditions et des principes que l'iconographie avait su graver dans les cœurs. La divinité du Christ fut contestée, mais non sa naissance, mais non son apostolat, sa condamnation ou sa mort ; on refusa de reconnaître la conception immaculée de sa mère, mais non son existence, mais non son mariage avec Joseph ou sa fuite en Egypte. Quant à l'Ancien-Testament, nul ne songea à déchirer ses feuillets, nul même n'osa refuser au Christ une nature supérieure et sanctifiée. Les hommes avaient donc beau se livrer à la hardiesse des innovations ; leur orgueil n'avait pas la force de rompre le cercle que les saintes images avaient tracé autour d'eux : la controverse ne s'attaquait qu'aux principes abstraits que l'art chrétien avait négligé de formuler en pierre.

La pensée imprimée, au contraire, grâce à l'incertitude de ses formules, à la diversité de ses définitions, à l'obscurité de ses arguments, à la facilité de ses variantes, a ouvert un libre champ à toutes les négations, et nous avons vu le résultat de ses entreprises hardies.

Après cette excursion à la cité des ruines, qui possède une des plus magnifiques cathédrales de la Péninsule, revenons à Barcelone, la ville bruyante, agitée; mais nous ne ferons que la traverser pour nous diriger vers l'Aragon.

Un chemin de fer, qui vous prend à l'extrémité de la Rambla, marche droit à l'ouest, vers une petite chaîne de montagnes, en suivant la riche vallée de Llobregat... La campagne de Barcelone rappelle celle de Naples... De tous côtés, dans l'immense plaine de couleur un peu grise, brillent au soleil une infinité de villages et de maisons de campagne éclatants de blancheur. Quelques bouquets de pins parasols, des touffes de lauriers-roses, de palmiers, se montrent dans les enclos, et vous atteignez la petite ville industrielle de *Molino-del-Rey*, placée sur les bords du Llobregrat. Vous ne quittez plus cette rivière; son cours vagabond, son lit très-large, mal fixé, rappellent le Tessin près de Magenta, et vous arrivez à Martorell.

Là, on s'arrête dans un lieu enchanté, au milieu des plus beaux effets que puissent produire le caprice de la nature et la main des hommes. Le Llobregat se développe sur un lit de cailloux, il caresse des îlots couverts de peupliers et de saules, et ronge incessamment sur sa droite une terre sauvage et rougeâtre. Dans la plaine fertile, des maisons blanches détachent sur un tapis de verdure... A notre gauche, au-dessus des ravins, Martorell se dresse sur un coteau. Un pont hardi, d'une seule arche, qui porte le nom du grand magicien populaire, *le Diable*, franchit l'énorme brèche de la rivière, tout aussi large que la Seine au pont Royal. L'audace de cette construction, son origine douteuse, son nom, sa belle coupe ogivale, rappellent le pont de Ceret dans le Roussillon, devant lequel nos ingénieurs eux-mêmes restent stupéfaits. Un arc de triomphe est élevé à l'entrée, sur la rive gauche, et malgré la tradition qui prononce ici le nom d'Annibal, on reconnaît partout la trace des Romains. La présence de cet ouvrage à un seul portique suffirait pour prouver l'importance des établissements que les anciens maîtres de l'Espagne possédaient sur ce point stratégique, une des portes de la province de Barcelone. Le nom de *Mars turris*, tour de Mars, dont les Catalans ont fait Martorell, indique la surveillance que l'on exerçait dans ce poste avancé. Trois petits castels féodaux, qui dominent la ville moderne, jouèrent le même rôle militaire pendant le moyen âge. L'administration espagnole, toujours disposée à exagérer l'ancienneté des titres de noblesse nationale, a fait graver dans un pavillon de repos, construit au sommet du pont du Diable, une inscription en l'honneur du général carthaginois et de son père Amilcar.

A l'entrée de Martorell, une douzaine de véhicules impossibles, cassés, boiteux, déformés, rajustés avec des planches et des clous, attendent les voyageurs. Ils sont tous attelés de deux ou trois mulets couverts de harnais recousus avec des ficelles, enchevêtrés comme des mailles de filet. Les *alquiladores* vous invitent à monter dans leur voiture d'un ton rauque et brutal, comme ils vous diraient : Voulez-vous que nous vous jetions dans la rivière? On s'entasse dans une espèce d'*omnibus*, déchiré comme le manteau d'un mendiant, et trois haridelles vous entraînent, au bruit des coups de fouet et des cris, sur le pavé le plus horrible de toutes les Espagnes... Quelles secousses!... Ne reprochez pas aux voituriers le mauvais état de leurs véhicules, en présence de pareils chemins ; conserver des lambeaux de ces barraques roulantes est un succès qui ne fait pas moins d'honneur au charron qui les a faites qu'au postillon qui les conduit. Notre conducteur est un Catalan pur sang ; il porte le costume national le plus irréprochable : pantalon de velours bleu extrêmement large, et montant jusque sous les bras, comme les robes prétendues grecques du premier Empire ! un gilet imperceptible, atteignant à peine la ceinture du pantalon, une veste ronde de velours noir, qui n'est guère plus grande, et le long bonnet rouge retombant jusques aux hanches. Le Catalan qui a fait de si grandes et de si belles choses peut se vanter d'avoir réalisé, de concert avec nos Auvergnats, le costume le plus laid de l'univers ; aussi, malgré notre estime pour la couleur locale en général, ne ferons-nous pas des vœux pour sa conservation à cet endroit.

Au sortir de la ville, on trouve une seconde rivière et un second pont ; mais depuis quatre-vingts ans, l'inondation a renversé les cinq arches : elles attendent, couchées sur le ventre, les secours de l'administration qui ne se presse pas. Notre véhicule, habitué à passer outre, se jette courageusement dans la rivière par une pente en casse-cou ; il entre dans l'eau jusqu'au plancher, et se traîne le long d'un barrage formant cascade, au fond duquel une fausse manœuvre du cocher ou des mules le précipiterait aisément avec sa cargaison. Nous gagnons tant bien que mal une plaine assez riche, plantée d'oliviers, au milieu desquels s'étend la longue rue du village de Sparraguera, encombrée d'une couche de poussière de cinquante centimètres.

Non loin de là, sur les bords du Llobregat, s'élèvent les nouveaux bains de *la Puda*, mot qui ne veut pas dire bains odorants ; mais les eaux minérales, celles de Cauterets, pas plus que celles de Bade, n'ont la prétention de faire concurrence à l'essence de roses et au vinaigre de Bülly.

L'établissement de *la Puda*, assez convenablement installé, est presqu'aussi fréquenté par les Barcelonais que ses concurrents créés de plus ancienne date, à *Argentona*, à *Caldetas* près de *Mataro*, à *Caldas-de-Monbuy* près de *Montcada*. Tous ces villages thermaux sont aujourd'hui ce qu'étaient, il y a cinquante ans, les bains des Eaux-Bonnes, de Cauterets, d'Ax et du Vernet, dans les Pyrénées françaises : un même avenir de prospérité leur est indubitablement réservé... Vous y trouvez des cabinets de bains, peu élégants, mais convenables : quelques maisons garnies, et des cafés. La table d'hôte ressemble à celles de tous les pays... Vous y prenez place entre un marquis ennuyé et taciturne, un Anglais désœuvré, une coquette surannée, un peu forte, armée de sourcils épais ; un prêtre sans cure, de belle santé et de forte taille ; un commis-voyageur français, qui les taquine les uns et les autres. Ce type curieux de l'enfant terrible de trente ans, de l'enfant de Paris, doublé de gascon, commence à étendre son exploitation au-delà des Pyrénées. La salle de billard est à côté du salon de lecture : le fumoir un peu partout, même dans la salle à manger, car les convives roulent leur cigarette pendant le second service, et la fument entre le dessert et le café. Le soir, de jeunes señoras, élevées au Sacré-Cœur, rue de Varennes, enseignent aux simples Espagnoles à chanter de délicieuses chansons andalouses, avec accompagnement de piano et de castagnettes. Vous y rencontrez, en un mot, la société espagnole fortement francisée; société vive, enjouée, riant très-haut, discutant beaucoup : dévorant dans les heures de *siesta* les volumes de Hachette et de Dentu, de Michel Lévi et d'Amyot.

Au retour de notre excursion à *la Puda*, nous rencontrons sur la route une foule de pèlerins des deux sexes et de tout âge. Ils reviennent du célèbre mont Serrat, et rapportent des rameaux de buis et d'olivier bénits, des médailles attachées à leur chapeau, des chapelets roulés à leurs bras : bon nombre d'entre eux ont passé la saison des bains à *la Puda*. Ils ont exécuté au mont Serrat le pèlerinage indispensable à l'efficacité des eaux.

Les établissements espagnols et français ne négligent pas ce traitement complémentaire. Chacun a son mont Serrat, à peu de distance de la source thermale... Le couvent d'Anglet est près de Biarritz et pas bien loin de Cambo : la chapelle de Héas est près de Saint-Sauveur et de Barrèges... On va facilement des Eaux-Bonnes et de Cauterets à Bétaram... Saint-Bertrand est le but du pèlerinage des baigneurs de Bagnères-de-Luchon ; Asté celui des étrangers de Bagnères-de-Bigorre, le Sabar de ceux d'Ax et d'Ussat. Touchant et respectable usage, qui fait remonter au Ciel le soulagement des maux, et ne veut pas laisser à la froide thérapeutique l'entier honneur d'un succès où l'imagination et la confiance en Dieu ont toujours une assez bonne part.

A côté, quelquefois au milieu des pèlerins, qui récitent leur chapelet, ou chantent des litanies, des *arrieros* fouettent leurs mulets, des gendarmes conduisent des voleurs de la physionomie la plus sauvage. Nous arrivons ainsi à Colbetto, au pied du mont Serrat. Cette haute montagne, aussi hardiment détachée que le mont Ceni, est hérissée de mille rochers que les Catalans disent avoir été découpés par des êtres surhumains ; de là, assurent les savants, est venu le mot *serrato* (scié). Aussi voit-on dans une gravure des *Délices de l'Espagne* de petits anges qui s'amusent à taillader la montagne avec une grande scie de marbrier. Ces innombrables clochetons ressemblent tellement à ceux du dôme de Milan, que les dessinateurs qui ont représenté ce site extraordinaire, et nous ajouterons hors de nature, sont toujours accusés d'avoir fait du paysage de fantaisie, et des roches impossibles. Ce n'est pas la seule étrangeté du mont Serrat : rocs, grottes, monastère, ermitages, tout y est d'une majesté rare et d'un caractère extraordinaire. C'est sans contredit un des lieux les plus merveilleux, non-seulement de l'Espagne, mais de l'Europe.

Sous la montagne, tout près du village de *Colbeto*, s'ouvrent les plus belles grottes de la Péninsule. Notre département de l'Ariége, si riche en beautés naturelles de cette espèce, n'offre rien de supérieur. Après y avoir pénétré par une ouverture grande comme une fenêtre, vous vous trouvez dans la salle de la *Esperanza*, aussi vaste qu'une cathédrale : cathédrale en ruines, il est vrai, car rien de désordonné, de menaçant comme les pointes de schiste qui en hérissent la voûte et les parois. Une lucarne, véritable trou de chat, où l'on doit se glisser en rampant, vous conduit au *Camarin*, puis au *Tocador de las Silfides*, espèce de reproduction libre des pièces de l'Allambra que la nature s'est permise. Elles sont ornées de colonnettes du plus capricieux effet.

Revenus dans la nef de la *Esperanza*, le *Pozo del*

Diablo, puits de mine d'une vingtaine de mètres de profondeur, vous conduit, par un escalier en bois, dans un couloir, puis dans la galerie de *San-Bartolomeo*, toute sillonnée de tours de force de cristallisation. La galerie voisine, le *Clostro de los Monges*, est encombrée d'une foule de pétrifications qui sont soudées à la voûte et au sol, et ressemblent à des colonnades de fées. Rien de fantastique comme le jeu des torches, semant l'ombre et la clarté dans ce cloître étrange. Les touristes y errent, s'y glissent ainsi que des fantômes dans les grottes de Fingal. Après qu'on a descendu par un puits, on remonte par un autre, et l'on entre dans la *Grota de las Stalactitas*. Là, on assiste au travail d'infiltration et de cristallisation dans toute son activité. L'eau tombe de toutes parts en gouttelettes diamantées ; ici, du cul de lampe des stalactites, sur la pointe des stalacmites qu'elles tendent à réunir par les deux bouts ; là dans de petits vases d'eau limpide, où elles produisent le bruit de grelots fêlés ; plus loin, elles glissent en minces filets sur le dos d'un rocher poli ; on dirait que la nature profite de l'obscurité souterraine pour se livrer à la recherche de procédés, à la solution de problèmes mystérieux, comme les alchimistes chercheurs d'or du moyen âge.... Vous allez plus avant ; un nouveau puits vous fait descendre dans la *Grota del Elephante*. Vous y remarquez, à côté d'un arc ogival parfaitement dessiné, une masse assez informe, qui vous rappelle l'étrange fontaine orientale qu'on s'était proposé de construire, il y a soixante ans, sur la place de la Bastille ; viennent ensuite la *Boca del Inferno*, la *Galeria de los Fantasmas*, ornée de blocs capricieux, représentant des ébauches de groupes humains, la *Grota de la Dama-Blanca*, avec son fantôme de pierre, enfin le *Salon del Absido-Gothico*, vaste pièce très-élevée, où les eaux calcaires ont formé une foule de nervures et de colonnettes du plus gracieux effet.

Revenus à l'entrée des grottes, vous êtes tout d'abord éblouis par la clarté du soleil qui darde ses rayons sur les rochers blanchâtres; vous rentrez à *Colbetto*, et une foule d'arrieros couverts de haillons, et plus sales que le harnachement de leurs ânesses, offrent de vous conduire au monastère, situé au sommet de la montagne... Confiez-vous à eux, mais avec certaine réserve, et en restant sur vos gardes.

V

Les voleurs punis. — Le mont Serrat. — Sa fondation. — Une princesse qui avait le diable au corps. — Le *So meten* de 1807. — Le monastère forteresse. — Sa destruction. — Trésors perdus. Point de vue du mont Serrat. — Les petits Manchester catalans. — Lutte industrielle du nord et du midi. — Llérida. — Une basilique profanée.

Le célèbre pèlerinage n'étend pas une influence très-moralisante sur les populations voisines : on trouve des coquins à *Colbetto* tout comme dans les autres villages de ces montagnes; les muletiers qui vous conduisent ne cherchent peut-être, dans leurs fréquentes relations avec la Madone, qu'un motif de se croire assez munis d'indulgences, pour vous voler impunément... Exemple : Deux Français, Madame M*** et M. D***, montaient au monastère vers midi, heure à laquelle le sentier est désert, attendu que les pèlerins ne s'y rendent qu'à la pointe du jour ou à l'entrée de la nuit, pour redescendre au soleil couchant, ou le lendemain après la messe.

Nos touristes français, ignorant ces circonstances, s'aventurent à dos de mulets, sous la conduite de deux Catalans déguenillés. Si les haillons réchauffent quelquefois de beaux corps, nous doutons qu'ils aient jamais couvert de belles âmes. Après une heure d'ascension, lorsqu'ils atteignirent les coudes brusques du sentier penché au dessus des ravins profonds, les *arrieros* se tinrent à l'écart, et parurent se consulter….. Convaincus, d'après la tournure étrangère des voyageurs, que la langue catalane leur était inconnue, ils ne se gênèrent pas dans l'expression de leurs pensées.

— Ils parlent de redescendre du monastère avant la nuit, disait le plus vieux : nous saurons les retenir ; et puisqu'ils sont seuls, il faudra bien qu'ils nous payent la course au quadruple. Voyons que pourrons-nous leur demander ?

— Dix piécettes ? reprit le plus jeune, qui comptait vingt ans à peine, et semblait placé sous la direction du plus expérimenté.

— Allons donc ! vingt piécettes, tu veux dire !… et s'ils font des façons… ; — le vieux montra la profondeur du ravin d'un geste très-significatif…

Ils s'étaient trompés dans leur calcul. Madame M*** connaissait les langues du midi de la France….. Restée en arrière, elle prêtait l'oreille, pendant que monsieur D*** considérait en artiste les beautés du paysage, et les curiosités de la montagne. Quelques lambeaux de phrase la frappèrent ; elle comprit le calcul de ces dignes compagnons d'un Fra Diavolo catalan ; elle rejoignit monsieur D*** et lui fit part de sa découverte. Monsieur D*** reconnut son imprudence : il était parti en redingotte noire et sans armes, avec l'imprévoyance d'un Parisien, qui se croit toujours au bois de Boulogne ou sur le boulevard. Les Catalans étaient deux et portaient, attaché à la ceinture, le terrible couteau national.

La position n'était pas rassurante ; si les *arrieros* s'enhardissaient, aux approches de la nuit, et trouvaient bon d'ajouter au quadruple prix de la course la possession de la bourse, de la montre, des bagues des voyageurs, ils n'avaient qu'à les pousser dans le précipice pour se partager impunément leurs dépouilles... Le plus urgent était de rétablir l'égalité des forces... Madame M*** s'en occupa avec un sang-froid, une présence d'esprit qui faisaient honneur à son courage.

— *Hombre!* la belle plante sauvage qui fleurit sur ce rocher ! dit-elle au plus jeune *arriero*, avec un sourire gracieux, qui avait bien son mérite dans cette circonstance.

— *Esta broca?* répondit l'*arriero*.

— Voulez-vous me la donner, s'il vous plaît ?

L'*arriero* ne se doutant de rien, arracha la bruyère rose, et la remit à madame M***.

— *Gracias!* reprend celle-ci, en commençant à la dépouiller de ses épines pour n'y laisser que les fleurs... Aï ! je me pique, reprend-elle ; *Cucillo, Cucillo,* prêtez-moi votre couteau, j'enlèverai ces pointes.

L'*arriero* lui remet la longue et terrible lame suspendue à son gousset avec une corde de cuir ; madame M*** la prend et coupe quelques épines.

— Comme c'est dur, ajoute-t-elle ; achevez, s'il vous plaît, et elle donne la branche et le couteau à monsieur D***. Ce dernier, retrouvant toute sa confiance, saisit le manche d'un poignet vigoureux, et montre qu'il saura faire un usage redoutable de ce fer acéré... Les *arrieros* sont interdits.

— *Ritornar*, s'écrie-t-il impérieusement, et il appuie cet ordre d'un regard énergique... Nous n'allons pas plus loin; revenons à Colbetto. Les muletiers se regardent et restent pétrifiés... Le voyageur était robuste, et il tenait une arme. Ses adversaires ne se sentaient plus maîtres de la situation.

— *Brúto! macho!* murmure le plus vieux, en injuriant celui qui s'était laissé désarmer...

Le courage n'est guère la vertu dominante des voleurs; italien ou espagnol, le bandit rançonne courageusement les voyageurs sans défense, il ne lutte guère contre ceux qui sont en mesure de résister.

— *Canailla!...* poursuivit l'*arriero* en jetant un regard oblique sur les touristes. Ils étaient de grands coquins, à son point de vue, ceux qui avaient l'audace de ne pas se laisser voler...

Les voyageurs tournèrent bride et ordonnèrent aux muletiers de marcher devant eux; mais ceux-ci n'avaient pas perdu tout espoir de relever la partie. Arrivés à un coude brusque et rapide du sentier, l'ânesse de monsieur D***, vieille rusée, parfaitement instruite aux petites machinations du métier sans doute, se laisse choir sur les genoux, et le cavalier désarçonné roule sur le bord du ravin; c'en était fait de lui, si une touffe de buis ne lui avait tendu ses branches, et permis de se retenir... Les bandits se disposaient à l'aider à rouler beaucoup plus bas, sous prétexte de le relever; mais le voyageur était leste, habitué aux exercices gymnastiques; il se trouvait déjà sur ses deux pieds, et tenait le couteau en arrêt.

Il obligea les *arrieros* à marcher sur Colbetto, et l'on atteignit les premières maisons. Arrivés à la *posada*, monsieur D*** avait achevé d'enlever les épines de l'arbuste ; il rendit son couteau catalan aux coupe-jarrets ; ils étaient devenus plein d'aménité, fatiguants de politesse... car il y a des gendarmes près de Colbetto... On leur paya le simple prix de la course, sans y ajouter de pourboire.

Conclusion. — N'allez visiter le mont Serrat qu'à la suite d'une caravane de pèlerins.

Vers le milieu de sa hauteur, le mont Serrat est fendu dans toute sa largeur, comme un fruit trop mûr, ou un melon auquel on aurait enlevé une tranche... Quel événement extraordinaire a produit un si étrange résultat... Les pieux Espagnols n'éprouvent aucun embarras à vous l'expliquer... La montagne s'est partagée de douleur, le jour du crucifiement du Christ, à l'heure même de sa mort... « alors que le voile du temple se déchira en deux, depuis le haut jusqu'en bas, que la terre trembla, que les pierres se fendirent. »

Ce prodige ne fit qu'ouvrir la série des apparitions et des miracles qui devaient illustrer ce lieu privilégié.

Vers l'année 800, des bergers de la contrée, en se retirant le soir dans les villages des bords du Llobregat et du Cardonner, apercevaient, chaque soir, sur la montagne, une auréole de lumière, d'où s'élançaient des chants d'une mélodie toute céleste. L'évêque de Manressa, Gondemar, averti de cet événement, se rendit sur le mont Serrat, accompagné de ses paroissiens, bannières déployées ; il pénètre dans une petite grotte, et, dirigé par l'odeur de parfums délicieux, il arrive devant une image de la Vierge qui tenait l'enfant Jésus dans ses bras... Quelle heureuse découverte !... Cette statue n'était rien moins que l'œuvre de l'apôtre saint Luc, apportée à Barcelone par saint Pierre ; ce qui est plus positif, c'est qu'elle avait été cachée dans le mont Serrat, à l'époque de l'invasion des Maures, par l'évêque Pédro et le visigoth *Erigonio*... Possesseur de l'image céleste, Gondemar voulut l'emporter à Manressa; mais elle s'était habituée au séjour de la montagne : elle manifesta nettement son désir d'y rester, en empêchant Gondemar de faire un pas hors de la grotte. Le pieux évêque n'attendit pas le bruit de la foudre, l'apparition des éclairs, pour se rendre à l'avertissement : il replaça la sainte image dans sa niche naturelle, fit construire une chapelle à côté, et chargea l'ermite Juan Garin de la desservir.

Tout cela se passait au bas d'une gorge, ou pour mieux dire d'une crevasse étroite et profonde, invisible de tous les points de l'horizon; là, selon la belle expression de Bossuet, l'âme pressée de toutes parts, et comme étouffée, ne pouvait respirer que du côté du ciel.

Il fut un temps, toutefois (il est vrai que des religieux n'y étaient pas encore régulièrement installés), où certaines âmes trouvaient le moyen de respirer d'un tout autre côté... du côté *del Potzo del Diablo*, que nous venons de voir dans les cavernes, par exemple...

Frère Juan Garin s'était organisé en ce lieu une existence toute de sainteté, lorsqu'un vieillard de tournure assez suspecte vint s'établir dans une grotte voisine, et se permit de donner à l'ermite de très-sages conseils... Mais de bons conseils en bons conseils, à quelles conclusions, bon Dieu ! ne peut pas arriver une logique spécieuse.

Le comte de Barcelone, Wifred-le-Velu, possédait une fille nommée Riquilda, qui eut tout à coup le diable au corps : et voyez la combinaison fatale ! elle déclara, dans un accès d'inspiration démoniaque, que Satan ne la quitterait que sur l'ordre de *fray* Garin !... première malice du petit vieillard... Le comte, obéissant, conduit sa fille en toute hâte au pieux ermite, et sa confiance est si grande, qu'il la lui laisse à garder tout seul et à exorciser de même. Garin, qui connaissait la fragilité humaine, refusait de remplir cette mission délicate... Le moyen, je vous prie, de guérir saintement une grande fille, qui devait être belle, et qui avait le diable au corps ? *Fray* Garin exprima ses incertitudes; mais Wifred ne voulut rien entendre; il laissa l'ermite sortir d'affaires comme il pourrait, et s'en revint seul à Barcelone... seconde malice du petit vieillard.

Le pauvre Garin, placé entre le vieillard aux conseils et la possédée aux beaux yeux, se trouva bientôt dans une position fort embarrassante pour un serviteur de la Vierge : la possédée fut sur le point de mettre un petit démon au monde... Le malheureux ermite allait être, à sa grande surprise, le père de ce démon-là : ces choses arrivent toujours sans qu'on s'en doute... troisième malice du petit vieillard !

Le péché commis, le vieillard, homme expérimenté et de grandes ressources, proposa d'en cacher les traces, afin d'éviter le scandale : le remède conseillé était énergique, et nous sommes persuadés que *fray* Garin le combattit d'abord : mais le diable est si fin, il l'emporta dans le conseil cette fois comme tant d'autres; il y eut une tête de coupée, et l'on assure que ce fut celle de Richilda. De fortes présomptions nous portent à croire que la personne décapitée était plus petite que cela : nous verrons plus tard... Ce fut la dernière malice du petit vieillard, qui n'était autre que Satan lui-même.

Le remords suivit le crime de près. *Fray* Garin se plonge dans la prière et prend le chemin de Rome. Le Saint-Père consent à pardonner à sa profonde douleur : mais, renouvelant la punition de Nabuchodonosor, il lui ordonne de retourner au mont Serrat à quatre pattes ; le malheureux ermite exécute si bien la pénitence, qu'il devient une véritable bête ; son corps se couvre de poil, et il broute l'herbe des champs. Le comte Wifred, allant un jour chasser le sanglier dans la montagne, rencontre ce quadrupède extraordinaire ; il le fait enchaîner, conduire dans son palais et attacher sous le perron, où les amateurs de monstres viennent le voir par curiosité. La punition dura jusqu'au jour où Dieu daigna envoyer dire à Garin, par la bouche d'un jeune enfant du comte : « Lève-toi, Garin, Dieu t'a pardonné ! » On pense qu'il obéit avec une satisfaction extrême. Puis, se jetant aux pieds de Wifred, il lui raconta la fin lamentable de Richilda, et s'avoua l'auteur du double forfait. On court au mont Serrat, on ouvre la fosse de Riquilda. O surprise, au lieu d'apparaître morte, elle se dresse sur ses pieds, à la satisfaction des spectateurs.

Je suis fort tenté de croire que le tombeau n'était qu'une grotte garnie de mousse, dans laquelle le petit vieillard, débarrassé de frère Garin, avait continué le cours de ses malices ; s'il y avait eu quelqu'un de tué, ce n'était point Richilda, mais son fils.

Le plus important, c'est que Wifred fut enchanté de retrouver sa fille, beaucoup moins possédée qu'auparavant. Le temps est un grand maître pour guérir de cette maladie. Il s'empressa de faire construire un monastère autour de la chapelle de la Vierge, il y installa Riquilda pour abbesse, Juan Garin pour majordome, et des Bénédictines de Barcelone pour religieuses. Le règne de ces pieuses filles ne fut pas de longue durée ; des moines d'un couvent de Ripoll ne tardèrent pas à s'établir à leur place! Le monastère grandit, se développa ; les ermitages et les chapelles se multiplièrent à l'entour : le mont Serrat devint l'émule de Saint-Jacques de Compostelle, et du mont Cassin.

Là, sont venus presque tous les rois et toutes les reines d'Espagne, depuis le père de Richilda jusqu'à Isabelle II, sans compter le pape Benoît XIII, et des archevêques par centaines. Ce pèlerinage fut une espèce de sacre complémentaire pour les rois castillans, à partir de Ferdinand Ier... Toutes ces visites royales ou princières ayant été accompagnées de dons de la plus grande valeur, le trésor du mont Serrat devint un des plus considérables de la chrétienté. Ces générosités se payaient en prières ; acquittement assez facile d'ordinaire, mais qui mit quelquefois les religieux dans un assez grand embarras. En 1701, par exemple, Philippe V et Marie-Louise y firent leurs dévotions, et laissèrent un joyau de 110 diamants, d'une valeur de 800 doublons. On ne manqua pas de prier pour eux ; mais en 1705, l'archiduc Charles, leur compétiteur, maître de Barcelone et de la Catalogne, visite également le mont Serrat, et offre à la Vierge une épée montée en or, incrustée de 79 diamants..... Pour lequel des deux donateurs les moines devaient-ils faire des vœux et dire des messes? Le cas était épineux!... mais nous n'avons pas à faire l'examen de conscience de ces pieux reclus..... Nous respectons beaucoup les lampes d'argent, les vases d'or, offerts à la chapelle de la Vierge ; il nous semble, toutefois, que les rois auraient été bien inspirés de consacrer la valeur de quelques diamants à faire supprimer les casse-cou, et à rendre le chemin plus accessible du côté de Colbetto. Le sentier est toujours tel que la nature l'a créé, rocailleux, horrible par moments, et toujours dangereux.

Ces difficultés d'accès ne purent mettre le monastère à l'abri des agitations et des malheurs de ce siècle. Si le pèlerinage a conservé son auréole de sainteté, le couvent a du moins perdu sa splendeur, ses trésors et ses moines. Les Espagnols en accusent hautement les Français de 1808. Les deux partis ont peut-être, à cet égard, des reproches également graves à s'adresser. Le mont Serrat ne voulut pas se contenter d'être le séjour d'un Dieu de paix : l'indifférence politique n'a jamais été le défaut de l'Église d'Espagne ; Eglise nationale par dessus toutes les autres, ses cathédrales furent des forteresses, ses couvents des citadelles, et à ce titre le mont Serrat occupa le premier rang. L'histoire de la madone catalane est une des pages les plus dramatiques de l'histoire de la principauté. Quel beau sujet de poëme !... Ce fut là, sous les voûtes du monastère, consacrées par plusieurs siècles de vénération, que les moines appelèrent, il y a cinquante ans, les peuples à la guerre de l'indépendance, de même qu'autrefois ils avaient prêché l'expulsion des Maures. En 1807, ils firent éclater le vieux cri national : *Via, fora !* (allons, marchons), auquel on répondit ; *So meten* (sonnons les cloches!). Les habitants de Manressa, de Bruch, de Sparraguera, villes placées au pied de la montagne, prirent des chapelets, des scapulaires bénits à la sainte chapelle, et partirent en demandant la victoire à la Vierge. Le mont Serrat est le point de départ, le sanctuaire de l'insurection... L'exaltation est au comble, tout le pays est en armes... Les insurgés du *So meten*, munis de fusils, de hauts volants et de faux manquaient de plomb, ils coupèrent des tringles de rideaux en manière de balles... A peu de distance à l'ouest de Colbetto, sur la route de Barcelone à Llérida, s'étend le village de Bruch (buisson), mot parfaitement justifié par l'état des lieux... La vallée, reserrée entre la base du mont Serrat à droite, et d'autres hauteurs à gauche, n'est qu'un défilé fort étroit, rempli de rochers, de bois rabougris, de broussailles épaisses, extrêmement favorables aux embuscades. Les insurgés ne manquèrent pas d'aller s'y cacher sous le commandement de Riera, le 6 juillet 1808. Le général Swartz conduisait 3,800 Français de Barcelone en Aragon ; arrivés dans les *Gouajarras* de Bruch, ils sont assaillis par une fusillade si bien nourrie, qu'ils sont obligés de se replier sur Barcelone... La retraite ne les délivre pas des redoutables *So metenes* : la grande rue de Sparraguera, qu'ils venaient de traverser sans obstacles, se trouvait barricadée à leur retour ; à peine sont-ils engagés dans ce défilé de maisons, qu'ils voient tomber sur eux des milliers de projectiles, balles, pierres, meubles, eau bouillante même... Nos malheureux soldats, ne pouvant forcer le passage, sont obligés de faire un long détour pour atteindre Martorell en évitant Sparraguera, et Swartz ne ramène à Barcelone que des hommes exténués de fatigue et de privations.

Telle fut l'origine de l'insurrection de 1807 et 1808. Le cri de ralliement, le mot d'ordre partit du mont Serrat ; les premiers coups de fusil furent tirés derrière les buissons de Bruch, et dans les maisons de Sparraguera. Ils retentirent d'échos en échos dans l'Espagne entière, et, toujours grandissant, finirent par produire les siéges terribles de Girone, de Tarragone et de Saragosse. Les moines du mont Serrat, instigateurs du *Someten*, livrent à la junte de Catalogne leur monastère où elle s'installe, et une partie de leurs richesses est destinée à soutenir la guerre... Dès lors le mont Serrat n'est plus qu'une citadelle : rupture de chemins, redoutes hérissées de canons, dépôt de vivres, de munitions, garnison permanente enfin, rien ne manque à l'organisation de cette place d'armes. Lorsque notre général Devaux s'y présenta, en 1809, avec huit cents hommes, pour reconnaître la position et demander des vivres, les insurgés l'accueillirent à coups de fusil, et le contraignirent à reculer. Suchet, vainqueur de Tarragone, ne pouvait laisser cette forteresse derrière lui; il résolut de s'en rendre maître. Le 25 juillet, le mont Serrat est attaqué, et malgré la vigoureuse résistance de trois cents Espagnols, embusqués dans les rochers, nos soldats s'y établissent, laissant fuir à travers les sentiers les religieux, qui n'emportèrent que l'image de la Vierge. Trois mois après, Devaux jugea à propos d'abandonner cette redoute naturelle; mais toutes les fortifications étaient alors rasées, même celles des ermitages, et une partie du monastère était en cendres.

Le général anglais Green, comprenant l'importance de cette position, s'y établit en 1811 ; mais le général Maurice vint l'y attaquer à la tête de six mille hommes; il l'en délogea à coups de canon, et fit sauter l'église et ce qui restait du monastère..... Les conséquences de ces événements sont faciles à deviner; les richesses mobilières n'ont pas le privilége de résister aux canonnades et aux assauts qui détruisaient les bâtiments. Les murs renversés restèrent sur place, et servirent plus tard à réédifier... Mais les cent dix lampes d'argent, l'ostensoir de 4000 piastres, orné de 1106 diamants, de 100 perles, de 107 opales et de 3 saphirs, disparurent pour ne plus revenir. Les quatre couronnes d'or massif, couvertes de diamants, de rubis, de toutes sortes de pierres fines, eurent le même sort.

Le monastère du mont Serrat perdit beaucoup plus que ses trésors et ses bâtiments dans ces funestes circonstances, il perdit ce que la foi espagnole de ce siècle ne pouvait lui rendre : les richesses de l'art, le vieux cloître gothique, les tableaux, les ciselures et les boiseries de la grande époque. Le simulacre de monastère reconstruit sous Ferdinand VII a les dimensions et les qualités honorables d'une fabrique ; les statues enluminées, les toiles peintes sont dignes d'une église de village, décorée à tant le mètre, par un peintre en bâtiment.

Toutes ces profusions dévotes du mauvais goût espagnol du dix-huitième siècle dédommageraient peu le touriste de la peine qu'il se donne pour monter jusque-là, si le caractère profondément religieux de cette sauvage solitude, le spectacle touchant des populations qui viennent confier leurs douleurs, leurs espérances à la toute-puissante Madone, ne laissaient dans son âme de douces et de profondes émotions.

Il y trouve intacts d'autres souvenirs, d'autres beautés d'ancienne date, tels que le grand artiste les a créés : un des points de vue les plus magiques de l'Espagne... Montez sur le *mirador* du couvent, ou sur quelque point plus élevé de la montagne, et regardez à vos pieds : au nord coule le Llobregat ; la ville de Monistrol s'allonge dans sa fertile et riante huerta ; au dessous, la vaste plaine est couverte d'un tapis vert d'arbustes qui s'étend de Sparraguera à Martorell. Vous distinguez le pont du Diable et les ruines féodales plantées sur les montagnes qui dominent cette ville ; la limpidité du ciel vous permet de voir dans le lointain la mer bleue et cette longue ligne blanche qu'on vous dit être Barcelone. Des Anglais, très-confiants en la bonté de leur longue-vue, assurent même avoir aperçu Tarragone, par dessus les montagnes de Panadès. Ce que votre regard distingue beaucoup plus clairement, en revenant de Barcelone vers le mont Serrat, au nord, c'est Moncada, avec les masures de son vieux château féodal, berceau de la seconde dynastie des vicomtes de Béarn ; Serdañola, un des points les plus fertiles de la Catalogne, couvert de vignes, d'oliviers et d'une grande quantité de chanvre ; Sabadell, assis au milieu de petites collines bien cultivées. Cette ville, la plus industrielle de la Catalogne, possède une centaine de fabriques, où plus de 10,000 ouvriers tissent le coton et la laine. Plus près, à travers une foule de sinuosités rocheuses, couvertes de bouquets de pins, où les habitants établissent leurs maisons et leurs récoltes sur tous les points qu'ils peuvent disputer aux ronces et aux bruyères, vous apercevez *el valle del Paraiso*, surnom qui n'est pas trop usurpé... Les ruines du vieux castel de *caballeros de Egara* tranchent en noir foncé sur la campagne blanchâtre qui les environne ; tout à côté Tarrasa, petite ville, émule de Sabadell par son industrie et son activité, montre les hautes cheminées de ses machines à vapeur : vous croiriez être dans les plaines de la Flandre, si l'éclat du soleil, la prodigieuse variété des tons du paysage, ne vous retenaient sous le beau ciel d'un pays méridional.

Remontez-vous un peu plus haut le cours du Llobregat, vous apercevez ce beau viaduc du chemin de fer jeté sur le torrent du Buxadel, à plus de 45 mètres de hauteur, puis le pont du Llobregat, et celui du Cardonner, ayant chacun six arches. Presque à vos pieds, sur cette dernière rivière, au-dessus de Monistrol, s'étend la ville de Manressa. Ici, vous êtes en pleine industrie ; la ville bien bâtie, presque neuve, coquettement pavée, soignée, peinte, arrosée par des eaux courantes, en grande toilette de jeune ouvrière, fabrique, avec la joie de la prospérité, les tissus de laine qui font sa richesse. Quand je vous disais qu'on a besoin de regarder le soleil et le ciel bleu pour ne pas se croire aux environs de Glascow ou de Liége.

Un peu plus au nord-ouest, sur un plan éloigné, miroitent de petites montagnes toutes bleues, entre lesquelles se cache la ville de Cardonne, siége d'un ancien duché assez célèbre dans l'histoire de la Catalogne.

Ce panorama fait du bien à la vue ; ces faveurs du ciel, répandues sur une contrée où les hommes savent s'en montrer dignes par leur ardeur et leur intelligence, cette fertilité naturelle, mêlée à cette activité industrielle ; le travail de l'homme secondant le travail de Dieu, vous font songer à la fausse prétention des habitants du Nord qui croient avoir ravi pour toujours le privilège de la production.

Plus d'un économiste anglais ou flamand vous soutiendrait avec obstination que les peuples du Midi sont morts pour toujours au commerce, à l'industrie, à la vie sociale... Ils ne songent pas que l'humanité a ses fluctuations, ses balancements, comme le globe a les siens, comme les saisons ont leurs alternatives : cette activité, que certains courants politiques ont fait refluer du Sud vers le Nord, un contre-courant peut la reporter du Nord au Midi ; déjà des signes précurseurs de ce mouvement se montrent sur l'horizon... Ce siècle est assez jeune pour voir la richesse refluer de l'Angleterre, de l'Allemagne, de la Belgique vers les bords de cette Méditerranée où naquirent l'intelligence, le travail, toutes les merveilles de l'esprit humain. Ce que nous tenons à constater, en présence de l'industrie catalane, c'est l'aptitude des hommes du Midi, c'est notre espoir de voir renaître les siècles de prospérité de Tarragone et de Cordoue, de Venise et de Florence.

Quittons le mont Serrat et regagnons la route de Llérida : nous sommes emportés par une tartane peinte de toutes les couleurs et qui roule comme elle peut, en se balançant sur ses deux roues, à travers la poussière brûlante du chemin. A peu de kilomètres, après le pittoresque défilé de Bruch, nous trouvons Igualada, sur la rive gauche de la Noya ; c'est une ville moitié vieille, moitié neuve, qui offre au point de vue de l'art la monotonie d'une grande manufacture ; mais elle est très-active, très-prospère, et ce dédommagement a bien son prix..... Saluons en passant la belle fontaine de Neptune ; engageons-nous dans les petites montagnes qui séparent la province de Barcelone de celle de Llérida. Bientôt Cervera nous montrera les vastes bâtiments abandonnés, où Philippe V installa l'université, qu'il avait enlevée à Barcelone, en punition de sa longue révolte, et qui resta dans cette petite ville jusqu'en 1837. Nous arrivons à Belpuig sans nous arrêter à Tarrega.

Belpuig est un bourg sale, mal bâti, mais il possède deux chefs-d'œuvre artistiques : le cloître, fondé par Don Ramon de Cardona, antérieurement à 1522, et le tombeau de ce duc. Une visite à ce monument est une espèce de descente aux Catacombes ; on y pénètre comme un archéologue qui se glisse à travers les ruines d'Herculanum. Le cloître est une merveille, non-seulement de richesse sculpturale, mais de proportions harmonieuses et de goût. Sur une première galerie de portiques ogivaux s'en élève une seconde formée d'arcades d'une élégance rare : les piliers sont entourés de câbles admirablement fouillés, qui vont se réunir à des chapiteaux formés de corbeilles de feuillages garnies de fruits et d'animaux ; les torsades continuent à dessiner les ogives, et se perdent dans la troisième galerie, où de gracieux arcs plein-cintre reposent sur des colonnes doriques, cannelées. Ainsi les styles de trois grands siècles d'architecture se trouvent mêlés et superposés. Au rez-de-chaussée, l'ogive simple du treizième siècle ; au premier étage, celle beaucoup plus ornée du quinzième ; au deuxième, l'imitation romane de la renaissance. Nous doutons qu'il existe un *patio* d'une plus grande valeur.

Le tombeau du duc de *Cardona* est digne du cloître, et de son noble fondateur. On y remarque un bas-relief représentant un combat naval contre les Maures, d'un très-grand mérite : tous les ornements, colonnes, frises, arabesques, médaillons, tritons, syrènes, appartiennent, comme ceux des tombeaux du roi Jacques et du roi Jayme à Tarragone, aux plus habiles sculpteurs du seizième siècle.

Llérida, construite en amphithéâtre sur une colline, rappelle l'intérieur de Girone ; ce sont les mêmes rues étroites et en pente, les mêmes maisons hautes et d'un aspect assez triste, malgré l'agitation d'une population bruyante, qui flâne et court dans toutes les directions. La vaste place de la Constitution est munie de portiques ogivaux extrêmement fréquentés.

La vieille basilique serait la plus belle cathédrale romane de la Péninsule, si elle était encore une cathédrale ; mais Charles III et le clergé diocésain commirent le vandalisme de l'abandonner, et de construire une de ces grandes églises greco-romaines semblables à tous les Saint-Roch et à tous les Saint-Sulpice du monde... Aussi ne dirai-je un mot de cette dernière que pour consigner sa prétention à posséder le lange qui enmaillota Jésus au berceau... Une femme de Llérida, prisonnière à Tunis, parvint, dit-on, à l'enlever au Bey, et certes il dut lui être facile d'obtenir l'absolution de ce pieux larcin.

La basilique romane, dépouillée de tous ses ornements, de son titre, transformée en caserne depuis cent cinquante ans, mutilée par les cloisons et les planchers qui la traversent, n'en reste pas moins une très-curieuse page d'architecture ; on y remarque des chapiteaux bizantins, remplis d'animaux fantastiques, une coupole centrale semblable à celle de la cathédrale de Tarragone, et un cloître qui rappelle dans plusieurs parties les richesses de celui de Belpuig.

Llérida ne possède que bien peu de maisons et de *palacios* assez anciens pour mériter dignes d'être remarqués : loin de paraître étonné de sa pauvreté à cet endroit, on devrait l'être d'y trouver un seul mur antérieur à 1812. A cette époque, en effet, pendant que nos troupes y tenaient garnison, après le siége de 1810, un complice du baron d'Eroles, voulant favoriser l'attaque de ce partisan espagnol, fit sauter un magasin à poudre qui aurait dû raser la ville. Toutes les maisons furent écrasées ou lézardées ; le quartier d'artillerie fut pulvérisé, à ce point qu'on ne trouva pas trace des soldats qui l'occupaient ; le château, un peu moins maltraité, ne conserva pas un homme valide ; des pièces de rempart furent lancées à 11 ou 1200 mètres loin de la ville : et cependant, désastre inutile ! d'Eroles, stupéfait lui-même des malheurs qu'il avait provoqués, n'osa pas essayer d'entrer dans une cité que cette horrible explosion lui avait ouverte.

Vue des bastions de la citadelle, la plaine de la Sègre, et l'on peut ajouter la province tout entière, présentent le tableau le plus imposant et le plus chaudement coloré. Le bassin qui entoure Llérida est de la plus grande fertilité. La vigne, l'olivier élèvent leurs rameaux chargés de fruits au milieu des mûriers touffus, et des champs couverts de chanvre de céréales et de plantes fourragères. A l'est, s'étend la belle vallée d'Urgel, non moins unie que celle de Milan, et gracieusement encadrée par les sierras de *Pradès* et de *Monsech* : à l'ouest paraît *Balaguer* sur la rive droite de la Sègre, comme un point noir jeté sur un tapis grisâtre ; au delà se dresse un majestueux amphithéâtre de montagnes des tons les plus variés et les plus vifs. Ici le bois de pin tranche sur les croupes dénudées ; là-bas, certains rochers montrent le rouge de la terre crayeuse ; et pour dernier plan du tableau, la *Maladetta* élève ses pitons couverts de neige du côté du val d'Arran.

Quittons Llérida, et traversons un canal d'irrigation pris dans la Noguera, à la hauteur de Balaguer, et que je soupçonne fort être un ouvrage des Maures ; saluons deux pierres blanches qui forment la frontière de la Catalogne et de l'Aragon, et engageons-nous dans le célèbre défilé de Fraga.

L'ARAGON

I

Fraga. — Un ancien désastre. — Le Trabuco. — Saragosse. — Ses monuments. — L'Algaferia. — *El pilar.* — Les miracles. — Le Collego. — Ayerbe. — Antonio Perez. — Jaca. — *La Pena d'U-ruel.* — Penticosa. — Les baigneurs et les bains.

On entre en Aragon par une gorge resserrée entre deux lignes de rochers arides, et brûlée par le soleil. Pas un brin d'herbe n'y pousse; les arbustes sont rôtis à mesure qu'ils essayent de grandir. Après une course de trois heures à travers ce lieu désolé, on arrive à Fraga.

Cette petite ville, de 4,000 habitants, ne trouvant pas le moyen de s'étendre en plaine, a pris le parti de grimper sur les collines de droite et de gauche; aussi forme-t-elle un double amphitéâtre, dont les deux parties se regardent réciproquement... Cette porte de l'Aragon est une des cités les plus curieuses de l'Espagne. Les rues étroites, mal bâties, dépavées, montrent çà et là quelques maisons nobles, ornées d'écussons et d'imposante apparence, qui rappellent celles de Fontarabie et de Sanguessa... L'église de *San-Pedro* est une ancienne mosquée, solide, massive comme une forteresse, et flanquée d'une haute tour qui ne manque pas de certaine élégance... Fraga, possédée par les Maures jusqu'en 1146, fut pendant plusieurs années le but de toutes les expéditions des Chrétiens d'Aragon et de Navarre... L'acharnement de la défense se montra souvent égal à la fureur de l'attaque. En 1133, les Chrétiens des deux versants des Pyrénées, après avoir pris d'assaut la place voisine de Mequinenza, coururent attaquer les murailles de Fraga... Les évêques d'Urgel, de Roda, de Huesca, le roi d'Aragon, les comtes de Barcelone, de Narbonne et de Béarn dirigeaient les assiégeants. Repoussés dans les premiers assauts, ils se trouvèrent tout à coup bloqués eux mêmes entre la ville ennemie, les Maures de Llérida et les Almoravides accourus du royaume de Valence.

Le roi d'Aragon, Alonzo jure de vaincre ou de mourir; chevaliers et prêtres répètent ce serment... Ils s'élancent au combat avec tant d'ardeur que les Maures reculent, et la place offre de capituler; mais Alonzo ne veut accepter qu'une reddition pure et simple. Poussés au désespoir, les Maures attirent les Chrétiens dans une embuscade et le carnage est horrible; les évêques de Huesca, de Roda, les vicomtes de Béarn et de Narbonne, une foule de prêtres et de chevaliers tombent parmi les morts: Alonzo voulait mourir aussi, l'évêque d'Urgel le prie, au nom du salut de la croix, de renoncer à ce funeste dessein, et d'aller chercher des renforts dans son royaume. Alonzo part; mais, au retour, il tombe dans une nouvelle embuscade, et meurt avec trois cents chevaliers, en combattant avec l'héroïsme du désespoir. Pas un Chrétien ne survécut à cette défaite, et l'Europe entière retentit du désastre de Fraga. De toutes parts les troubadours appelèrent les chevaliers à la guerre sainte, en chantant la mort d'Alonzo et de ses braves chevaliers.

Le comte de Barcelone, Béranger, ne tarda pas à être leur vengeur; Fraga et Llérida tombèrent en son pouvoir en 1149.

En quittant Fraga, on franchit la Cinca sur un pont suspendu et l'on pénètre dans une huerta très-fertile; mais le désert ne tarde pas à reparaître. Vous entrez dans un pays aride, brûlé, qui rappelle assez bien les Bardeñas de Navarre, et la route d'Olite à Tudéla.

Quel contraste avec la riche, avec l'industrieuse Catalogne. A peine sortis de cette province, l'Aragon vous offre son aridité, sa sauvagerie, tous les caractères de la pauvreté et de l'incurie. On se sent au bout du monde.

Quelle malédiction s'est donc appesantie sur une contrée, autrefois si prospère, et qui se dépeuple aujourd'hui avec une effrayante rapidité? Ses villes perdent la moitié, les deux tiers de leurs habitants; plus de deux cent cinquante villages sont complétement abandonnés. Leurs masures servent d'asile aux muletiers et aux troupeaux de passage, lorsque les bêtes fauves, les oiseaux de proie et les reptiles leur permettent d'en approcher. Çà et là, des bourgs misérables essayent de cultiver la terre ingrate qui les environne... Voici quelques laboureurs en haillons, qui travaillent dans un champ écarté; ils portent le fusil accroché derrière le dos.

Que vois-je encore, à l'angle d'un sentier : un homme à cheval, accompagné d'un autre, qui porte le *trabuco*... Serait-ce un bandit et son complice : non, c'est un señor qui a peur... Peut-être le notaire de *Santa-Lucia*, qui va passer un contrat dans la campagne. L'escorte qu'il s'est donnée est une précaution élémentaire, passée à l'état de mode. L'Aragonais porte la carabine comme le Navarrais et le Catalan le couteau, comme l'Italien le stylet. Nul habitant de Tudéla, de Saragosse ou d'un village d'Aragon n'oserait s'aventurer au delà des promenades de la ville ou de la huerta du *poblamen* sans avoir un fusil à sa disposition. Ce n'est pas que le pays soit inquiété par des bandes : les dangers ont singulièrement diminué à cet égard depuis la fin de la dernière guerre civile. Mais les vagabonds ne laissent guère échapper l'occasion de faire un mauvais coup, et plus d'un paysan désœuvré s'amuse volontiers à tirer sur son ennemi. La *vendetta* est fort en vogue dans les Pyrénées espagnoles. Or, quel homme peut se promettre de ne pas avoir un ennemi? son voisin peut-être jaloux de son champ, de sa femme, de ses mules. La prudence exige qu'on se prémunisse contre ces éventualités... Le domestique armé reste donc en usage. Quand il n'est pas utile, il vous fait honneur, et impose le respect ; n'est-on pas toujours bien aise de montrer qu'*on a des gens*. Il n'est pas nécessaire d'être M. Jourdain pour goûter ce plaisir de bourgeois gentilhomme...

Nous nous éloignons de Sainte-Lucie, et le désert se prolonge. Comme nous n'avons pas pour ce genre de paysage égyptien la même prédilection que MM. Biard et Ducamp, laissons la cigale pousser son cri monotone, les petites ânesses suivre les sentiers poudreux par longues caravanes, les chèvres grises bêler et courir après les moutons blancs. Hâtons-nous d'atteindre les environs de Saragosse, où nous retrouverons la vigne, l'olivier, toutes sortes de récoltes et de fruits.

Saragosse !... Ce nom a une majesté particulièrement imposante. A la vue des clochers et des dômes de cette ville, célèbre parmi toutes celles de ce siècle, vous êtes porté à vous découvrir avec respect : elle a soutenu les siéges de 1808 et de 1809 !... Mais écartons d'abord ce souvenir, pour considérer la ville ancienne.

L'aspect de Saragosse est grandiose, et d'une sévérité qui va jusqu'à la tristesse. Ses maisons, ses clochers, ses dômes de brique rouge, ses toits de tuiles de la même couleur, lui donnent une sorte de monotonie de ton qui contrarie l'harmonie des lignes... L'intérieur est animé sur quelques points, tels que le *Coso*, et la promenade de *Santa-Engracia*; mais les rues écartées ont quelque chose de morne, et rappellent celles de Tudéla... Moins prospère, et par conséquent moins reconstruite que Barcelone, la capitale de l'Aragon a conservé un assez grand nombre d'anciens *palacios* ou *casas solares*. Leur architecture est lourde, massive, souvent de mauvais goût, mais assez magistrale ; ils remontent généralement aux seizième et dix-septième siècles, et sont tous garnis à l'intérieur de *patios* ou galeries couvertes, à l'exemple des cloîtres et des palais italiens. C'est l'*atrium* des Romains, développé, agrandi. Nous citerons la maison *Zaporta*; l'*Aduana-Vieja*, qui conserve quelques débris antiques dans son *patio*; la *casa de Luna*, qui eut l'honneur de loger ce pape turbulent, Benoît XIII, issu de l'illustre famille du même nom, et qui remplit le monde catholique du bruit de son obstination toute aragonaise.

Les monuments publics de Saragosse sont nombreux, mais plus intéressants par leurs souvenirs que par leur mérite artistique. L'*Algaferia*, ancien palais royal, a un peu plus de valeur que celui de Pampelune, mais moins que celui de Barcelone. On y remarque un bel escalier, une petite pièce arabe, qu'on dirait avoir été dérobée à l'*Allambra*, tant sa décoration est délicate, et d'assez beaux plafonds en boiserie. Tout le reste ne mérite pas un regard. On doit se féliciter que le palais des rois maures, des neuvième et dixième siècles, le palais des rois d'Aragon et des inquisiteurs ait pu arracher ses murs aux terribles révolutions qui l'ont si souvent ébranlé, notamment à l'insurrection de 1591, provoquée par l'emprisonnement de l'aventureux Antonio Perez (histoire si intéressante sous la plume de M. Mignet) et de nos jours aux assauts de 1809, durant lesquels l'*Algaferia* servit alternativement de redoute aux deux armées.

Nous aimons assez la *Torre-Nueva*, espèce de beffroi municipal, qui fut construit en 1504. Isolée de tout monument, à l'exemple du campanille de Saint-Marc, à Venise, cette tour a quelque chose de plus italien encore : elle s'est permis de se pencher comme ses sœurs de Pise et de Bologne. Sa forme n'est pas moins originale que son attitude, elle est composée d'étages de coupes différentes, ici carrés, là octogones, plus haut à angles rentrants. Les colonnettes gothiques, les fenêtres ogivales de toutes formes, y sont répandues avec plus de profusion que de bon goût.

La cathédrale de la *Seo*, remarquable par quelques beaux détails, est un mélange regrettable de gothique et de renaissance ; la façade greco-romaine est écrasée par une tour d'une grande hardiesse qui, séparée de cet édifice, formerait un monument d'un beau caractéré. Elle fut construite au dix-septième siècle. L'intérieur de la Seo renferme cinq nefs assez majestueuses ; elles sont séparées par de beaux piliers à colonnettes gothiques, et dallées en marbres de différentes couleurs. Ce carrelage, très-originalement disposé, reproduit les dessins des nervures de la voûte. La *capilla major*, surmontée d'une belle coupole du quinzième siècle, possède un rétable d'une grande valeur : il est tout chargé de bas-reliefs entourés d'ornements flamboyants.

Quant à *Notre-Dame del Pilar*, c'est un nom célèbre, un nom européen, et voilà tout. Rien de lourd, de disproportionné comme cette masse commencée en 1681, et qui n'appartient à aucun style. Ce n'est pas un monument, c'est une construction... Le sanctuaire lui-même, soutenu par de magnifiques colonnes de jaspe, n'a d'autre mérite que d'être surchargé d'ornements... Au centre, s'élève la fameuse Madone, dressée sur le pilier, *el pilar*, où saint Jacques la déposa, il y a dix-neuf siècles. Mais il se garda bien de bâtir un oratoire sur le plan de la basilique de 1681... Il se contenta d'élever une toute petite chapelle, un temple comme les construisaient les Romains ; et cette chapelle, pieusement réparée, entretenue, dura jusqu'au moment où l'on commit la profanation de la remplacer par l'immense édifice carré que nous voyons aujourd'hui.

L'origine de la chapelle primitive est touchante : saint Jacques la fonda, rapporte la sœur Marie d'Agreda, sur l'ordre même du Christ.

« Mère très-aimée, je veux que vous alliez à Saragosse, dit Jésus, et que vous ordonniez à saint Jacques de retourner à Jérusalem... Avant que de partir de Saragosse, il élèvera un temple en l'honneur et sous le titre de votre nom, afin que vous y soyez invoquée et vénérée. La Mère très-prudente, accompagnée des séraphins, de ses mille anges et de ceux que le Seigneur lui avait donnés, se rendit à Saragosse, en corps et en âme, avec les chants et la musique céleste... » Ne rions pas de ces croyances naïves du moyen âge. Pendant bien des siècles, les peuples furent remués, dirigés par les miracles, comme ils le sont de nos jours par la discussion d'une utopie sociale, par un problème d'économie industrielle ou commerciale... Ces rêves pieux ont été les leviers, les moteurs, qui dirigèrent nos pères dans la voie du travail et de l'activité. Chaque prodige éclos dans une tête exaltée donnait la fièvre de l'enthousiasme à tout une nation, inspirait aux architectes et aux artistes ces idées sublimes qui se traduisaient en chefs-d'œuvre, en cloîtres et cathédrales, en bas-reliefs et tableaux.

A la voix du saint visionnaire, les peuples attaquaient les montagnes de pierre et de marbre, à coups de pioche, au chant des litanies et des cantiques ; ils les réduisaient en blocs, les transportaient à de grandes distances, et l'édifice chrétien s'élevait, haut comme la pyramide de Cléops, léger, aérien, comme une forêt d'arbres et de fleurs pétrifiées.

Je n'oublierai jamais un délicieux chapitre de Mme de Girardin : ce gracieux et profond philosophe y célèbre les prodigieux résultats obtenus par un simple morceau de ruban attaché à une boutonnière : la croix d'honneur est devenue la dernière religion de bien des âmes qui ne croient plus ; la dernière illusion de bien des cœurs désenchantés. Si nous respectons le petit ruban des fils, ne méprisons pas les miracles naïfs des pères. Il a fallu quinze ans de guerres terribles et générales, il a fallu dix campagnes, un million d'hommes écrasés sur les champs de bataille, pour enfanter de nos jours une colonne de bronze... Que fallait-il du dixième au quinzième siècle, pour élever les cathédrales de Strasbourg et de Paris, celle de Burgos ou la *Seo* de Saragosse ? Une apparition de la Vierge, la découverte d'un tombeau, la translation des os d'un saint. Presque tous les chefs-d'œuvre de l'art espagnol : cloîtres, églises, tableaux, ont été construits, exécutés à la suite de la découverte de quelque vieille statue de Marie, cachée dans les broussailles, à l'époque de l'invasion des Maures. La philosophie a tari cette source d'*erreurs* et d'*inspirations*... Les Espagnols font aujourd'hui leur logique ; ils ne découvrent plus d'images miraculeuses, et n'ont guère d'apparition... En construisent-ils mieux, en travaillent-ils davantage ?...

Effacez de l'histoire des dix ou douze derniers siècles cette manifestation des rapports de l'homme avec Dieu qu'on appelle le miracle, vous supprimerez la moitié du moyen âge.

Avant de travailler à détruire des illusions peu rationnelles, mais innocentes, ne devrait-on pas chercher celles qui peuvent les remplacer. Il ne faut pas s'y tromper !... l'illusion et l'espérance, sa fille, sont la nourriture des âmes. Qu'est-ce que l'amour de la gloire, de l'honneur ? qu'est-ce que cette soif d'immortalité qui dévore tant d'esprits et produit de si grandes choses ?... Bien des philosophes vous répondent : illusion, illusion !... Si l'homme ne peut sortir du cercle, même dans le siècle des études positives, ne le querellez pas trop d'avoir demandé jadis ses inspirations aux illusions du ciel.

La route nouvelle, qui va de Saragosse à Jaca, remonte le cours du Callego. La vallée assez large, moins fertile que la plaine de l'Ebre aux environs de Saragosse, rachète ce défaut par des points de vue très-pittoresques. Les montagnes se dessinent franchement quand on approche d'Ayerbe ; elles montrent quelques bouquets de chênes-liége et de chênes verts, dont le feuillage rompt la monotonie terne des autres contrées de l'Aragon. Des filets d'eau entretiennent quelque fraîcheur dans les pâturages, où paissent les petits chevaux navarrais, frères de nos infatigables landais. Des troupeaux de chèvres et de moutons, vivant ensemble, se montrent sur les rochers, broutant les touffes d'arbrisseaux rabougris et l'herbe aromatique qui tapisse les étages de la montagne. Çà et là s'élèvent timidement quelques bourgs bâtis en pierre sèche : bourgs sales, noirs, désordonnés et d'une inexprimable tristesse... De temps à autre, une digue de pierre retient les eaux du torrent, et fait tourner un moulin isolé.

Pendant que nous parcourions ce paysage, une pensée nous assaillait. Nous songions à ce malheureux Antonio Perez, si cruellement poursuivi par Philippe II et les inquisiteurs d'Aragon, défendu par les habitants de Saragosse avec tant d'énergie, et dont la condamnation entraîna la mort du *Justicia*, et la suppression des libertés aragonaises. Ce fut bien sûr par cette vallée du Callego que le fugitif s'éloigna de Saragosse et gagna la frontière de France. Un de ses complices, Francesco Ayerbe, était probablement de la petite ville de ce nom ; sa famille dut lui offrir un asile et favoriser l'évasion difficile du condamné... Que nous aurions été heureux de pouvoir ajouter quelques pages au livre de M. Mignet, en retrouvant les traces du proscrit, en marquant ses étapes à travers la montagne : mais nul, dans ces pays reculés, n'a conservé le souvenir de la victime de Philippe II, et quand nous demandions des renseignements sur Antonio Perez, on nous répondait : Est-ce un marchand de Saragosse ou un propriétaire de Huesca?

Au delà d'Ayerbe, les montagnes grandissent, se rapprochent, deviennent très-imposantes ; on franchit, par des gorges peu verdoyantes, mais d'un très-grand aspect, la chaîne qui sépare la vallée du Callego du bassin plus pauvre, plus triste du haut Aragon, et l'on arrive à Jaca.

Jaca est une petite ville de trois mille âmes, sans caractère, sans physionomie bien tranchée; mais qui trouva de tous les temps une activité, une aisance relatives dans son commerce avec la France. Son principal mérite, celui qui l'empêchera de tomber jamais dans l'oubli, est d'avoir été la capitale du premier royaume chrétien de l'Espagne, après l'invasion des Arabes. Ce petit Etat, caché dans ces hautes montagnes, comme dans une forteresse, portait le nom de *Sobrarbe :* la gloire qu'il sut acquérir, le rôle capital qu'il joua dans l'arrachement de la Péninsule à la domination arabe, s'étant un peu effacés de nos jours, dans la mémoire des hommes, on nous permettra de rappeler sa fondation en quelques mots.

Voyez-vous, à six kilomètres au midi de Jaca, cette haute montagne désolée, où se montre encore le petit ermitage de Saint-Jean-de-la-Peña? Là se passait, il y a dix siècles, une scène d'une majesté singulière. Ceux qui osèrent y prendre part n'étaient pas des hommes vulgaires, mais des hommes inspirés, des hommes élus de Dieu... Jugez-en.

Un anachorète réfugié dans cet asile était mort en odeur de sainteté à la fin du huitième siècle... Ses funérailles attirèrent un concours extraordinaire de gentilshommes gascons, biscaïens et catalans : Garcia Ximénès, le plus riche seigneur de ces vallées, se faisait remarquer parmi eux. Les gentilshommes pyrénéens, étonnés de se trouver au nombre de trois cents autour de leur feudataire, sentirent renaître leur courage, ils mêlèrent aux prières des morts des paroles d'espérance, et résolurent d'organiser contre les Arabes une grande association, dont Ximénès fut immédiatement élu chef.

Ce réveil de la nationalité chrétienne inspira aux membres de la fédération un de ces enthousiasmes que le ciel aimait, à cette époque, à consacrer par des apparitions miraculeuses. Pendant qu'ils s'entretenaient de leurs projets de guerre, sous les clairs rayons de la lune, les pieux chevaliers crurent apercevoir, dans l'azur du ciel, un écu étincelant, emblème de la guerre sainte qu'ils allaient entreprendre ; sur cet écu brillait un chêne vert et touffu, surmonté d'une croix rouge pommetée.

Dieu venait d'envoyer une bannière sacrée à Ximénès, ainsi qu'il avait donné jadis le *Labarum* à Constantin. Ce prodige céleste fut considéré comme une sorte de sacre. Ximénès prit le titre de roi, et son royaume eut le nom de *Sobrarbe* (sous l'arbre) ; l'image de l'apparition peinte sur les armes de Ximénès forma la bannière du nouvel Etat.

On est pressé d'en venir aux mains dans les guerres religieuses. Garcia Ximénès conduisit les milices vasconnes, navarraises et aragonaises, vers Ainsa, au confluent de l'Ara et de la Cinca ; il y atteignit les Arabes ; la cavalerie d'Orient, si redoutable dans les plaines, dut reconnaître la supériorité de l'agile infanterie pyrénéenne, retranchée dans les rochers, les ravins et les sentiers couverts de broussailles (*guajarras*). Une tactique nouvelle était inaugurée ; les surprises et les embuscades allaient permettre aux chrétiens peu nombreux de triompher de leurs redoutables ennemis.

Ximénès fut vainqueur à Ainsa. Dès ce moment, son histoire est une glorieuse série de combats et de victoires. La construction de l'église de Saint-Jean, sur la *Peña d'Uruel* ou de *Martes*, devint l'arc de triomphe de ces premières expéditions ; un monastère y fut ajouté et recueillit l'évêque de Pampelune, un moment expulsé de sa cathédrale par les Musulmans. Ximénès construisit un château-fort près du monastère, et désigna l'église de la *Peña* pour la sépulture de sa dynastie. Le siége épiscopal et le centre du royaume de Sobrarbe restèrent fixés dans ces hautes solitudes pendant plus d'un siècle (1).

Nous quittons Jaca dans une tartane mal suspendue, et nous arrivons dans un affreux et sale village, où voiture, chemin, tout nous abandonne à la fois ; nous voilà entre les mains d'une escouade d'arrieros qui se disputent l'honneur de porter nos personnes et nos bagages aux bains de Panticose. Nous ne sommes pas seuls : trois autres tartanes ont déposé sur la route une quinzaine de baigneurs de la tournure la plus triste et la plus caractérisée. Que nous sommes loin de Bade, grand Dieu ! et même loin de Cauterets, de la *Puda* ou

---

(1) Voir notre *Histoire des peuples pyrénéens*, t. II, p. 50 à 53.

d'*Argentana!*... Quelles figures souffrantes et tristes... On dirait un convoi funèbre. Voilà des baigneurs qui vont aux eaux pour en boire en conscience, et non pour danser ou jouer au baccara.

A visage triste, robe sombre... L'Aragonais et le Navarrais, à l'encontre du Catalan, ne portent que des habits noirs, ou peu s'en faut. On dirait une compagnie de croque-morts, moins divertissants que ceux du fameux souper des *Nuits du Père-Lachaise* de Gozlan... Ces anabaptistes sont roulés dans le manteau bourgeois bleu foncé, ou dans la couverture populaire rayée noir et jaune. Le manteau est surmonté du chapeau tuyau de poêle, du chapeau civilisé ; la couverture est coiffée du sombrero véritable, du sombrero primitif, tel que l'inventa le premier hidalgo prévoyant, qui voulut marcher sérieusement à l'ombre de son chapeau, ou s'y mettre à l'abri en temps d'averse.

Les baigneurs, convenablement précautionnés contre les caprices du ciel, n'ont pas négligé la question des subsistances ; ils connaissent les *posadas* aragonaises, où le voyageur ne trouve à manger qu'à la condition d'y porter son repas.... Ils ne se sont pas aveuglément confiés aux prospectus du propriétaire des bains de Panticose. Chacun emporte, à côté de la valise du linge pour se baigner, une outre de vin pour boire, cinq à six volailles vivantes pour manger, de la graisse, du sel pour les mettre cuire... Le restaurateur ne fournira que le bois et les ustensiles de cuisine.

A mesure que chacun a reconnu sa *maletta*, ses pots, sa cage à poules, il monte sur un mulet à la selle arabe, fortement relevée des deux bouts ; les effets sont placés sur un petit âne gris, à l'échine pointue, et de la grosseur d'un chien de montagne. L'arriero la pique de la pointe d'un clou, et la petite bête court en avant toute seule, traverse d'un pas prudent les torrents sans ponts, s'aventure dans les landes pierreuses, où le sentier n'eut jamais d'autre tracé que le piétinement des troupeaux, et gravit les corniches de rochers sans parapet, taillées au dessus des précipices.

Grâces à la protection de Notre-Dame del Pilar, et à celle de la gendarmerie, la caravane des baigneurs arrive sans encombre au village de Panticose. Vu d'en-haut, le bourg est comme une tache d'encre jetée sur un fond gris. Le rocher est gris, la terre est grise, le flanc et le sommet des montagnes présentent seuls quelques pans de tapis verts et de forêts. Dans l'intérieur du bourg, tout passe au noir : les murs et les toitures, les cours et les fumiers, les habitants surtout... La couleur des maisons déteint sur leurs vêtements et sur leur peau.

Quelles maisons et quelles rues!... Des portes, mais pas de vanteaux ; des fenêtres, mais pas une vitre, et quelquefois pas de contrevent. Le chemin est un ravin encombré de pierres roulantes. La pluie seule l'a creusé ; l'homme se garde bien de la contrarier dans ce travail.

Le village entier n'est d'ailleurs qu'une étable, une bergerie, un toit à porcs : beuglements, bêlements, grognements, sont les seuls bruits qui s'élèvent de cette pauvre bourgade... Les animaux règnent partout, dans les préaux, aux portes, aux fenêtres : les habitants se casent comme ils peuvent, dans les coins que les quadrupèdes daignent leur abandonner.

De fait, l'homme leur doit cette déférence... Sans eux, comment vivrait-il ?... Le sol aride et sans culture ne produit ni légumes, ni céréales, ni vin : un peu d'herbe et voilà tout; les troupeaux viennent, la broutent, puis l'homme mange les animaux... Passons vite, et dirigeons-nous vers les bains; une heure est nécessaire pour les atteindre.

Et d'abord quelle horrible gorge : mais quelle forte et imposante nature. On appelle cela *el escalar*, l'escalier; le sentier s'attache comme il peut aux flancs de la muraille de roche, et les mulets gravissent victorieusement cette corniche, taillée au-dessus du torrent du *Calderas*... Représentez-vous la gorge de Pierrefite ou celle du Pont-d'Espagne près de Cauterets. Tenez-vous ferme, et soyez sur vos gardes : la corniche est étroite et n'a pas de garde-fous; un faux pas, un coup de vent vous précipiteraient dans l'affreux ravin.

A la suite de l'escalier, le vestibule... Le rocher cesse de vous étouffer entre ses parois, et vous entrez dans un cirque, moins sauvage que celui de Gavarni, mais presque aussi imposant. C'est un des plus beaux spectacles des Pyrénées : quels caprices pittoresques ! Au-dessus du vaste entonnoir, s'élèvent d'énormes pitons, couverts de neiges; des troncs de sapins et de hêtres sont collés aux flancs des rochers taillés à pic, et hauts de plus de 250 mètres. Au bas du cirque, dans l'arène, qu'on dirait préparée pour une naumachie, s'étend le lac glacé de Panticose ; au fond, une cascade tombe de 200 mètres de hauteur... Volumineuse comme celle de Gavarni, ou celle de Staubach (Suisse), elle est moins audacieuse dans sa chute, car elle glisse en se brisant, et à demi invisible, dans les fissures qu'elle s'est creusées...

A gauche, deux cascadelles sveltes, élégantes, étincellent au soleil d'août, comme deux couleuvres que l'on aurait pendues par la queue, pour leurs méfaits. A droite enfin, entre le lac et la montagne, s'étend l'établissement thermal. Il se compose d'une dizaine de maisons neuves, aussi blanches que de jeunes mariées, et comparativement assez coquettes : elles se mirent dans les eaux du lac, contiennent 150 à 200 baigneurs, et sont groupées autour du temple *de la salud*, qui renferme quinze baignoires.

Les bourgeois et les paysans qui fréquentent Panticose ne sont pas artistes, et n'admirent que fort médiocrement cette belle nature : pressés de s'éloigner de ces rochers, de ces cascades, et de regagner les plaines sèches, mais fertiles de Pampelune et de Huesca, ils boivent leur contingent de verres d'eau, prennent le nombre de bains ordonnés le plus vite qu'ils peuvent ; ils se promènent peu, naviguent rarement sur le lac, gravissent encore moins les montagnes. Que font-ils donc ? Ils s'ennuient, flânent, enveloppés de leurs manteaux, sur le fragment de route ménagé devant l'établissement ; ils roulent beaucoup de papier à cigarette et après l'avoir roulé, ils le fument : ils nourrissent, égorgent, plument, font rôtir les poulets qu'ils ont apportés, surveillent la cuisine de l'hôtel, et tisonnent... Leur principale occupation est de se regarder réciproquement, de se surveiller, de se lancer de petites malices, et de raconter des histoires. Les malades, et tous appartiennent à cette catégorie, ne se bornent pas à boire les eaux sédatives du pays : celles de Cauterets sont en grand prédicament chez eux. Elles sont devenues l'appendice obligé du traitement de Panticose. Le sentier qui réunit la ville française au village espagnol est tellement rapide, étroit, affreux, que les Aragonais n'osent pas y aventurer leurs ânesses ;

ils laissent aux hommes le soin de s'y éreinter et de s'y casser quelque membre, ce qui s'est vu... De malheureux, mais robustes paysans, vont chercher à travers un col inabordable l'eau de la Raillère et la rapportent, après quinze heures de marche sur leur dos, dans des paniers de douze à quinze bouteilles.

II

Huesca. — Le haut Aragon. — La mendicité. — L'expatriation. — Les contrebandiers. — Les bandits. — Leurs lois et leur point d'honneur. — Ancienne irritation contre la France. — Siéges de Girone, de Tarragone, de Saragosse. — Rétablissement des bonnes relations entre les deux peuples.

Au retour de Panticose et de Jaca, nous nous arrêterons à Ayerbe, où vient s'embrancher la route de Huesca. La diligence nous transportera dans cette ville en quelques heures.

Ici on est en plein Aragon : nom célèbre et respectable dans l'histoire ; car ce pays fut le berceau du gouvernement représentatif ; il eut des chambres souveraines et des rois responsables, alors que tous les autres peuples de l'Europe obéissaient à des gouvernements de bon plaisir. Les députés y disaient fièrement aux rois, au jour solennel de la prestation de serment: *Nous qui valons autant que vous, et qui pouvons plus que vous, nous vous promettons fidélité et dévouement, à condition que vous conserverez nos fueros : sinon, non.* Le monarque disposé à faire le maître était livré au *Justicia*, magistrat souverain, institué tout exprès pour lui faire peur et le juger...... Mais les rois se tenaient sur leurs gardes, et au lieu de laisser choir la hache sur leur tête, ils la firent tomber quelquefois sur celles de leurs antagonistes.

Huesca (l'*Osca* de Sertorius) fut un instant la capitale des Aragonais, alors qu'ils n'avaient pas reconquis Saragosse sur les Maures. Elle fut notamment celle de ce Ramiro-le-Moine que ses sujets allèrent retirer du cloître pour l'élever sur le trône, après la mort d'Alonzo, tué sous les murs de Fraga : ils espéraient se donner un chef complaisant et docile, une espèce de monarque soliveau ; ils se trompaient. Le roi moine, fatigué de gentilshommes prétentieux, toujours disposés à abuser des terribles prérogatives du *sinon, non*, les convoqua dans son palais (aujourd'hui l'université), et les fit passer dans la pièce qui porte le nom de *la Campana* (la Cloche) ; mais au lieu d'y trouver Ramiro, les invités y furent reçus par le bourreau, qui leur tranchait la tête à mesure qu'ils se présentaient. Il en tomba seize pour le salut du roi d'Aragon ; un peu plus que Pignatelli n'en abattit pour la conservation du canal de Tudéla.

La cathédrale a été construite vers le treizième siècle, sur l'emplacement d'une basilique romane, qui servit de mosquée aux Arabes, depuis le huitième siècle jusqu'en 1096, époque où Huesca leur fut enlevée. C'est une œuvre gothique, qui n'a de remarquable que la belle ogive du portail ; les grandes statues, placées à la base, et les nombreuses statuettes attachées aux voussures, rappellent celles de Sanguessa et de Tudéla.

Huesca, située au pied des Pyrénées, forme les limites de la zone en quelque sorte civilisée : au delà, du côté de la France, vous entrez dans la région inabordable, dans la région presque inhabitée. Ici le misantrope, ennemi de la société, ennuyé des chemins de fer et du confortable, se trouverait tout à fait heureux; on marche entre les solitudes de l'aigle et les solitudes de l'ours. Cette partie pyrénéenne de l'Aragon n'offre guère que des montagnes sans forêts, des vallées sans prairies, des plaines sans récolte, des torrents sans eau, quelques rivières sans ponts, des spectres de villages sans habitants... Quelles montagnes et quelles gens!... quels rochers et quelles mœurs!.. L'état social est à peu près celui du moyen âge : les gorges sont resserrées, à chaque cinq ou six kilomètres, par des étranglements qu'il faut traverser en marchant dans le lit même du torrent. La culture est rare, mais les troupeaux de moutons sont assez nombreux. La population n'a d'autre sentiers que ceux des chèvres, d'autre chant que la *jotta*, d'autre monuments que d'anciennes tours de défense dressées sur les hauteurs, et de nombreuses chapelles, dites miraculeuses, placées aux coudes des chemins. A défaut d'auberge pour s'abriter contre l'orage, de secours à implorer contre le voleur qui vous arrête, vous avez la ressource de pouvoir adresser votre prière à une madone, et la consolation d'aller mourir, le cas échéant, sur la porte d'un oratoire!...

L'insuffisance du sol cultivable, l'absence de voies de communication, expose ces populations primitives à des privations fréquentes et cruelles. Bien souvent, elles souffrent la disette, pendant que la plaine de l'Èbre regorge de produits qu'elle ne peut leur apporter à dos de mulet. La misère est grande alors : le linge qu'on ne peut renouveler se déchire, se pourrit sur le corps, les petits enfants crient la faim... Quelle ressource le montagnard oppose-t-il à cette détresse? jamais le suicide, quelquefois la résignation : car c'est là le grand principe de son économie sociale.

Néanmoins, si la misère atteint certaines limites, sa philosophie se trouve ébranlée ; il faut prendre un parti : on hésite quelque temps; puis, avec une naïveté brutale et chevaleresque, on finit par adopter les ressources que les sociétés primitives mettent sous la main : le métier de mendiant dans le pays natal, celui d'ouvrier terrassier à l'étranger ; en désespoir de cause, celui de contrebandier ou de bandit... Plus d'un essaie successivement de ces quatre *industries*, et s'arrête à celle qui convient le mieux à sa constitution, et lui procure le gain le plus aisé.

Le métier de porteur de besaces a singulièrement perdu de sa valeur depuis la suppression des couvents. Tout pauvre mendiant n'a plus la certitude de trouver son pain quotidien, en allant s'agenouiller devant l'église du monastère, un chapelet à la main et le *sombrero* sous les genoux...

Les moins timorés, les plus robustes, se décident à passer en France, où l'agriculture donne un salaire aux ouvriers valides, où la charité procure des vêtements et du pain à ceux qui ne peuvent travailler. Les femmes emportent leurs enfants dans leurs bras, ou sur leur dos, enveloppés dans le sac à linge. Les maris prennent une bêche, et ils descendent vers les plaines de l'Ariége, de la Garonne, de la Nesle ou du Gers. Ces terrassiers nomades restent quatre à cinq mois d'hiver dans nos départements, passent les nuits dans des cabanes isolées, et sous des hangards. Les femmes accouchent sur des tas de paille, sans autre médecin que la prévoyance d'une nature robuste, sans autre remède qu'un peu de vin obtenu dans les maisons du voisinage. Si les moissons de juin rappellent l'Aragonais de l'autre côté des Pyrénées, avant que sa femme malade, ou trop récemment délivrée, puisse entreprendre ce pénible voyage de dix jours, traînant un enfant d'une main, portant l'autre dans ses bras, le mari part seul, abandonnant à la garde de Dieu ces êtres faibles et sans défense.

Après l'été, le mari quitte l'Aragon afin de rejoindre une famille dont il n'a pas eu de nouvelles ; comment la retrouver? elle n'a pu rester dans la même commune..... Le mendiant et le troupeau doivent changer souvent de lieu, s'ils veulent donner à l'aumône et à l'herbe qu'ils ont dévorée le temps de renaître et de croître... Dans quel pays rencontrera-t-il la femme qu'il a quittée? Nous avons vu bien des manouvriers renouveler, sous nos yeux, les pérégrinations incertaines d'Ulysse ; demandant à tout venant s'il n'avait pas vu passer la *Josepha*, avec ses deux enfants ; et ici description de la *Josepha*... Quinze jours, deux mois se passaient en courses infructueuses, avant qu'on pût se rejoindre.

Nous sommes tentés d'accuser les historiens d'exagération lorsqu'ils racontent l'existence de ces femmes germaines qui, durant l'invasion de l'empire romain, partageaient les fatigues, les périls des guerriers, et continuaient leur voyage, étendues sur les charriots, le lendemain de leurs couches...

Ces prodiges d'énergie sont les actes les plus ordinaires des populations que le nord de l'Espagne envoie périodiquement dans le midi de la France. Il ne faut pas d'ailleurs s'exagérer les souffrances de ces voyageurs, endurcis par la misère ; la charité leur rend notre ciel moins rigoureux que celui de leur patrie. On ne saurait se faire une idée du peu de ressources qu'ils trouvent dans leurs montagnes.

Il y a quatre ans, un propriétaire de Bielça, à douze lieues de nos frontières, s'était cassé la jambe. Sa position pécuniaire lui permettait de payer convenablement un médecin... mais la contrée ne possédait pas un seul barbier en état de réduire une fracture. Le malheureux est obligé de dompter ses atroces douleurs; il fait empaqueter sa jambe, se hisse sur un mulet, et après quinze heures de voyage, de martyre à travers les neiges et les horribles solitudes du port d'*Aragnouet*, il arrive, suivi d'un jeune garçon de seize ans, dans le premier village de notre territoire, où il se met entre les mains du médecin. C'est là, au fond de la vallée d'Aure, à Vielle, que nous l'avons vu en 1857, étendu dans son lit, depuis un mois.

Après cela, pourquoi les médecins se fixeraient-ils dans le haut Aragon? Les habitants ne suivent-ils pas les lois commodes et apathiques du fatalisme oriental : *Dieu l'a voulu* ; cela répond à bien des choses... Cette doctrine leur permet d'opposer au mal des préservatifs tout particuliers.

Pendant le choléra de 1847, un de nos amis parcourait l'Espagne : l'épidémie sévissait à Barcelone, mais elle n'avait pas encore remonté le cours de l'Èbre. Le voyageur arrive à Saragosse et descend à la *fonda de Europa*.

— Avez-vous le choléra ici, demande-t-il à l'hôtelier?

— *No*, répond celui-ci, avec une assurance grave, *la Madona no lo deja entrar*. La Madone del Pilar ne le laisse pas entrer... Le voyageur va plus loin, et atteint Guadalaxara, pays très-fier du bon vin qu'il produit.

— Eh bien, craignez-vous le choléra, demande-t-il à son aubergiste ?

— *No*, lui répond ce dernier, avec un gravité semblable à celle de son collègue de Saragosse : *El vino no lo deja entrar.*

Là-bas, c'était la Madone ; ici, c'était le vin qui garantissaient la santé publique. Pourquoi nettoyer les rues, balayer les égouts, porter des vêtements propres ?... Si le choléra ne s'arrête pas devant la Madone ou le bon vin, *Dieu l'aura voulu* ; et comme Dieu est en définitive la puissance des puissances, il n'y a rien à faire, rien à prévoir.

Des femmes, des ouvriers, qui font cinquante, soixante lieues, pour aller travailler en France, dans le Bordelais ou l'Armagnac, rapportent quelquefois chez eux sept à huit écus de bénéfice... Tout est relatif dans ce monde ; ce *trésor* est capable d'exciter une ambition et des crimes égaux à ceux que la possession d'un royaume provoquaient chez les rois de Sophocle et d'Eschyle... Parfois, les moins bien partagés de ces travailleurs jugent à propos d'ajouter le bénéfice du bandit à celui du moissonneur. Ils forment une conspiration contre un camarade économe, et le coin d'un bois ou le fond d'un ravin devient le théâtre d'un assassinat ; les complices se partagent quelques pièces de monnaie sur le cadavre, et ils rentrent dans leur vallée, racontant, les larmes aux yeux et le chapelet à la main, que le pauvre José est mort, *par la volonté de Dieu*, sur la terre de France.

Si l'Aragonais cherche à s'enrichir aux dépens de

ses compatriotes, à plus forte raison n'aime-t-il pas à voir l'étranger venir chercher fortune dans son pays. Une jalousie sauvage, une fierté ombrageuse lui font voir un ennemi dans tout homme qui n'est pas Espagnol ; il craint toujours d'avoir à recommencer contre nous les siéges de Girone et de Saragosse.

Il y a une trentaine d'années, des industriels du Bigorre achetèrent au gouvernement de Madrid la concession d'une mine de cobalt et de plomb, du côté de Bielça... Nos compatriotes s'y transportent, construisent des maisons et des usines, afin de commencer leur exploitation... Tout à coup, les habitants se réunissent, s'ameutent, ils attaquent nos travailleurs, les mettent en fuite, allument l'incendie dans leur établissement, et le détruisent de fond en comble.

Nul capitaliste n'a renouvelé la tentative ; la mine est restée fermée, l'Aragonais du pays est resté misérable, mais aucun Français n'inquiète de sa présence son orgueil et son repos. Pourquoi soumettrait-il sa fierté sauvage au joug du travail? Ne trouve-t-il pas de grandes ressources dans les aventures émouvantes de la contrebande? N'est-il pas toujours libre de se lancer dans cette étrange *industrie*, avec la joyeuse ardeur qu'inspire le désir de voler le gouvernement? Le personnage de Gil-Blas, qui se sentait la force d'*emporter l'arche de Noé*, quand il s'agissait de prendre le bien d'autrui, a laissé bien des imitateurs. Les contrebandiers espagnols seraient capables d'enlever l'église de Burgos sur leurs épaules, si elle appartenait au fisc. Jouer pièce à la douane est une excellente plaisanterie, qui ne coûte pas le plus léger remords aux meilleurs pères de famille; que pourrait-on leur reprocher? Ils aiment leur femme et leurs enfants, ils remplissent leurs devoirs religieux, et n'oublient jamais de faire une offrande à la Vierge quand elle a permis qu'ils logeassent une balle dans les reins du douanier qui prétendait s'opposer à la prospérité de leur commerce.

Soyons justes ! le montagnard français n'a rien à leur envier à l'endroit de la ruse et de l'audace ; à preuve, la contrebande porte un bien plus grand préjudice au fisc espagnol qu'au budget français. Nos voisins n'introduisent guère chez nous que du tabac, quelques soieries de Catalogne et fort peu de laine ; l'Espagne, au contraire, reçoit toutes sortes d'objets manufacturés, de la quincaillerie de Paris, des soieries de Lyon, de l'horlogerie, etc.

L'introduction de ce dernier article s'exécute d'une manière assez curieuse... Un horloger français dirige vers l'Espagne pour 6,000 fr. de marchandises, mais il a eu le soin de démonter les montres, les pendules, de confier à tel contrebandier toutes les aiguilles, à tel autre tous les rouages, à un troisième les ressorts, les vis... Si un ou deux de ses complices est arrêté, la prise est vendue peu de jours après aux enchères dans une des premières villes d'Espagne ; et comme un paquet de roues ou d'aiguilles séparées ne saurait avoir de valeur, l'horloger fait racheter ses pièces à vil prix par un de ses compères. Ce léger incident ne lui occasionne qu'une perte de temps insignifiante, il s'installe dans une localité, remonte ses garde-temps de toutes dimensions, et réalise 60 pour 100 de bénéfices.

Cependant tout n'est pas gain dans la contrebande ! Ceux qui l'exercent ont à redouter autre chose que la surveillance des douaniers : ce qui les ruine complétement, c'est la suppression même des douanes... A l'époque de Louis XIII, des villages considérables et très-prospères s'élevaient sur le cours de l'Agly, dans le Roussillon ; quelle était l'origine de leur richesse ? la contrebande. Lorsque la France se fut étendue jusqu'aux Pyrénées par la conquête de Perpignan, et que la ligne se trouva portée à Mont-Louis et au Pertus, ces bourgs furent subitement abandonnés... Les habitants pouvaient renoncer au foyer natal, mais non pas à l'introduction frauduleuse des marchandises ; ils coururent installer leur industrie quelques lieues plus haut, sur les bords du Tech, et loin de se sentir découragés, ils redoublèrent d'audace, afin de rentrer dans leurs frais de déménagement.

Que de malédictions contre les libres échangistes, parmi ces *honnêtes* entrepreneurs, le jour où les lignes douanières seront entièrement détruites... Bien des villages échelonnés entre Puycerda et Saint-Jean-Pied-de-Port auront aussi leurs jours de deuil ; ils tomberont en ruines comme ceux des rives de l'Agly, et leurs habitants seront obligés de prendre en masse une résolution suprême, qu'ils n'exécutent aujourd'hui qu'individuellement. Traqués de près par le douanier, réussissant mal dans la contrebande, l'Aragonais se fait volontiers bandit. Mais ne croyez pas qu'il entreprenne *cet état* brutalement et sans principes, poussé par un besoin de gain immodéré. Le vieux point d'honneur chevaleresque de l'Arabe et du Castillan jette encore des reflets sous le sale manteau-couverture, arrière-descendant du burnous. L'Aragonais saisit le poignard ou le fusil pour deux motifs : pour assouvir une vengeance qu'il croit légitime, alors il assassine sans voler ; ou pour satisfaire un besoin impérieux d'argent, alors il vole sans faire de mal ; il demande la bourse ou la vie honnêtement, et chapeau bas ; jetez-lui votre argent, vous êtes quitte à son égard. Il ne touchera pas un de vos cheveux, et daignera vous laisser cinq ou six francs, afin que vous puissiez continuer votre voyage jusqu'à la ville prochaine ; il vous ferait escorte au besoin à travers la forêt... Ce n'est pas lui qui vous assassinerait traîtreusement *à l'assomoir,* pour vous enlever votre porte-monnaie.

Un bandit italien, obligé de fuir les Etats de l'Eglise, avait organisé, en 1816, une petite bande dans les environs de *Barbastro*. Les hardis *trabucaires*, placés sous ses ordres, s'emparèrent un jour d'un riche propriétaire, au moment où il revenait de vendanger sa propriété de *Ponçon-de-Vero*. La capture opérée, ils firent savoir à sa famille que le prisonnier aurait un œil poché le lundi, si 30,000 fr. ne leur étaient portés le dimanche ; qu'il aurait une main coupée le mardi, si on ne remettait pas la somme le lundi ; enfin, la tête tranchée le vendredi, si la rançon n'arrivait pas le jeudi.

Pendant que les bandits attendaient le retour de l'émissaire, ils supputaient les conséquences de cette bonne prise : celui-ci achetait un champ, celui-là dotait sa fille, ou plaçait son fils aîné au séminaire de Huesca. Tout à coup, ils apprennent l'arrivée prochaine de la somme exigée. Cette nouvelle excite leur avarice ; au lieu de 30,000 fr., que n'en ont-ils demandé 50,000 ! La fille aurait été mieux dotée, on aurait acquis deux champs pour un.

— Nous sommes à temps de réparer la faute, dit le chef italien ; on apporte dix mille écus ; retenons le prisonnier jusqu'à ce qu'on en ait compté six autres mille.

Les Aragonais gardèrent le silence. Ceux-ci ne comprenaient pas; ceux-là secouaient la tête.

— Non, dit l'un; pas permis cela... Vous avez offert d'échanger le prisonnier contre une somme convenue. Si la somme est comptée, l'homme doit être libre.

L'Italien ne se rendait pas compte de cette délicatesse en haillons; il développa une théorie plus élastique.

— Impossible, reprit un second bandit, la mauvaise foi est contre tous les principes des Aragonais... Chose promise, chose faite, s'agît-il de se faire couper le cou... Défiez-moi de monter au sommet du pic de la *Maladetta*, que personne n'a jamais escaladé, je suis libre de refuser; mais si j'accepte, je dois y grimper ou mourir en chemin.

— Le camarade a raison, appuya un troisième. Voilà le langage d'un *trabucaire* d'honneur; le vôtre est celui d'un simple larron, d'un misérable filou. J'ai servi dix ans dans la bande de Pardillas, nous avons enlevé bien des gens, réclamé bien des rançons. Mais la somme payée, l'homme était toujours rendu. Nous rançonnions, mais nous ne trompions pas.

— Vous n'avez jamais mis la main dans la bourse des voyageurs, honnêtes chevaliers de la bande de Pardillas, demanda l'Italien?

— Notre devoir était de fouiller et de prendre: quand on sert un chef de voleurs, on sait à quoi l'on s'engage. Les voyageurs ne sont pas plus trompés par un *trabucaire* qui les dévalise, que les malades ne le sont par un médecin qui les saigne ou les purge... Chacun son métier ici-bas. Les Espagnols reconnaissent si bien les droits et les devoirs des bandits, que j'ai entendu des *señores* dire à notre chef, en montrant une bourse oubliée dans une valise : — Maître Pardillas, voici encore qui vous revient.

— Vous les avez trouvés tous d'aussi loyale composition ?

— Tous, à l'exception de cinq à six Français mal élevés, qui payèrent cher leur impolitesse.

— Vous les tuâtes pour leur apprendre à se laisser voler.

— Nous les pendîmes pour leur enseigner à respecter les droits des bandits honnêtes gens, et montrer à ceux qui auraient été tentés de les imiter comment Pardillas faisait respecter ses prérogatives... On dirait que vous ignorez l'origine des bandits... Autrefois, chaque grand seigneur, chaque bourgeois un peu influent, qui avait maille à partir avec son roi ou sa ville natale, se retirait dans la montagne à la tête de ses partisans et formait un *vando*. Obligé de fuir de la vallée, il fallait bien que le *vando* ou *bando* trouvât de quoi vivre ; le chef demandait l'aumône en grand seigneur, remerciant ceux qui la donnaient généreusement, et ne tuant que les avares sans entrailles, qui avaient la cruauté de la refuser... Le *bandit* ou membre du *bando* est donc un galant homme, proscrit par l'autorité, poursuivi par la gendarmerie, qui prend ce dont il a besoin partout où il le trouve.

A la suite de cette belle dissertation, les trente mille francs furent comptés, et les Aragonais contraignirent l'Italien à rendre la liberté au vigneron de Barbastro.

Cette étrange délicatesse du coquin a mille façons imprévues de se révéler.

En 1835, un jeune Français, M. D*** dirigeait l'exploitation d'une mine dans les montagnes de Huesca ; 70 ouvriers travaillaient sous ses ordres. Son banquier de Saragosse lui fait savoir un jour qu'une bande parcourt la province et qu'il ne voit pas le moyen de lui faire parvenir les 16,000 fr. qu'il a demandés, pour payer les ouvriers et les diverses dépenses de l'exploitation. Notre compatriote, fort contrarié, ne sait comment sortir d'embarras. Les mineurs attendaient impatiemment leur mois de solde... Aller lui-même chercher l'argent à Saragosse, en se faisant accompagner, lui paraissait très-peu sûr ; les gens auxquels il se confierait pourraient bien avoir quelque cousin parmi les voleurs. Il prend une résolution aventureuse : un de ses ouvriers avait fait cinq ans de travaux forcés pour meurtre ; ses vols, ses actes de pillage et de rébellion était nombreux ; il jouissait d'une réputation détestable... L'ingénieur le mande près de lui.

— Pedro, lui dit-il, tu as eu maille à partir avec la justice ; la gendarmerie te surveille ; les jeunes filles s'enfuient d'aussi loin qu'elles t'aperçoivent ; pas un de tes camarades n'oserait traverser la montagne, seul avec toi s'il portait deux écus dans sa poche ; chacun te déclare prédestiné à être pendu. Pedro, veux-tu déconcerter les médisants, les faire rougir de leurs suspicions ? Veux-tu devenir aussi honnête homme que tu as été vaurien ?

Pedro resta un instant interdit ; puis il réfléchit comme un homme frappé d'une révélation soudaine.

— Que faudrait-il faire ? demande-t-il enfin.
— Aller à Saragosse... Tu connais tous les sentiers du pays ; tu connais même les bandits qui les occupent, j'en suis sûr...

— J'ai bien là d'anciens camarades qui ne me sont pas indifférents.

— Je vais te donner une lettre pour le banquier M***. Il te remettra 64,000 réaux, tu me les rapporteras.

Pedro, ébloui de l'importance qu'on lui donne, n'hésite pas plus long-temps.

— Je vous les rapporterai, monsieur, répondit-il résolument ; je vous les rapporterai, ou je serai trouvé mort sur la route.

Il prend son fusil, se rend à pied à Saragosse, faisant cinquante kilomètres dans un jour ; il reçoit la somme et la rapporte intacte le lendemain.

L'argent était sauvé, les ouvriers recevaient leur solde, et Pedro, réhabilité par cette épreuve décisive, devenait l'homme de confiance de M. D***. Depuis ce jour, et pendant six ans, jusqu'à son retour en France, l'ingénieur ne fit plus un voyage, plus une excursion à travers ces montagnes, sans être accompagné de Pedro, qui le suivait à pied, armé d'une carabine. Il explorait les buissons et les rochers pour éviter les surprises, éloignait les gens suspects par son attitude résolue, et sa réputation de bon tireur qui manquait rarement la cible.

Il en est de l'homme comme de la nature.

Prenez l'Aragonais et le Catalan par leur bon côté : la fierté, vous trouverez un cœur généreux, une reconnaissance susceptible du plus beau dévouement, un courage capable des plus grandes actions.

Considérez les montagnes qu'ils habitent au point de vue de l'art, vous composerez, à l'aide de ces rochers gris, de ces rivières taries, de ces coteaux sans verdure, de ces pentes sans forêts, des tableaux dignes de Salvator-Rosa et de Decamps.

Les montagnes qui couvrent l'Aragon, la Catalogne, l'Espagne tout entière, exercent sur les habitants une influence caractéristique : à force d'habiter les rochers, l'Espagnol s'est fait un corps de fer et une âme de bronze : au lieu de fuir la Sierra, il la recherche ; il l'aime comme sa mère. Dans les dernières guerres, les guerillas ne la quittaient presque pas ; dans celles de l'Empire, les troupes espagnoles n'eurent que bien rarement des succès dans les plaines, en bataille rangées ; pour retrouver toute leur force, elles avaient besoin de revenir dans la montagne, de se retrancher dans le mont Serrat, ou derrière les murs de leurs villes. Là, elles étaient invincibles : car ce n'est pas être vaincu que de mourir écrasé par les boulets, accablé par la famine et les maladies, comme les Espagnols le furent à Girone, à Tarragone, à Saragosse.

Il est impossible de quitter les villes que nous venons de traverser sans se rappeler ces siéges mémorables, et sans donner à leurs héros un adieu d'admiration. Le Français leur paye d'autant plus volontiers ce tribut que nul mieux que lui n'a pu apprécier ces adversaires, et que son bonheur après la victoire est de rendre justice à l'héroïsme malheureux... Mettons-nous donc un instant en présence des Espagnols de 1808, afin de connaître plus à fond ceux de 1860.

Au siége de Girone, l'ordre du jour du général Alvarès portait :

« Que quiconque proférerait le mot *capituler* ou *se rendre*, serait passé par les armes. » Les Gironais, non-contents d'avoir un homme de cette énergie à leur tête, se choisirent pour généralissime saint Narcisse leur patron. C'était prendre en face du ciel l'engagement de vaincre ou de mourir : ils tinrent leur serment... Une ville entourée non point de remparts, mais d'une simple muraille, une ville qu'Augereau avait jugée incapable de résistance, défia sept mois durant les énergiques efforts du général Verdier. D'après toutes les règles de la guerre, quand les murailles d'une ville sont prises, la population se rend. A Girone, nous étions maîtres des remparts, nos soldats y étaient installés et les Gironais restaient maîtres des maisons et des rues où nous ne pouvions avancer : chaque habitation formait une redoute, chaque carrefour une place d'armes ; quand les hommes étaient fatigués, les femmes et les filles de la compagnie de *Santa-Barbara* les remplaçaient. Un jeune tambour chargé d'avertir de l'arrivée des bombes a la cuisse emportée ; il se fait panser sur place, refuse d'aller à l'hôpital, et continue à battre la caisse... Vers la fin du siége, un homme ose parler de capitulation dans le conseil. « Vous êtes donc le seul lâche ici, répond Alvarès... Quand il n'y aura plus de vivres, nous vous mangerons, vous et ceux de votre espèce. »

Afin que personne ne songe à reculer, il ordonne aux troupes placées au second rang de tirer sur quiconque s'approchera d'elles, qu'il soit Espagnol ou Français, « attendu que l'exemple de tout homme qui fuit est plus redoutable que le feu de l'ennemi. »

La ville était pavée de bombes, la maison qu'habitait Alvarès s'était écroulée presque tout entière ; il n'y restait plus qu'une chambre de logeable... On avait à combattre une contagion plus terrible encore que le feu de l'ennemi ; la moitié de la population était morte ou dans les hôpitaux ; l'armée n'existait plus, et la résistance était toujours aussi acharnée. Mais bientôt Alvarès, accablé par la fièvre qui le rongeait depuis le commencement du siége, ne put quitter son lit. Nous entrâmes, enfin, dans une ville où nous avions lancé 60,000 boulets et 20,000 bombes.

Ce que fut Alvarès à Girone, le général Contreras le fut à Tarragone. Avec quelle peine, par quels assauts réitérés Suchet put franchir les remparts, c'est une histoire écrite sur les pierres de Tarragone. Ici encore, chaque rue exigea un siége ; il fallut immoler plusieurs milliers d'hommes pour escalader cette montagne fortifiée. Suchet vit apporter devant lui, sur un brancard, Contreras blessé, il lui reprocha son opiniâtreté et lui dit qu'il mériterait la mort, pour avoir prolongé un combat inutile après l'ouverture de la brèche.

— Je ne connais pas de loi, répondit Contreras, qui défende de mourir pour son pays.

A Saragosse, la résistance acquit les dernières limites de l'héroïsme. Cette ville, ainsi que Girone, n'avait pas de remparts, mais une simple muraille, et elle était attaquée par Lannes et Moncey. A défaut de bastions et de forteresses, Saragosse eut ses palais et ses monastères ; chacun devint une citadelle qu'il fallut enlever d'assaut, souvent après plusieurs jours de siége. A l'attaque du couvent des Trinitaires, nous ne perdîmes pas moins de 800 hommes, et la prise de celui de *San-Lazaro* fut encore plus meurtrière. Chaque maison de la ville dut être enlevée comme les couvents, à l'aide de la mine et de la sape, sous une grêle de balles et de boulets. « Que l'on ne m'appelle jamais au conseil, s'il s'agit de capituler, avait dit San-Genis ; mon opinion ne sera jamais que nous ne pouvons pas nous défendre. » — « Je défendrai jusqu'au dernier coin de mur, répondait l'héroïque Palafox, à chaque proposition de capitulation : ceci est une guerre au couteau, *á cuchillo...* » On avait enfermé les femmes et les enfants dans les souterrains et les caves, pour les mettre à l'abri des boulets. Les hommes qui n'étaient pas sur la brèche jouaient tranquillement aux cartes pendant le combat. Seulement, au signal de la grosse cloche de la Seo, annonçant la chute d'une bombe, on posait le jeu sur le tapis, on faisait le signe de la croix, et si la bombe ne tuait pas les joueurs, on continuait la partie.

Malgré tous ces prodiges de valeur, les Français faisaient toujours quelques progrès vers le centre de la ville ; ils recevaient des renforts, tandis que les assiégés étaient réduits par la mort de 40,000 défenseurs à quinze mille. Une affreuse épidémie joignit ses désastres à ceux de la famine et de la guerre. Palafox lui-même fut accablé par la maladie comme Alvarès l'avait été à Girone. Il fallut capituler ; douze mille hommes pâles, maigres, exténués, défilèrent devant nos soldats, à travers les ruines d'une ville encombrée de cadavres en putréfaction. Sur cent mille habitants, Saragosse en avait perdu cinquante mille.

Ces luttes terribles devaient avoir pour inévitables conséquences d'exciter contre nous de profonds ressentiments. Durant les quarante années qui viennent de s'écouler, le paysan aragonais et catalan n'aima pas le français. Au lieu de chercher à abaisser les Pyrénées, à les percer de belles routes, il aurait voulu les rendre plus hautes et entièrement inabordables, dans la crainte de nouvelles invasions.

Mais cinquante années de paix ont heureusement modifié ces idées, dissipé ces inquiétudes ; de nombreux liens de sympathie rattachent aujourd'hui les populations des deux versants. Grâce aux relations industrielles et commerciales qui commencent à s'établir entre les deux pays, les habitants du sud des Pyrénées sentent qu'ils ont besoin de nous, pour réparer les maux causés par des gouvernements incapables, par la guerre civile et la guerre étrangère. Tous ceux qui viennent en France sont bien obligés d'ailleurs d'admirer notre prospérité, notre puissance, nos précieuses qualités civilisatrices; ils rapportent dans leur pays les idées les plus avantageuses de notre état social, ils les répandent, les popularisent avec l'enthousiasme qui leur est particulier. Cette propagande dispose les populations, autrefois hostiles, à bien accueillir nos compatriotes.

Déjà 25,000 Français sont établis à Barcelone, Girone, Vich, Reus; toutes les villes un peu importantes en renferment un nombre proportionnel; il n'est pas de localité qui n'ait son peintre, son tailleur, son mécanicien, son carrossier, son horloger français. Si les Piémontais tiennent les hôtels, les restaurants, si les Suisses tiennent les cafés, nous avons les arts pour apanage exclusif. Les Anglais se contentent d'aborder dans les ports de mer; ils y déposent leurs produits industriels, encaissent des effets de commerce, achètent des denrées, et se hâtent de repartir. Les Français, plus utiles aux Espagnols, leur apportent des méthodes de travail; ils les appliquent sous leurs yeux, ils prennent et forment des apprentis. Si telles sont les relations des deux peuples, alors que les moyens de communication se bornent aux diligences qui vont chaque jour de Perpignan à Figuières, de Bayonne à Madrid, au bateau à vapeur qui se rend chaque semaine de Marseille à Barcelone, quelle activité prendront ces relations, lorsque de belles routes franchiront les Pyrénées sur tous les points, lorsque les chemins de fer les perceront.

Cette question des routes, appelées à multiplier les relations entre deux peuples dignes de s'estimer, a une telle importance que nous ne croirions pas avoir fait un voyage complet dans les Pyrénées espagnoles, si nous ne faisions pas connaître quels sont, dès ce jour, quels seront, dans un avenir prochain, les lignes nombreuses que les gouvernements de France et d'Espagne s'occupent à exécuter de concert; quels sont les éléments de richesse et de prospérité que l'agriculture, le commerce et l'industrie retireront de ces perfectionnements de la viabilité.

PERCEMENT DES PYRÉNÉES

État de la viabilité. — Parallèle des Alpes et des Pyrénées. — Situation commerciale des départements pyrénéens. — Projets de routes nouvelles. — Routes thermales. — Chemin de fer à travers les Pyrénées centrales. — Routes transpyrénéennes en cours d'exécution. — Conséquences économiques du percement des Pyrénées. — Agriculture. — Industrie. — Eaux minérales.

Depuis quelques années, une activité prodigieuse est imprimée à tous les moyens internationaux de communications. On jette des ponts sur le Rhin, on traverse le Jura, on perce les Alpes ; nos ports de mer sont mis en rapports réguliers avec l'Amérique et l'Orient.

Au milieu de ces travaux de la paix, de cette impulsion civilisatrice, qui sera le cachet et la gloire du dix-neuvième siècle, l'Empereur devait naturellement porter ses regards sur la frontière la plus sacrifiée. Nous voulons parler de celle des Pyrénées. Voici à quelle occasion la situation véritablement extraordinaire de cette partie de la France lui a été plus particulièrement révélée.

Dans un de ses derniers voyages à Biarritz, Napoléon III visita la vallée pittoresque, et l'établissement thermal de Cambo. Le maire de cette ville lui montra un pont nouvellement construit sur la Nive. L'Empereur examina cet ouvrage d'art, et demanda où conduisait la route qu'il desservait.

— Sire, nulle part, répondit monsieur le Maire de Cambo.

L'Empereur, dans ses nombreux voyages, n'avait pas encore vu de pont sans route ; il demanda le motif de cette anomalie.

— Sire, le Génie s'oppose à la construction de toute voie au delà de la rivière, afin que notre frontière reste inaccessible du côté de l'Espagne.

L'Empereur voulut savoir si le Génie étendait la même sollicitude à d'autres points ; il lui fut répondu que toutes les vallées pyrénéennes étaient dans la même situation ; que partout les routes s'arrêtaient à 40 ou 50 kilomètres de la ligne séparative, et que l'Espagne était inabordable.

L'Empereur ne répondit pas, mais il réfléchit. Cette prévoyance exagérée dut le surprendre ; car sa généralisation ne tendrait à rien moins qu'à replacer les nations dans l'isolement où elles étaient au moyen âge. Ce principe hors de saison n'a que trop longtemps prévalu ; il était réservé à la haute pénétration de Napoléon III de le faire disparaître. Il saisit le Conseil supérieur des Ponts et Chaussées de l'importante question des voies pyrénéennes ; nous allons montrer la solution qu'elle a reçue.

Notre travail a donc pour but de remplir un devoir de reconnaissance envers l'Empereur, au nom des populations méridionales, et de préparer le commerce et l'industrie à retirer de cette glorieuse entreprise tous les avantages qui peuvent en être les conséquences... Pour remplir cette tâche, nous allons successivement examiner quel était l'état de la viabilité dans les Pyrénées au moment où l'Empereur s'est occupé de la mettre en rapport avec l'activité croissante des relations des deux peuples ;

Quelles études sont faites, quels travaux sont exécutés au moment où nous écrivons ;

Quels sont enfin les produits agricoles et manufacturiers, les richesses naturelles des deux versants, dont l'exploitation doit être considérablement développée par l'exécution des routes transpyrénéennes.

Quand on examine les nombreuses et belles voies de communication qui franchissent les Alpes, et mettent la Suisse et la France en communication avec la haute Italie ; quand on reporte ensuite ses regards sur les Pyrénées, et qu'on les trouve inabordables, cet état de choses inspire un profond sentiment de tristesse et de regret.

Les Alpes, infiniment plus hautes que les Pyrénées, couvertes de neiges plus persistantes, forment, depuis le Tyrol jusqu'à la Méditerranée, un arc de cercle de 608 kilomètres, elles sont traversées par sept routes carrossables ; celle du Splugen conduit de la vallée du Rhin à Milan, par les bords de l'Adda et du lac de Côme.

Celle du San-Bernardino va également des sources du Rhin à Novarre, par le lac Majeur et la vallée du Tessin ; celle du Saint-Gothard met la vallée de la Reuss en communication avec les mêmes vallées piémontaises. La magnifique voie du Simplon descend aussi du Valais vers le lac Majeur ; le célèbre passage du Saint-Bernard, le plus ancien de tous, n'offre encore qu'une bonne voie muletière ; mais le Piémont et le canton du Valais s'occupent de la rendre carrossable.

La route du mont Cénis, création napoléonienne, comme le Simplon, conduit de nos nouveaux départements de la Savoie à Suze et à Turin. Celle du Col de Tende joint Turin à Nice ; celle de la Corniche va du département des Alpes-Maritimes à Gênes. Celle de Grenoble à Aoste vient enfin d'être classée route impériale, par le décret du mois d'août 1860. Ainsi, chaque vallée suisse ou française est mise en communication directe et facile avec une grande vallée italienne ; les relations, l'échange des produits des trois pays, sont favorisés par une foule d'artères carrossables, qui relient les chemins de fer de France et de Suisse à ceux de la haute Italie. Quelle différence dans les Pyrénées !

Sur 482 kilomètres d'étendue, cette chaîne n'est accessible au roulage que sur trois points : les bords du golfe de Gascogne, où les montagnes ne sont que de simples coteaux (route de Bayonne à Tolosa) ; la vallée du Bastan, où les premiers contreforts sont aisément accessibles (ligne de Bayonne à Pampelune) ; le col de Pertus, dont la situation est encore plus favorable (ligne de Perpignan à Barcelone).

Dans toutes les autres vallées, sur une distance de 360 kilomètres, la chaîne se trouve dans l'état où Dieu la créa, et telle que le moyen âge nous l'a transmise ; les grands et riches bassins des Gaves, de l'Adour, de la Garonne, du Salat, de l'Ariége, sont privés de toute communication avec le versant espagnol.

La Restauration et le gouvernement de Juillet avaient bien fait quelques tentatives dans le but d'améliorer cet état de choses ; ils exécutèrent quelques kilomètres de routes carrossables vers la frontière, dans les vallées les plus faciles : entre Perpignan et Prats-de-Mollo (vallée du Tech) ; entre Perpignan, Mont-Louis et Puycerda ; entre Carcassonne et le même point, par Quillan et Quérigut (1) ; entre Saint-Béat (Haute-Garonne) et la vallée d'Aran ; enfin entre Oloron et Urdos (Basses-Pyrénées). Mais l'indifférence de l'Espagne, les troubles politiques de ce malheureux pays, rendaient ces travaux à peu près infructueux, en les privant de toute issue vers l'Aragon et vers la Catalogne. Ces provinces n'offraient que des sentiers à peine accessibles pendant six mois de l'année à des mulets légèrement chargés.

La question a fait un grand pas chez nos voisins : une quinzaine d'années de paix et d'activité commerciale ont appelé l'attention des Espagnols sur les voies de transport ; ils s'en occupent maintenant avec une ardeur sérieuse... La Catalogne a déjà ouvert, de *Girone* à *Olot*, une excellente route : encore 20 kilomètres de prolongement, elle atteindra notre port de *Prats-de-Mollo*... Celle qui doit relier la ville assez industrielle de *Vich* avec notre frontière est déjà tracée ; elle remonte la vallée du *Ter* ; 37 kilomètres sont déjà terminés, et mettent *Ripoll* en communication avec la première ville. On espère que les 55 kilomètres qui séparent *Ripoll* de *Puycerda*, en franchissant le col de *Tosa*, seront achevés dans trois ans ; on travaille avec activité à combler cette lacune.

La province de *Llérida* songe également à diriger une route de sa capitale vers *Puycerda*, en longeant la *Sègre*, à travers la *Seu d'Urgel* ; mais les travaux ne sont pas encore entrepris sur ce point.

---

(1) On se propose d'en construire une autre de Quillan à Quérigut, par Roquefort.

Nous sommes plus avancés sur le versant français. 40 kilomètres séparaient *Puycerda* des bains d'*Ax* (Ariége). Depuis que l'Empereur a donné une impulsion aux voies pyrénéennes, on a poussé très-activement les travaux sur cette section. La route traverse aujourd'hui *Merens*, *Lespitalet*, le port de *Puymaurin*, situé à 1,900 mètres au-dessus du niveau de la mer. Elle descend de là au *Petit-Carol*, à *Latour-de-Carol* et à *Bourg-Madame*; elle sera ouverte au roulage en 1861, et mettra l'Ariége en communication directe avec *Ripoll* et *Barcelone*, par la vallée du *Ter*, plus tard avec *Llérida*, par celle de la *Sègre*. La présence des neiges sur le col interdira cette ligne au roulage pendant trois à quatre mois de l'année; car il est constaté que dans toute la chaîne des Pyrénées les neiges restent :

pendant 1 mois à 650 mètres de hauteur,
   2   à 930
   3   à 1170
   4   à 1370
   5   à 1530
   6   à 1650
   7   à 1750
   8   à 1830

Elles recouvrent par conséquent le col de *Porte*, ou *Puymaurin*, durant huit mois; mais il sera facile de le désencombrer pendant les deux premiers et les deux derniers, en rejetant la neige sur les côtes, comme on le pratique dans les routes des Alpes.

La vallée d'*Aran* (Catalogne), moins active que celle du *Ter*, ne s'occupe guère de continuer sur son territoire notre route de Saint-Béat au *Pont-du-Roi*. Ajoutons qu'il y a peu à espérer de ce côté; le val d'A-

ran, situé tout entier sur le versant français, est trop pauvre pour entreprendre le percement de la plus haute partie des Pyrénées ; notre Génie militaire ne saurait d'ailleurs favoriser la création d'une voie dont les deux rampes appartiendraient à l'Espagne. Nos moyens naturels de défense en seraient trop affaiblis. Aussi a-t-il fait renoncer le gouvernement à tout projet d'établir un chemin de fer et de percer un tunnel sur ce point.

En revanche, la route de la vallée d'*Aspe* (Basses-Pyrénées) est dans les meilleures conditions des deux côtés de la frontière. 12 kilomètres séparaient *Urdos*, dernier village français, du *Sumport*. On a travaillé depuis trois ans à exécuter cette section, sous la direction de l'habile ingénieur en chef des Basses-Pyrénées, que M. de Lesseps vient de placer à la tête du percement de l'isthme de Suez. 7 kilomètres sont déjà terminés et conduisent aux *Forges*, 5 restent à faire ; 200,000 fr. ont été alloués sur l'exercice 1860. Cette dernière partie sera probablement terminée en 1861. La rampe n'aura que 7/100ᵉ d'inclinaison.

L'ouverture de la voie, du côté de l'Espagne, suivra de près celle de notre versant. L'Aragon pousse assez vivement cette entreprise. Douze ans lui ont été nécessaires pour ouvrir la section de *Saragosse* à *Jaca* ; elle est aujourd'hui suivie par les diligences. Il ne lui reste que 40 kilomètres à faire pour atteindre le *Sumport*. 150,000 fr. ont été affectés à ces travaux ; ils sont suffisamment avancés pour que le gouverneur d'Aragon et le préfet des Basses-Pyrénées aient eu le projet de se réunir à la frontière, dans l'été de 1860, afin d'inaugurer ce nouveau point de jonction international. La rigueur tout exceptionnelle de la saison a fait remettre à l'année prochaine une cérémonie qui précèdera de peu l'inauguration définitive de cette voie. Alors *Oloron* sera à quinze heures de *Jaca*, et *Pau* à vingt-cinq heures de *Saragosse*.

Cette route offre un intérêt particulier; elle remplace une ancienne voie romaine, la seule que les conquérants de l'Espagne et des Gaules eussent tracée à travers les Pyrénées centrales. Ponts, empierrements, bornes milliaires, tout y a été retrouvé, tout jusqu'au nom du décemvir Vernus, qui l'avait restaurée deux fois (1).

Les Aragonais et les Béarnais n'ont pas été moins attentifs à l'entretenir pendant le moyen âge ; les montagnards de la vallée, à peu près libres, de *Campfranc*, ont encore l'obligation et le privilége de réparer la partie de la route qui s'étend de leur territoire aux Forges et d'en enlever la neige, afin de maintenir le passage libre ; ils perçoivent, en revanche, un franc de rétribution par monture; la circulation des hommes est gratuite. L'ouverture de la voie carrossable supprimera d'antiques usages que les historiens trouvent pleins d'intérêt, mais que le commerce estime tout aussi gênants qu'onéreux.

L'importance séculaire de cette route la désignait naturellement à la préférence du gouvernement de l'Empereur, dans ses projets de construction d'un réseau *transpyrénéen*. L'échange des laines et du drap, du vin et des bestiaux, des mules et des céréales, autrefois très-considérables sur ce point, avait développé une grande prospérité dans les villes d'*Oloron* et de

(1) Une inscription gravée sur le rocher d'Escot a perpétué ce souvenir.

Jaca. L'ouverture des routes nouvelles, aux deux extrémités des Pyrénées, portait une grave atteinte à cette situation, en donnant au commerce une direction inusitée. L'établissement d'une bonne voie carrossable dans les vallées d'*Aspe* et de *Campfranc* rendra aux transactions leur direction ancienne, et aux populations les avantages dont elle jouissaient depuis vingt siècles.

Les Basses-Pyrénées ne tarderont pas, d'ailleurs, à posséder une autre route internationale : celle de *Saint-Jean-Pied-de-Port* à *Pampelune*. 4 kilomètres sont déjà faits entre *Saint-Jean* et *Arneguy*, quatre autres la conduiront à *Roncevaux*..... La Navarre travaille à la section qui relie ce village célèbre à *Pampelune*. 50,000 fr. ont été votés à cet effet par la junte de Navarre. La distance, en Espagne, est de 40 kilomètres.

Voilà deux routes importantes près d'être ouvertes : l'une de *Foix* à *Puycerda*, l'autre d'*Oloron* à *Jaca* ; ces artères vont procurer incontestablement aux départements de l'Ariége et des Basses-Pyrénées de grandes facilités de relations, et doubler les conditions de leur prospérité. Le commerce de la riche vallée de l'Ebre, qui devait tourner la chaîne entière, par Bayonne ou Perpignan, pour pénétrer en France, transportera désormais une partie de ses produits par *Ax* et par *Urdos*..... Les départements des Pyrénées centrales, la Haute-Garonne, les Hautes-Pyrénées, le Gers, auront-ils part à ces avantages ? Nous le mettons en doute ? Et voici l'occasion d'examiner la déplorable situation commerciale qui leur serait faite, si d'autres voies, ouvertes par le centre de la chaîne, ne venaient leur procurer de larges compensations.

Le bassin sous-pyrénéen est une des contrées les plus malheureusement situées de l'Europe. La population ne doit qu'à l'excès du travail et à la persistance de l'économie d'éviter la décadence qui la menace. Si nous comparons le bien-être général des habitants de l'Ariége, des Landes, de la Haute-Garonne, des Hautes et Basses-Pyrénées, avec ce qu'il était il y a cinquante ans, on ne peut, il est vrai, se dispenser de reconnaître une amélioration sensible ; mais quand on établit la comparaison avec les progrès industriels et commerciaux réalisés dans les pays voisins, on constate avec regret une infériorité marquée... Cette infériorité commerciale réagit sur l'agriculture, toutes les branches de l'activité humaine se tiennent, se lient ; l'une d'elles ne peut souffrir sans faire éprouver aux autres le contre-coup de son dépérissement.

Le corps humain pourrait-il vivre, se développer avec un seul organe ? Non ; c'est à l'action normale, à l'harmonieux agencement de tous qu'il doit sa force et sa puissance.

Le corps social est soumis aux mêmes lois... Dans quelles contrées du globe l'agriculture est-elle particulièrement florissante? Dans celles où le commerce et l'industrie ont acquis le plus haut degré de prospérité, où les trois branches de la richesse publique se mêlent et se prêtent un mutuel appui. Tout le monde a nommé les bords du Rhin, la Belgique, la Flandre, l'Angleterre.

Si l'on constate certains progrès agricoles dans les départements pyrénéens, personne n'oserait dire qu'il ne leur en reste pas d'immenses à réaliser. Veut-on connaître la raison d'une infériorité que chacun reconnaît et regrette? Elle est tout entière dans l'absence de commerce, d'industrie, et cette absence a pour cause première leur situation topographique, soit par rapport à la France, soit par rapport à l'Espagne.

La question est fort grave et mérite d'être étudiée avec attention... Acculés à une chaîne de montagnes infranchissable, leurs produits en vin, en céréales, en bestiaux, n'arrivent, en effet, sur les grands marchés de Paris, de Marseille, d'Angleterre, d'Allemagne, que tout à fait en dernière ligne, lorsque le Bordelais et l'ouest de la France ont épuisé leurs vins; le Haut-Languedoc et la Loire, leurs céréales; le Limousin et l'Auvergne, leur bétail. Les productions des Pyrénées sont en quelque sorte un pis aller que l'on daigne acheter quand on n'en trouve pas d'autres. Encore faut-il qu'elles subissent des frais de transport et d'intermédiaire ruineux. Rien ne saurait changer ces conséquences topographiques par rapport au Nord; la Haute-Garonne, les Hautes-Pyrénées et le Gers seront toujours sur un arrière-plan commercial. Reste l'Espagne, à l'égard de laquelle ces départements devraient être sur le premier, et voilà que la barrière des Pyrénées les jette dans une situation encore plus défavorable.

Qui dit commerce dit *transaction*. Quel transit pourrait exister dans un pays ouvert au nord, mais complétement fermé au sud? On y arrive assez facilement d'un côté, mais ne pouvant sortir de l'autre, les négociants se gardent bien d'y aller, et le pays demeure dans un isolement funeste. Cet état de choses, loin d'éprouver quelque amélioration jusqu'à ce jour, n'a cessé d'empirer. Il y a cent ans, il y a des siècles, lorsque les routes carrossables n'existaient pas, lorsque tous les transports se faisaient à dos de bête de somme, on parvenait à introduire en Espagne et à rapporter en

France, à travers les montagnes, un contingent de produits qui entretenaient une certaine activité relative dans ces contrées... Saint-Béat, dans la Haute-Garonne, Arreau, dans la vallée d'Aure, furent des centres d'affaires où se formèrent des fortunes considérables ; leur influence s'étendait jusqu'à Toulouse, Bayonne et Bordeaux.

Depuis que de larges routes ont été ouvertes le long de l'Océan et de la Méditerranée, les sentiers de la haute chaîne ont été complétement délaissés, le commerce s'est transporté tout entier à Perpignan et à Bayonne. La création des routes d'*Ax* et d'*Urdos* en feront revenir une partie vers l'Ariége et les Basses-Pyrénées, mais les départements intermédiaires resteront dans leur isolement primitif. Les chemins de fer, déjà terminés du côté de la France, en cours d'exécution dans le nord de l'Espagne, sont-ils appelés à modifier cet état de choses ? Nous devons craindre un résultat tout contraire.

Perpignan et *Bayonne* sont déjà réunis par la ligne ferrée qui traverse *Narbonne*, *Carcassonne*, *Toulouse*, *Agen* et *Bordeaux*. Tous les produits arrivant du reste de la France, et se dirigeant vers l'Espagne, tombent nécessairement dans cette grande artère transversale, et sont transportés vers les deux extrémités de la chaîne... En Espagne, le problème se résout dans un sens identique : le chemin de fer d'*Irun* à *Rosas* par *Barcelone* est en cours d'exécution ; exploité déjà de *Barcelone* à *Llérida*, et de *Tudéla* à *Pampelune*, il joindra dans deux ans la *Bidassoa* à la baie de *Port-Vendres*. Cette grande ligne saisira par conséquent tous les produits qui arriveront du sud de l'Espagne, et les conduira vers Perpignan et vers Bayonne.

Le réseau français doit recevoir un complément considérable d'ici à six ans ; une ligne réunira *Agen* à *Tarbes*, en traversant le département du Gers ; une autre ira de *Toulouse* à *Bayonne*, en reliant *Saint-Gaudens*, *Tarbes* et *Pau*. Dans quelques mois, l'embranchement de *Mont-de-Marsan* à *Tarbes* remontera jusqu'à *Bagnères-de-Bigorre*. Celui de Toulouse à Foix est en cours d'exécution.

Mais toutes ces voies n'ayant d'autre issue vers l'Espagne que Bayonne et Perpignan ne sauraient satisfaire les intérêts qui nous préoccupent. En effet, si les départements du centre des Pyrénées essaient d'écouler leurs produits par ces lignes, ils feront un détour immense, et subiront par conséquent des frais considérables... Par l'anomalie de cette situation, il arrivera que les points des deux États les plus rapprochés, ceux qui sont adossés les uns aux autres, se trouveront, commercialement parlant, rejetés à de très-grandes distances. *Saint-Girons*, *Saint-Gaudens*, *Bagnères-de-Luchon*, *Lombez*, *Mirande*, *Tarbes*, placés à 40 ou 80 kilomètres de la Catalogne et de l'Aragon, ne pourront introduire leurs denrées dans ces provinces qu'après leur avoir fait parcourir 6 à 700 kilomètres. *Bagnères* et *Arreau* seront plus éloignés de *Venasque* et de *Bielsa*, que Bordeaux ne le sera de Madrid.

Ne nous arrêtons pas plus longtemps à de semblables suppositions. Des considérations sérieuses doivent dissiper nos inquiétudes.

Les populations pyrénéennes garderont longtemps le souvenir du voyage de Napoléon III à *Saint-Sauveur*. Son génie, qui saisit d'un regard les plus difficiles problêmes, et qui, d'un mot, résout les plus grandes difficultés, a compris que des voies ferrées diagonales ne pouvaient remplacer les voies de terre directes. La prochaine ouverture du chemin de fer de Turin à Chambéry ne l'a pas empêché de décréter l'amélioration des routes des Alpes ; appliquant le même principe aux Pyrénées, il a décidé la confection d'un double réseau, l'un intérieur et parallèle à la chaîne, l'autre international et transpyrénéen.

Le premier, désigné sous le nom de *routes thermales*, sera terminé dans dix-huit mois ; le second, plus difficile, plus dispendieux, est tracé sur presque tous les points, mais la mine et la pioche n'agissent que sur quelques-uns.

La ligne thermale, formée de plusieurs routes départementales, dont les fonds ont été déjà votés par les conseils généraux des divers départements qu'elle traverse, reliera en allant de l'est à l'ouest, *Bagnères-de-Luchon* à *Bagnères-de-Bigorre*, par *Arreau* et le col d'*Aspin* ; *Bagnères-de-Bigorre* à *Barrèges*, par le *Tour-Malet* ; *Argelès* aux *Eaux-Bonnes*, *Arrudi* à la *Pena-d'Escof* par *Saint-Christau* (entrée de la vallée d'Aspe) ; *Escot* à *Aramis*, dans la vallée de Baretons.

Voici quel est l'état des travaux. De *Luchon* à *Bagnères-de-Bigorre*, la route est ouverte aux diligences depuis dix ans ; elle ne doit recevoir que des rectifications et quelque élargissement. De *Bagnères-de-Bigorre* à *Barrèges*, les travaux sont entrepris, et seront probablement terminés en 1862 ; d'*Argelès* aux *Eaux-Bonnes*, la route est tracée dans une vallée très-facile, elle a 32 kilomètres de longueur, avec des pentes de 2 à 5/100e. Les terrassements ont été poussés avec tant d'activité, que les voitures pourront la parcourir en juillet 1861. Les deux dernières sections, d'*Arrudi* à *Escot* et d'*Escot* à *Aramis*, assez faciles à exécuter, ne sont qu'à l'état de projet.

Outre l'avantage de mettre tous les établissements thermaux en communication directe, cette ligne offrira celui d'exploiter les riches forêts, les mines, les carrières de marbre et les ardoisières qui se trouvent sur son parcours... Mieux encore! elle aura un caractère stratégique, auquel le Génie militaire attache une sérieuse importance. Parallèle à la chaîne, et placée à 10 ou 15 kilomètres des crêtes, elle est, pour ainsi dire, enchassée dans des vallées latérales, très-accidentées, et serait, dans le cas d'une invasion de notre territoire, aisément protégée, fortifiée... Si la route impériale de *Perpignan* à *Bayonne*, par *Carcassonne*, *Toulouse* et *Auch*, venait à tomber au pouvoir de l'ennemi, notre armée conserverait encore une artère de communication qui relierait *Bayoune* et *Perpignan*, en desservant les forts les plus avancés, tels que *Villefranche*, *Mont-Louis*, *Urdos* et *Saint-Jean-Pied-de-Port* ; cette artère serait d'autant plus facile à défendre qu'elle est protégée par des torrents, des rochers et des forêts.

Nous avons marqué le tracé de cette voie de *Bagnères-de-Luchon* à *Aramis*. Les deux extrémités, vers Perpignan et vers Bayonne, sont depuis longtemps terminées. Deux routes conduisent, à travers d'assez hautes montagnes, de *Perpignan* à *Tarascon* (Ariége) : l'une traverse le *Fenouillède*, descend dans la profonde gorge de *Quillan*, et va joindre la route d'*Ax* aux *Cabanes*, en passant par *Belcaire*. L'autre remonte à *Mont-Louis*, et tombe dans la nouvelle route d'*Ax* à

Puycerda. De *Tarascon*, elle traverse *Saurat*, *Massat*, *Saint-Girons* et *Castillon*. Une lacune de quelques kilomètres sépare encore ce dernier point de *Saint-Béat*, mais elle sera bientôt comblée. A *Saint-Béat*, elle empruntera la route impériale jusqu'à Bagnères-de-Luchon.

A l'autre bout de la chaîne, des routes, faites depuis plusieurs années, traversent *Tardets*, *Mauléon*, franchissent la haute montagne de *Musculdi*, et atteignent *Saint-Jean-Pied-de-Port* et *Bayonne*.

Cette ligne de 440 kilomètres à vol d'oiseau sera une des plus belles, des plus curieuses de l'Europe ; elle offrira aux touristes l'occasion de suivre toute la chaîne, parallèlement aux glaciers et aux pics qui forment la frontière des deux États. Les points de vue les plus variés, les surprises les plus inattendues, offriront une suite d'enchantements uniques au monde.

Quelque importantes, quelque belles que soient ces voies thermales parallèles, on ne saurait les comparer aux routes internationales et transpyrénéennes. Disons-le tout d'abord : si les lignes projetées sont mises à exécution, comme il n'est guère permis d'en douter, la France et l'Espagne n'auront rien à envier aux belles voies de communication qui franchissent les Alpes. On ne se bornera pas, en effet, à exécuter toutes celles qui furent décrétées par Napoléon Ier, en décembre 1811 (1) ; on en trace de nouvelles, et les ouvriers sont à l'œuvre.

---

(1) Il n'est pas inutile de rappeler ici les termes de ce fameux décret de 1811, qui, malheureusement, ne reçut jamais un commencement d'exécution.

On trouve parmi les routes de 2e classe :

Dans le système qui nous occupe, le raccord des réseaux des chemins de fer français et des chemins de er espagnols par le centre des Pyrénées est ajourné... On se contentera des deux points de jontion de Perpignan et de Bayonne, jusqu'à ce que le transit ait acquis une importance, et donné des bénéfices qui justifient ou rendent avantageux le percement d'une voie à travers la grande chaîne (1). Quelque éloignée que soit

N° 23. — De Paris à Toulouse et en Espagne par Foix, Tarascon, Cabanes, Ax, l'Hospitalet, Col-de-Puymaurin, Puycerda (c'est celle qu'on termine en ce moment).

N° 24. — De Paris à Barrèges et en Espagne par Rabastens, Tarbes, Lourdes Argelès, Pierrefite, Luz et Barrèges.

Parmi les routes de 3e classe :

N° 134. — De Perpignan à Port-Vendres, par Elne, Argelès, Collioure.

N° 135. — De Perpignan en Espagne par le Boulou, Ceret, Arles, Prats-de-Mollo.

N° 136. — De Perpignan à Mont-Louis, à Livia et en Espagne par Puycerda, Ille, Vinça, Prades, Villefranche, Olette.

N° 138. — D'Alby en Espagne, par Carcassonne, Prixe, Limoux, Alet, Couiza, Quillan, Rodome, Quérigut, Formiguère et Mont-Louis.

N° 139. — D'Auch en Espagne, par Seissan, Castelnau-de-Magnoac, Mauléon, Lanemezan, Labarthe, Sarrancolin, Arreau, Ancizan.

N° 153. — De Bordeaux en Espagne, par Saut-de-Navailles, Orthez, Sauveterre, Saint-Palais, Ostabat, Saint-Jean-Pied-de-Port, Roncevaux.

N° 154. — De Bordeaux à Paris et en Espagne par Oloron, Pau, Gan, Herrère-le-Bas, Oloron, la vallée d'Aspe, Sarrance, Bedous, Urdos (elle va être terminée).

(1) Le chemin de fer de Perpignan à Barcelone arrivera en 1863 à Collioure et à Port-Vendres. Il franchira les Albères vers Peralade, atteindra Figuières, Girone et Tordera, point où arrive aujourd'hui le rail-wail de Barcelone : celui de Bayonne à la frontière passera à Saint-Jean-de-Luz, il franchira la Bidassoa entre Andaye et Irum.

une telle éventualité, quatre lignes ont été étudiées :
celle du *Col-du-Salau* ou *Mont-Géou*, entre la vallée
du Salat et celle de la Noguera-Paillassera. Elle conduirait par Saint-Girons et par Urgel à Llérida, où passe
le chemin de Barcelone à Pampelune. Le tunnel central aurait 6,100 mètres de longueur, et s'ouvrirait à
1,165 mètres au-dessus du niveau de la mer, c'est-à-dire à une hauteur où la neige séjourne à peine. Les
pentes seraient très-douces, principalement sur le
versant espagnol. Cette ligne, étudiée d'abord par
M. Ferrère, paraît offrir, d'après le contrôle des ingénieurs français, de très-bonnes conditions d'exécution
et de produit; aussi a-t-on demandé, soit dans l'arrondissement de *Saint-Girons*, soit dans la province
de *Catalogne*, par des pétitions très-sérieuses, l'établissement de cette voie ferrée, qui relierait *Toulouse*,
centre des chemins de fer du Midi, et *Llérida*, qui
offre une situation analogue.

Une seconde voie, mieux accueillie par le commerce
de Toulouse, partirait de cette ville, passerait à Saint-Gaudens (section déjà en cours d'exécution), remonterait à Bagnères-de-Luchon, atteindrait le pied de la
Maladetta, près du *Port-de-la-Glère*, s'engagerait dans
un tunnel de 2,400 mètres, placé à une hauteur de
1,400, déboucherait dans la vallée espagnole de Lessera et descendrait à Barbastro, par une pente de 7/1000ᵉ
à peine. Là, elle joindrait l'embranchement du chemin
de fer qui doit remonter de la vallée de l'Èbre jusqu'à
cette ville; elle conduirait directement de *Toulouse* à
Saragosse et à *Madrid*.

Dans les Hautes-Pyrénées, on a étudié deux lignes :
celle de la vallée d'Aure paraît offrir les difficultés les
moins sérieuses. A la hauteur de 1,700 mètres, un

tunnel de 2,600 percerait la chaîne, et conduirait également à Barbastro.

Le chemin de Gavarni serait dans des conditions un peu moins avantageuses. Quoiqu'il en soit, dans les quatre tracés, un tunnel est également indispensable ; et quant aux difficultés de l'exécution, aux dépenses qu'elle doit entraîner, les études sont dans un état trop préliminaire pour qu'on puisse donner des chiffres et des résultats positifs.

Dans tous les cas, une seule voie ferrée doit franchir les Pyrénées ; et comme la vallée de Luchon et la vallée d'Aure sont les plus centrales, il est hors de doute que le gouvernement fixera son choix sur l'une des deux ; on peut même ajouter que celle de la vallée d'Aure aurait, au point de vue général, l'avantage d'aboutir à l'angle culminant du réseau pyrénéen, le plateau de Lanemezan, et de descendre de là vers les trois vallées principales de la Garonne, du Gers et de l'Adour.

Les ingénieurs, à l'avis desquels nous ne saurions trop nous rattacher à cet endroit, désireraient que le gouvernement français fît terminer, de concert avec le gouvernement espagnol, les études définitives du tracé du chemin de fer ; que la ligne fût officiellement adoptée, et qu'on poussât les rails aussi avant que possible dans les deux vallées correspondantes. Arrivé au point où devraient commencer les travaux difficiles, dispendieux, et le percement du tunnel, on s'arrêterait, et on réunirait les deux têtes de voies par une belle route à ciel ouvert, avec des rampes bien ménagées, comme celles du mont Cenis.

Voilà pour l'artère centrale, pour l'artère réservée à

un avenir éloigné. Quant aux vallées condamnées à n'avoir jamais de chemin de fer, on les dédommagerait par l'établissement de routes carrossables ordinaires. Voici pour ces dernières quel est l'état des études et des travaux :

Il n'est pas question de tracer en ce moment une route carrossable entre *Saint-Girons* et *Talarn*, par le *Col-de-Salau* et *la Noguera-Paillassera*. Cette ligne serait assez éloignée, cependant, de celle de *Puycerda*; elle desservirait, sur les deux versants, des contrées assez riches pour justifier pleinement son exécution; aussi appelons-nous sur elle l'attention du gouvernement.

Dans la vallée de Luchon, la route est déjà achevée jusqu'à l'hospice. 4 kilomètres de plus la conduiront à la hauteur de 1,400 mètres, point où l'on doit percer un tunnel de 2,400. Si ce travail n'est pas immédiatement exécuté, on devra faire une dernière section de route de 2 kilomètres, pour atteindre le sommet du port. N'oublions pas d'ajouter que la province d'Aragon s'occupe activement de relier *Barbastro* à cette frontière par une belle voie. Elle est divisée en quatre sections : les deux premières sont adjugées et en cours d'exécution, la troisième a dû être mise en adjudication à la fin de 1860, la dernière le sera en 1861. La distance, entre *Montrejeau* et *Barbastro*, têtes de lignes des chemins de fer français et des rails-ways espagnols, est de 160 kilomètres.

Dans les Hautes-Pyrénées, on s'occupe de la voie projetée par M. d'Étigny, jusqu'au fond de la vallée d'Aure, et destinée, par cet homme célèbre, à pénétrer en Espagne (1). Les tracés sont faits jusqu'à l'extré-

---

(1) Elle a toujours porté le nom de ligne d'Auch en Espagne.

mité du territoire français, et dans de si bonnes conditions que les rampes n'auront que cinq pour cent jusqu'à la hauteur de 1,700 mètres, et huit pour cent de ce point au sommet du port. C'est à peu près la pente du mont Cenis.

La partie construite par cet intendant, jusqu'à *Saint-Lary*, au fond de la vallée, laissait beaucoup à désirer sur plusieurs points, à cause des rampes et du peu de largeur de la voie. De grands travaux de redressements ont été adjugés et faits entre *Escaleres* et *Arreau*. On doit en exécuter d'autres entre *Arreau* et *Guchen*... De *Saint-Lary* au sommet du port, le tracé est arrêté : la route carrossable sera poussée jusqu'au point où devra être ouvert le tunnel, à 22 kilomètres de Saint-Lary. De ce point au sommet du port, on voudrait se borner à améliorer le sentier des piétons et des mulets, en attendant l'ouverture du tunnel. Si, comme nous avons lieu de le craindre, la confection de cet ouvrage doit être retardée, nous engageons de toutes nos forces le gouvernement de l'Empereur à faire continuer la route jusqu'à la crête de la chaîne. Cette ligne fut longtemps la plus commerçante des Pyrénées : placée au centre même de la frontière, elle répond, plus que tout autre, aux besoins du bassin sous-pyrénéen français et à ceux de la vallée de l'Ebre. L'Espagne l'a si bien compris qu'un décret royal vient d'ordonner l'exécution d'une route correspondante sur le versant espagnol ; la province d'Aragon est toute disposée à entreprendre les travaux ; mais il faudrait qu'elle y fût encouragée par notre initiative... Marchons les premiers, elle nous suivra.

La voie de *Tarbes*, en Aragon, par *Gavarni*, est en cours d'exécution. Déjà terminée jusqu'au village de

Gèdre, elle est activement poussée vers le *Cirque*. On termine à Saint-Sauveur un pont en pierre, qui franchit le gave à une hauteur prodigieuse (1). Plus loin, de nombreux ouvriers, suspendus contre les parois des rochers taillés à pic, attaquent la montagne avec la pioche et la mine. Ici, la route a de 7 à 8 pour cent de pente, jusqu'à la hauteur du tunnel projeté, et de 10 à 11, entre ce point et le sommet du port. Elle sera terminée en 1865.

On étudie enfin un dernier passage, celui de *Cauterets* aux bains de *Panticose* dans la vallée de *Tenne*, ligne qui conduira à Jaca et à Saragosse (2).

La route projetée aura 17 kilomètres en France : elle partira de l'établissement de la *Raillière*, desservira les bains du *Grand-Pré*, s'enfoncera dans la gorge sauvage du *Géret*, passera au-dessus des cascades du *Ceriset* et du *Pont-d'Espagne* ; puis, laissant à gau-

---

(1) Ce pont est une œuvre d'art très-remarquable. Sa longueur est de 67 mètres; l'arche en a 47 d'ouverture. Le bandeau de la voûte et le couronnement sont en pierre de taille, les tympans en pierre de couleurs variées formant mosaïque. Les balustrades en fer fondu sont dignes par leur élégance de ce monument audacieux et grandiose.

(2) Panticose est bâti sur le versant de la montagne de *Peternelle* et du port de *La-Peyre-de-Saint-Martin*. Sa situation est plus élevée que celle de Cauterets, mais l'exposition du sud lui procure un climat plus tempéré. On peut le comparer à celui de Lourdes et d'Argelez.

Ville d'eaux thermales, comme Cauterets, Panticose est très-fréquenté par les Aragonais de la classe moyenne. On peut juger combien les deux villes sont intéressées à la confection d'un chemin qui leur permettra de faire plus facilement échange de baigneurs et d'eaux minérales. Cet échange s'opère aujourd'hui, sur une très-petite échelle, à pied et à dos de mulet.

che le lac de *Gaube*, elle traversera les pâturages du *Marcadeou*, couverts de troupeaux pendant cinq mois de l'année, et s'élèvera jusqu'au port de *La Peyre*.

Le projet des Ponts et Chaussées se borne momentanément à faire une bonne route muletière. Cette ligne, il faut bien le reconnaître, est infiniment moins importante que les précédentes : nous espérons, toutefois, que les ingénieurs songeront aux éventualités de 'avenir, et qu'ils ménageront des courbes et des pentes assez douces, pour qu'on n'ait qu'à élargir la voie, lorsqu'on voudra la rendre accessible au roulage.

Les considérations qui portent à relier *Cauterets* à *Panticose* militent également en faveur d'un projet qui joindrait les *Eaux-Bonnes* à la même ville espagnole par *Gabas*. Cette ligne offrirait plus de facilités d'exécution que la première ; d'après des études très-préliminaires, elle pourrait être établie à 5/100° de pente, avec une dépense de 70,000 fr. Mais il n'existe pas de devis régulier à cet égard.

Au milieu de tous ces tracés, les uns provisoires, quelques autres définitifs, nous laisserons chaque département, chaque vallée, prôner les avantages de celui-ci et combattre ceux-là ; loin de soutenir exclusivement tels ou tels, nous nous empresserons de les recommander tous à la sollicitude équitable du gouvernement. Ce n'est pas trop d'une route par grande vallée, et nous déclarons que la Garonne, le Salat, la Neste et les Gaves ont des droits égaux à posséder des voies directes de communication avec l'Espagne. C'est un mauvais calcul, soyons-en sûrs, que de suivre les penchants de cet égoïsme étroit qui nous porte à ne favoriser qu'un intérêt en dépréciant les autres. N'oublions pas que nous sommes tous solidaires. La richesse d'une contrée réagit toujours sur les voisines, quand les entraves sont levées à l'intérieur et les industries également protégées.

Supposons les divers ports du *Salat*, de *la Glère*, d'*Aure* et de *Gavarni* ouverts à notre commerce (et nous avons la conviction qu'ils ne tarderont pas à l'être, car l'Empereur a pris l'initiative de cette tardive réparation), quelles seront les conséquences agricoles, industrielles et commerciales qu'en éprouveront les départements méridionaux ?

On a souvent accusé l'Espagne d'être pauvre et de n'avoir que peu de chose à vendre et à demander à ses voisins. Cette accusation, fort exagérée autrefois, devient injuste aujourd'hui. L'Espagne possède, avec l'Italie, la plus grande, la plus inépuisable de toutes les richesses : un sol d'une merveilleuse fertilité. Si de funestes circonstances politiques ont arrêté sa production pendant soixante ans, il suffit du retour de la tranquillité, du réveil de la confiance pour qu'elle retrouve la prospérité qui étonna jadis le monde. Or, elle est près de ressaisir ces éléments de grandeur et de richesse. L'ardeur qu'elle met à se donner des chemins de fer, des routes carrossables, témoigne de son impatient désir de retrouver le rang qu'elle a perdu.

La France pousse les chemins de fer de *Bayonne* et de *Perpignan* vers la frontière, et se prépare ainsi à donner sa part d'impulsion, et à recevoir son contingent d'avantages dans le réveil d'un grand peuple. Tâchons de faire entrer le bassin sous-pyrénéen dans ce nouveau cercle d'activité.

On nous dira peut-être que les produits de l'Espagne

du nord sont en général ceux de la France du midi, et nous entendons des gens se demander si l'introduction de ses blés, de ses vins dans les départements méridionaux ne sera pas plus nuisible qu'avantageuse à leur agriculture !

Il est vrai que le blé ne coûte que 12 francs l'hectolitre à Llérida, que le vin était sans valeur dans l'Aragon, la Navarre et la Catalogne avant l'apparition de l'oïdium, et qu'il ne vaut pas plus de 15 fr. l'hectolitre dans ces provinces, malgré la persistance de cette maladie.

Mais remarquons d'abord, à l'égard du blé, que l'ouverture des chemins de fer et les demandes du commerce en ont déjà fait hausser le prix, et qu'il ne tardera pas à se mettre au niveau des nôtres. En second lieu, les droits protecteurs ne sont pas, Dieu merci ! complétement abandonnés. Ils continueront à protéger notre agriculture du côté de l'Espagne comme du côté de Marseille. En fin de compte, les céréales espagnoles étant toujours destinées à pénétrer en France par les deux grandes voies de *Perpignan* et de *Bayonne*, et à venir faire concurrence aux nôtres, il s'agit de savoir si les départements sous-pyrénéens n'auront pas plus d'avantages à recevoir une partie du transit à travers leur territoire ?

Il suffit, croyons-nous, de poser la question pour la résoudre.

Il n'est pas jusqu'à l'introduction des vins qui ne puisse être une source de bénéfices pour la Haute-Garonne, les Landes et le Gers.

Et d'abord rien de moins similaire que les vins d'Espagne et les vins du sud-ouest de la France. Les premiers sont noirs, épais, lourds et complétement impropres à être consommés en nature. Pour les rendre vendables dans les grands marchés du Nord, il faut qu'ils subissent des coupages, et ce sont précisément les vins blancs et clairets du sud-ouest qui sont les plus propres à leur donner les qualités qui leur manquent. Les négociants du Béarn, de Bordeaux, savent quelles sont les préparations auxquelles ils doivent les soumettre avant de les livrer aux consommateurs.

Or, si ces vins ne pénètrent en France que par Bayonne et Perpignan, le monopole de la manipulation en appartiendra aux commerçants du Languedoc et de Bordeaux ; si les Pyrénées deviennent accessibles par le centre, au contraire, les départements que nous venons de nommer pourront en recevoir directement une partie et se livrer, à leur égard, à des coupages doublement avantageux.

Loin de redouter l'introduction des vins d'Espagne sur quelques points, on doit donc l'attendre avec impatience comme une source de bénéfices agricoles et commerciaux.

L'Espagne du nord produit aussi en abondance de l'huile d'olive. Sa culture remonte de l'Èbre vers les Pyrénées jusqu'à la zone de 650 mètres au-dessus du niveau de la mer. Cette denrée s'y vend à vil prix : 50 centimes le litre. Il ne faut pas oublier que les meilleures huiles, celles de Provence, d'Italie, n'entrent dans le commerce qu'après avoir subi certains mélanges d'huiles de plantes oléagineuses. Or, ces plantes réussissent parfaitement dans les Hautes et Basses-Pyrénées, dans la Haute-Garonne, l'Aude, les Landes et le Gers. Si leur culture s'y propage lentement, c'est faute de débouchés... Les agriculteurs trouveraient un placement très-avantageux dans le mélange des huiles d'œillette et de colza avec les huiles d'olive qui leur arriveraient à l'état brut de la Catalogne et de l'Aragon. Nous avons parlé de la nécessité de favoriser les progrès de l'agriculture par le commerce et par l'industrie : voilà deux branches importantes d'activité qui seraient ouvertes aux départements sous-pyrénéens, si l'Espagne devenait accessible par le centre de la chaîne.

N'oublions pas la source la plus considérable de leurs bénéfices. Ils pourraient expédier en Espagne de la volaille, des œufs, du bétail de trait et de boucherie, des mules enfin, seule branche de commerce qui soit maintenant en activité.

L'importance de l'élève du bétail mérite qu'on s'y arrête.

Le blé est cultivé avec assez d'avantage dans les parties inférieures des bassins de la Garonne, ds l'Aude et du Gers, au nord d'une ligne qui suit *Vic-Fezensac, Auch, Lombez, Carbonne, Sainte-Gabelle* et *Limoux*; mais au midi de cette zone, les céréales ne sont qu'une production exceptionnelle et forcée ; l'élévation des frais de culture, la faiblesse du produit rendent le bénéfice net illusoire. La vigne et les prairies naturelles, au contraire, y donnent un rendement beaucoup plus élevé... A mesure qu'on se rapproche des montagnes, la supériorité de la prairie est tellement évidente que la culture du blé est à peu près abandonnée ; les pâturages et quelques champs de maïs couvrent la surface du sol tout entière : pour dernière preuve, enfin, sur tous les points de cette contrée, la terre à vigne, à nature de terrain égale, se vend un tiers de plus que la terre à blé, et la prairie plus du double.

Or, comme le principe élémentaire est de s'attacher

à la denrée la mieux appropriée au sol et au climat, le progrès de l'économie rurale conduira nécessairement la population du bassin sous-pyrénéen à restreindre considérablement la culture des céréales, et à développer d'autant celle de la vigne et des prairies naturelles.

On se demandera peut-être pour quel motif des idées aussi simples, basées sur l'étude séculaire du climat et de la nature du sol, n'ont pas fait supprimer les céréales depuis longues années? La raison en est tout entière dans l'absence de voies de transports et par conséquent de commerce. Les propriétaires n'eurent jusqu'à nos jours d'autre préoccupation que celle d'arracher à leurs champs tous les produits nécessaires à leur consommation, et d'éviter par ce moyen la privation ou le renchérissement excessif des denrées.

Toute exploitation, dans les bassins dont nous nous occupons, n'eût-elle que trois hectares d'étendue, est une espèce de spécimen d'agriculture universelle ; on y cultive, en dépit d'un sol rebelle, le lin pour se vêtir, le blé, la vigne, le maïs, le jardinage, les légumes pour se nourrir, le colza pour s'éclairer; on y élève les porcs, la volaille, les bêtes à laine, le bétail, afin de répondre aux divers besoins du ménage. De là, un morcellement non-seulement de propriété, mais de culture, qui est une des causes les plus sérieuses de l'infériorité de l'agronomie sous-pyrénéenne.

La création récente des chemins de grande et de petite communication ne pouvait manquer d'améliorer cet état de choses regrettable; la facilité croissante de vendre et d'acheter toutes sortes d'objets à prix modéré dans les villes et villages, constamment bien pourvus, commence à combattre cette ancienne routine. Le propriétaire ne sentant plus à sa porte la pénurie, la famine qui venait le visiter autrefois tous les dix ou quinze ans, renonce à son ombrageuse prévoyance d'autrefois, et soumet ses assolements aux lois naturelles et climatériques... On peut prévoir l'époque très-rapprochée, où la vigne et la prairie auront reconquis le sol que les céréales avait envahi. Les avantages de ce principe sont déjà reconnus; les agriculteurs travaillent à généraliser son application.

Le gouvernement favorise cette tendance rationnelle par des moyens d'une grande puissance, celui des irrigations... Voilà bien des années que les Ponts et Chaussées s'occupent d'une déviation des eaux de la Neste, qui doit verser quatre mètres cubes d'eau dans les vallées de la grande et de la petite Baïse, de la Save et du Gers. Le travail le plus important, le canal qui conduit les eaux sur le plateau de *Lanemezan*, est terminé; il ne reste qu'à faire les rigoles des vallées inférieures.

Une concession, qui a aussi son importance, a permis à M. de Cassagnac de prendre dans l'Adour, au-dessus de Plaisance, un volume d'eau considérable, et de creuser un canal de 8 kilomètres de longueur, qui doit irriguer la belle plaine comprise entre l'Adour et l'Aros. Le percement du lac Bleu, au pied du pic du Midi, travail difficile, qui fait le plus grand honneur à l'ingénieur de Bagnères-de-Bigorre, M. Michelier, permettra de fournir un contingent d'eau inattendu au canal de M. de Cassagnac; on ouvrira les écluses de ce vaste réservoir naturel, à l'époque des basses eaux, dans les mois d'août, de septembre et d'octobre.

Il existe enfin un projet d'irrigation plus étendue, dans la vallée de la Garonne; un canal prendrait les eaux dans ce fleuve au-dessus de *Saint-Martory*, et arroserait toute la partie occidentale de cette vaste plaine, depuis cette ville jusqu'à Toulouse. Mais on s'est borné jusqu'à ce jour à faire des études, les travaux n'ont pas été commencés.

Ce système d'irrigations et l'intérêt bien entendu des propriétaires concourront nécessairement à donner à la prairie, dans un avenir très-prochain, une place immense dans l'agriculture de cette zone méridionale... Les routes transpyrénéennes, qui doivent en être le complément, ouvriront à leurs produits un débouché très-avantageux vers la Péninsule.

Ce vaste royaume, en effet, verra croître ses besoins à l'endroit des bêtes de trait et de boucherie, en proportion des progrès de son industrie et du bien-être général de ses habitants. Sur ce point, le midi de la France n'aura aucune concurrence à craindre; car l'Espagne, pays à vin et à céréales, trouve à peine, sous un climat sec, brûlant, le fourrage nécessaire à la nourriture de ses animaux de trait. Elle ne songera jamais à produire la viande de boucherie qui lui sera nécessaire. Les départements pyrénéens, naturellement chargés de la lui fournir, le feront dans des conditions d'autant plus favorables, que ce produit se transporte lui-même à certaine distance et qu'il n'aura pas de frais de roulage à subir, tandis que le bétail des pays éloignés ne pourra pénétrer dans la Péninsule, soit par les voies ferrées, soit par mer, qu'avec des dépenses considérables.

De la question agricole passons à la question industrielle.

Les bassins de l'Aude et de la Garonne ne comptent

pas au nombre des pays industriels... Toutefois, au milieu de cette zone méridionale presque exclusivement agricole, les hautes vallées, profitant de l'inappréciable avantage des chutes d'eau, se sont donné une industrie qui acquiert tous les jours des développements nouveaux. Ne nous bornons pas à des généralités, précisons les faits.

Toute la vallée de l'Aude, de *Carcassonne à Quillan*, possède des fabriques de draps communs nombreuses et importantes. Les mines de fer de *Vic-de-Sos* (Ariége), les fonderies et les fournaux à la catalane des arrondissements de *Saint-Girons* et de *Foix* donnent à ce département une source de richesses à laquelle viennent s'ajouter les papeteries de la vallée du Salat et les mines d'argent de *Castillon* (1).

Les fabriques de draps et de tissus de *Miramont* et de *Valentine*, la fabrique de porcelaine de ce dernier village, l'exploitation des marbres blancs de *Saint-Béat*, les tricots de *Montrejeau*, ont fait naître dans l'arrondissement de *Saint-Gaudens* une prospérité qui n'a pas dit son dernier mot.

Le fer travaillé à *Héches*, la laine filée et tissée à *Ancisan* et à *Guchen*, le bois scié sur tout le cours de la Neste, font de la belle vallée d'Aure une des plus riches contrées des Pyrénées.

On connaît les fonderies de *Tarbes*, les marbreries de *Bagnères-de-Bigorre*, les carrières de marbre de *Campan*, de *Sarrancolin*, les papeteries et les filatures échelonnées sur le cours supérieur de l'Adour... *Luz*, *Barrèges* travaillent la laine avec une habileté qui a

---

(1) Ces mines sont assez mal exploitées, car le minerai est envoyé brut à Marseille, pour y subir l'opération du triage.

fait donner le nom de cette dernière ville à de légers tissus pour châles et pour robes. *Nay*, *Pontac* (Basses-Pyrénées), fabriquent des couvertures et des manteaux communs bien corsés, dont l'usage tend de jour en jour à se généraliser dans le peuple. Le linge de Béarn n'a perdu ni sa réputation ni sa beauté. De magnifiques ardoisières sont exploitées à *Bedous* et à *Assaps* (vallée d'Aspe), à Lourdes, à *Labassère* près de Bagnères-de-Bigorre, à *Bordères* (vallée d'Aure), au col de *Puymaurin* (Ariége).

Les Pyrénées espagnoles, beaucoup moins industrielles que les Pyrénées françaises, sont toutefois très-supérieures, sous ce rapport, à la plupart des autres provinces de la Péninsule. La Catalogne jouit à cet égard d'une réputation européenne méritée. Les verreries, les tanneries, les papeteries, les fabriques de savon y sont nombreuses et considérables; mais c'est le tissage du coton, de la laine, de la soie surtout, qui font sa principale richesse. Son linge de table est très-recherché. On cite les diverses fabriques d'*Igualada* celles de *Sabadelle* qui s'élèvent à plus de cent, celles de *Vich* et de *Tarrassa*, qui ne sont pas moins nombreuses. Les Catalans préparent le liége sur une grande échelle, et l'on estime que 32,000 femmes sont occupées à la fabrication de la dentelle.

Si l'industrie est peu prospère en Aragon, elle retrouve, dans la Navarre et les provinces basques, une activité digne de la Catalogne. On connaît les belles papeteries de *Billalba*, près de Pampelune : des fabriques de draps, de couvertures et de papiers peints sont échelonnées sur tout le cours de l'Oria, entre *Tolosa* et *Oyarçun*. *Irun* fabrique des savons; *Renteria*, de la toile; *Saint-Sébastien*, des papiers peints; *Ver-*

gara, des tissus de coton ; *Le Passage*, de la clouterie ; *Ernani*, de la bougie.

Négligeons une foule de petites industries locales, chapellerie, esparterie, tabletterie et quincaillerie commune ; reportons notre attention sur quatre exploitations fondamentales :

Le tissage des laines ;
La préparation du fer ;
Celle du bois ;
Celle du marbre et de l'ardoise.

Voilà des branches de commerce véritablement pyrénéennes, car elles trouvent leur source, leur raison d'être, dans la possession à pied d'œuvre des matières premières.

Les nombreux troupeaux à longue laine qui couvrent le versant français alimentent le tissage des draps grossiers ; les troupeaux plus importants du versant espagnol fournissent à celui des étoffes de belle qualité. Le fer est inépuisable dans les mines de l'*Ariége*, de *Ribas* (Catalogne), de *Bielsa* (Haut-Aragon), et de la vallée d'*Andorre*. Il n'est pas moins abondant dans le Guypuscoa, à *Alzo*, et à *Cizurquil*, dans la montagne d'*Haya*. Des forges à la catalane le préparent sur plusieurs points du bassin de l'Èbre ; les plus importantes sont celles de *San-Cristoval-de-Campdevaxol* près de Ribas, celles de *Salsona*, de *Landorre* et de *Bielsa*.

Nous nous bornons à mentionner les lieux où le fer est exploité. Sa présence est constatée dans un bien plus grand nombre.

Les forêts ne sont pas moins abondantes que les mines. Le sapin, le chêne, le noyer, le cerisier, le châtaignier, le hêtre et l'érable abondent sur le versant français, principalement à *Aspin* (vallée d'Aure), à

Gabas (Basses-Pyrénées), à *Vic-de-Sos* et à *Belesta* (Ariége), et dans tout l'arrondissement de Saint-Gaudens, où le nouveau régime forestier, protégeant les bois contre le maraudage et les mauvais aménagements, a quintuplé, depuis trente ans, cette richesse naturelle.

L'Espagne n'est pas aussi avantageusement dotée sous ce rapport ; elle n'en possède pas moins de belles forêts dans le Guypuscoa, surtout à *Salinas* et à *Hermo*. Le hêtre et le chêne tapissent la vallée de l'*Iratie* (Navarre) et le mont Ceni (Catalogne) ; de magnifiques bois de liége s'étendent dans les hautes vallées de la Navarre et de l'Aragon. Outre ces produits spontanés du sol, la nature a donné aux Pyrénées, notamment du côté de la France, des moteurs d'une puissance incalculable. Mille cours d'eau volumineux et rapides lui assurent, sans frais, des chutes dont la force surpasse celle des machines à vapeur du monde entier. Que faut-il donc procurer à l'industrie pyrénéenne, pour qu'elle atteigne son développement le plus élevé? Le voici.

Aux fonderies de l'Ariége et de la vallée d'Aure, il faut du charbon, car le bois est cher, et les forêts finiraient par s'épuiser. Il y a bénéfice à réserver le bois pour la marine et les constructions civiles. Les chemins de fer apporteront bientôt à *Saint-Girons* et à *Foix* la houille de la Flandre et de l'Angleterre ; mais il faut observer que les frais de transport rendront toujours le prix de cette matière assez élevé... Il est un moyen facile d'obvier à cet inconvénient. Les provinces de *Vich* et de *Girone* forment de vastes gisements houillers. Ce précieux minerai paraît à *Manressa*, à *Tarraga*, à *Martorell*, à *Ripoll*, à *Saint-Hilano* et à *Sacalm*. Il est exploité à *San-Juan-de-las-Abadessas*. La société espagnole qui possède ces puits a le projet d'établir un chemin de fer entre ces mines et Barcelone. Quand la route de Puycerda à d'Ax pourra écouler une partie de ces produits vers l'Ariége, ils seront remis aux fonderies de ce département à des prix bien inférieurs à ceux qui viendraient des bassins houillers du nord.

Des gisements considérables ont été également constatés à *Graus* et à *Gistain*, en Aragon : mais ils sont à peine ouverts. Aussitôt que la route de *Barbastro* à *Luchon* et à la vallée d'Aure sera terminée, le minerai pourra pénétrer dans nos départements, à des conditions très-avantageuses.

A l'industrie des draps, il faut procurer de la laine d'Espagne ; elle sera transportée à peu de frais chez nous par les mêmes routes transpyrénéennes.

Ces nouvelles voies de communication permettront en outre d'exploiter les richesses des Pyrénées espagnoles ; car ce versant de la chaîne renferme des mines infiniment plus abondantes, plus variées que le nôtre. Indépendamment de celles que nous avons citées, on trouve dans la Catalogne une montagne de sel gemme à *Cardonna*, des sources salées à *Gerri* et à *Ribas*, de l'arsenic et du cuivre dans la même vallée (1) ; du marbre magnifique à *Tarragone* et à *Tortose* ; du plomb, de l'alun, du quartz, du marbre, de l'ardoise, du jaspé et du plomb argentifère à *Cortals-d'el-Camp* dans la vallée d'Andorre.

L'Aragon possède des mines de soufre à *Teruel*, des mines d'argent à *Bielça*, à *Venasque* et à *Calceda* ; du plomb à *Venasque* et à *Zoma*, de l'alun d'une excel-

---

(1) Ces deux produits sont exploités par des Anglais.

lente qualité à *Alcanitz*, du cobalt dans la vallée de *Gistain*, de l'émeri à *Milmarcos* et à *Tordera*, du jais très-beau à *Alcanitz*, à d'*Arroca*, à *Utrillas* : du sel gemme inépuisable à *Torres*, à *Remolinos* et près de *Saragosse*. Dans le Guypuscoa, on trouve du cuivre à *Astcayn*, de la galène et de la calamine à *Mutiloa*, de l'antracite et du plomb argentifère à *Ernani*, des salines convenablement exploitées à *Salinas*.

Ces divers produits, transportés chez nous avec la soie, le liége, l'huile, les céréales, les fruits, les matières médicinales, développeront dans nos départements méridionaux des industries qui y sont inconnues, mais que la facilité des transports ne manque jamais de faire naître !... Quant deux contrées, privées de relations, se trouvent tout à coup réunies par une route, on voit leurs échanges quintupler; qu'une voie de fer complète le système de la viabilité, les transactions s'élèvent au centuple.

En retour, nous vendrons à la Péninsule des marbres, si appréciés dans les pays chauds, des bois de construction, des cotons, des draps, souvent des céréales.

N'oublions pas un intérêt majeur, et tout spécial aux Pyrénées : l'expoitation des eaux minérales. *Cambo*, les *Eaux-Bonnes*, les *Eaux-Chaudes*, *Cauterets*, *Saint-Sauveur*, *Barrèges*, *Bigorre*, *Luchon*, *Ax*, *Amélie-les-Bains*, le *Vervet*, ont une réputation européenne. Les étrangers de tous les climats viennent boire et se baigner à leurs établissements, les eaux de plusieurs d'entre eux sont transportées dans les pays lointains... Mais, à côté de cette espèce d'aristocratie thermale, la nature a prodigué à une foule d'autres localités des deux versants des sources de la nature la plus variée. Si leur usage est resté tout local jusqu'à ce jour, elles n'attendent que le sillonnement des chemins de fer et des grandes routes, pour attirer les malades, les baigneurs, et leur offrir des spécifiques aussi souverains peut-être que ceux des anciens thermes les plus vantés... Nous citerons *Sarre*, près de Saint-Jean-de-Luz, *Saint-Christau*, *Les Fontaines*, *Bédous*, *Orgeu*, dans la vallée d'Aspe, *Labassère* près de Bigorre, *Cap-Vern* près de Lanemezan, *Labarthe de Nestes* et *Cadeac* dans la vallée d'Aure, *Siradan* près de Luchon, *Encausse* près de Saint-Gaudens, *Audinac* près de Saint-Girons, *Ussac* près de Foix; *Alet*, *Couiza*, *Quillan*, *Le Puech* dans la vallée de l'Aude; *Caldegas*, *Fonpédrouse*, *Err*, *Llo*, *Thues*, *Nohedas*, *Moligt*, *Estsher*, *Espira* dans celle de la Tet, *Caudies* dans le Fenouillède, *Boulou*, *Saint-Martin*, *Argelles*, *Cornella*, arrondissement de Céret et de Perpignan. Les bains de *Caldas* près de *Montcada*, a'*Argentona* près de Mataro, sont assez fréquentés; ceux de la *Puda*, dans le Lobrégat, près de Martorell, commencent à l'être; ceux de *Villamayor*, de *Belloch*, de *Canovellas*, de *la Garriga*, près de *Granollers*, le sont peu. Au pied de la Maladetta coule la source de *Caldas*; les eaux de *Ribas* et de *Maluvella* restent sans emploi.

L'Aragon possède les eaux de *Paracuellos*, de *Giloxa*, celles de *Quinto*, de *Tiernas*, près de Salvatierra, de *Fuente de la Cueva*, près de *Sarra del Abadiado*; d'*Alquezas*, de la *Eueba-de-Arro*, de *Hécho*, enfin celles de *Panticose* près de *Biescas*.

Dans le Guypuscoa, les eaux de *Cestona*, de *Santa-Agueda* ou de *Cuesalibar* près de Mondragon, d'*Arra-*

chevaleta, près de Vergara, doivent aux établissements qu'on y a construits, aux bonnes routes qui y conduisent une vogue plus étendue ; nous placerons sur le même rang les bains de *Sacédon* près de *Guadalajara*, ceux de *Trillo*, ceux de *Fitero* près de Tudéla, ceux de Betelu, dans la vallée de Tolosa.

En France, les établissements thermaux du dernier ordre sont desservis par de belles voies. En Espagne, il en est tout différemment. A l'exception de ceux de la Navarre, des provinces basques et des environs de Barcelone, ils sont tous privés de voies de communication ; on n'y arrive que très-péniblement à dos de mulet. On peut comprendre l'importance nouvelle qu'ils acquerront, lorsque de bonnes routes les relieront aux chemins de fer espagnols et aux villes thermales du versant français.

Nous venons d'indiquer rapidement les richesses naturelles, les tentatives industrielles qui attendent leur exploitation ou leur développement de l'amélioration de la viabilité entre les deux Etats.

Toutes ces considérations, le gouvernement de l'Empereur les a appréciées avec sagesse, et le percement des Pyrénées a été résolu. En songeant aux intérêts de la France, il n'a pas oublié ceux de l'Espagne. Napoléon III, qui s'inspire toujours du génie de notre nation, sait qu'une entreprise n'est réellement populaire parmi nous qu'à la condition de réunir la générosité envers ses voisins à l'utilité envers soi-même. Sur tous les points où l'humanité a un bienfait à recevoir, une injustice à réparer, la France s'y précipite d'instinct, et l'Empereur l'y conduit. C'est de la France, sa plus proche et sa plus dévouée voisine, que l'Espagne a déjà reçu une vive impulsion industrielle et commerciale ; c'est de la France qu'elle attend de nouveaux éléments de civilisation... Des milliers de nos compatriotes sont établis comme fabricants, comme ouvriers d'art, au sein des villes de la Catalogne, de l'Aragon, de la Navarre. Dans ces dernières années, presque tous les vins exportés sont passés par les mains des négociants du Languedoc et de Bordeaux. L'intelligence de nos ingénieurs, les capitaux de nos maisons de banque, exécutent en ce moment plusieurs des grandes lignes ferrées de la Péninsule. L'Espagne a donc reçu de nous plus d'un bienfait ; elle en attend de plus grands encore. Une des gloires les plus solides, les plus durables de l'Empire fut l'exécution des magnifiques voies du mont Cenis et du Simplon. Puisse l'ouverture des Pyrénées centrales graver le nom de Napoléon III dans le cœur des Espagnols enthousiastes, comme les routes des Alpes ont placé le nom du chef de sa race dans la mémoire des Italiens reconnaissants ; ce souverain vient de proposer à l'Europe une grande réparation politique, celle de faire entrer l'Espagne dans ses conseils. En attendant que cet acte de justice soit compris et adopté, faisons des vœux pour qu'il termine le percement de la haute chaîne des Pyrénées.

On pourra dire qu'il a révélé à la France et ouvert à la civilisation des provinces espagnoles plus inabordables aujourd'hui que l'Asie mineure ou le Monténégro ; il aura mis un terme à un état de choses également préjudiciable aux deux nations, il aura donné la vie du commerce international à des contrées qui ne l'ont jamais reçue.

Que chacun de nous, publiciste, industriel, commerçant, apporte, dans son cercle d'action, sa part d'encouragement, de *réparation*, à un peuple comme nous catholique, comme nous, ami de la gloire et du progrès ; allons effacer par nos bienfaits, dans ces contrées, les tristes souvenirs des siéges de Girone et de Saragosse. Que leurs habitants obtiennent par de bonnes routes un accès facile dans notre belle France, si avancée dans toutes les branches de la prospérité : l'Espagne y trouvera d'immenses avantages, nous y trouverons profit et *honneur*; et n'oublions jamais qu'une entreprise française ne saurait être réellement nationale qu'à la condition d'inscrire ce dernier mot au frontispice de son programme.

TABLE DES MATIÈRES.

Préface. 1

LES PROVINCES BASQUES.

I. — Marrac. — Les marchandes de sardines. — La frontière. — Irum. — La Bidassoa. — Une triste noyade. — Fontarabie. — Renteria. — Passages. — La population basque. 1

II. — Saint-Sébastien. — Les régates. — L'assassinat au bal. — Les courses de taureaux. — Navarrais et Castillans. — Novillos. — Courses françaises, Courses chiliennes. 25

III. — La vallée de l'Oria. — Tolosa. — Illustrations guipuscoanes. — Un autre Roncevaux. — La haute Bidassoa. — Lessaca et les assassinats. — République des Cinco-Billas. 60

IV. — Le curé Gorriburu. — L'amour du pays. — La chapelle maudite. — Les Guérillas. 72

V. — Elizondo. — Maya. — Égalité politique et sociale des Basques. — Le blason et les singularités nobiliai-

res. — Urdach. — Une république à fonder. — Le col
et les forêts de Bellate. 90

LA NAVARRE.

I. — Les taureaux sauvages. — La Navarre à vol d'oiseau. — Douane et contrebande. — Les trois *vandos* de Pampelune. — La promenade. — *Nubios* et *nubias*. — La cathédrale. — Cloître et réfectoire. — Palais royal. — Royauté morte. — Petite nationalité vit encore. 107

II. — Noain. — Tafalla. — Les vendanges. — Un jardin royal au moyen âge. — Olite. — Le désert des Bardeñas. — Irrigations arabes. — Tudéla et son pont. — La cité lugubre. — Guerre aux arbres. — Le chanoine Pignatelli. — La cathédrale. — Le boticario Velasquino. 131

III. — Sanguessa. — Les inondations. — Fierté locale. — Un ariero guitariste. — Le coche de Pampelune. — Un ancien lac. — La politique en omnibus. — Vallée de Montréal. 152

LA CATALOGNE.

I. — Province de Girone. — Le Pertus. — Philippe-le-Hardi. — Le typhus et les Almogavares. — La nuit de noces de Philippe V. — Le golfe le Rosas. — Castillon. — Girone. — La vieille Espagne. — La diligence espagnole. — Divisions provinciales. . . 167

II. — Province de Barcelone. — Les insurgés. — Le montCeni. — Paysage. — Gendarmes et bandits. — Rivières sans ponts. — Agriculture. — Les bords de la mer. — Chemin de fer sur la plage. 196

III. — Barcelone. — Les églises. — Les tombeaux. — Le

vieux palais royal. — Les archives. — Les miracles. — Santa-Maria-del-Mar. — L'art nouveau. — Le port. — Invention de la vapeur. — Les palais. — La Rambla. — La nouvelle ville. — Les théâtres. — La musique et la politique. — Les plagiats littéraires. — Un cimetière modèle. — La citadelle de Philippe V. . 207

IV. — Villafranca. — Tarragone. — Aqueduc. — Monuments romains. — Tombeau à hiéroglyphes. — La cathédrale et le cloître. — L'art de la renaissance. — Martorell.—Bains de la *Puda.*—Grottes de Colbetto. 251

V. — Les voleurs punis. — Le mont Serrat. — Sa fondation. — Une princesse qui avait le diable au corps. —Le *Someten* de 1807. — Le monastère forteresse. — Sa destruction. — Trésors perdus. — Point de vue du mont Serrat. — Les petits Manchester catalans. — Lutte industrielle du nord et du midi. — Llérida. — Une basilique profanée. 273

L'ARAGON.

I. — Fraga. — Un ancien désastre. — Le Trabuco. — Saragosse. — Ses monuments. — L'algaferia. — *El pilar.* — Les miracles. — Le Callego. — Ayerbe. — Antonio Perez. — Jaca. — *La Pena d'Uruel.* — Penticosa. — Les baigneurs et les bains. 292

II. — Huesca. — Le haut Aragon. — La mendicité. — L'expatriation. — Les contrebandiers. — Les bandits. — Leurs lois et leur point d'honneur. — Ancienne irritation contre la France. — Siéges de Girone, de Tarragone, de Saragosse. — Rétablissement des bonnes relations entre les deux peuples. 309

PERCEMENT DES PYRÉNÉES.

État de la viabilité. — Parallèle des Alpes et des Pyrénées. — Situation commerciale des départements pyrénéens. — Projets de routes nouvelles. — Routes thermales. — Chemin de fer à travers les Pyrénées centrales. — Routes transpyrénéennes en cours d'exécution. — Conséquences économiques du percement des Pyrénées. — Industrie. — Eaux minérales. . . 330

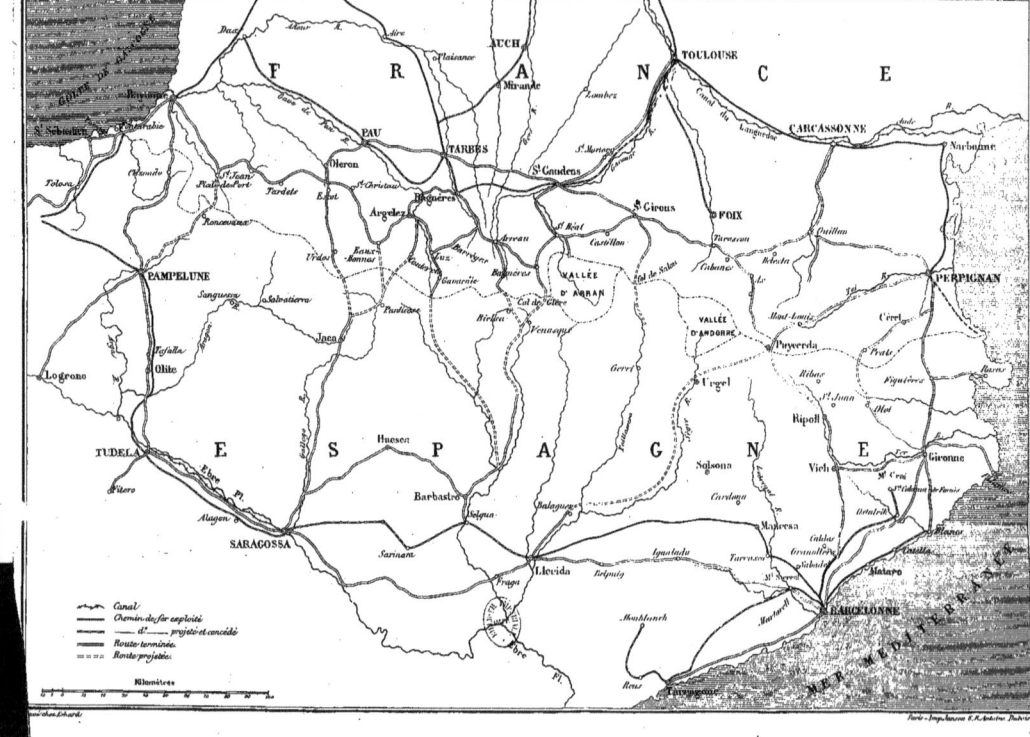

www.ingramcontent.com/pod-product-compliance
Lightning Source LLC
Chambersburg PA
CBHW060050190426
43201CB00034B/661